SUECO
VOCABULÁRIO

PORTUGUÊS BRASILEIRO

PORTUGUÊS
SUECO

Para alargar o seu léxico e apurar
as suas competências linguísticas

7000 palavras

Vocabulário Português Brasileiro-Sueco - 7000 palavras

Por Andrey Taranov

Os vocabulários da T&P Books destinam-se a ajudar a aprender, a memorizar, e a rever palavras estrangeiras. O dicionário é dividido em temas, cobrindo todas as principais esferas de atividades quotidianas, negócios, ciência, cultura, etc.

O processo de aprendizagem, utilizando os dicionários baseados em temáticas da T&P Books dá-lhe as seguintes vantagens:

- Informação de origem corretamente agrupada predetermina o sucesso em fases subsequentes da memorização de palavras
- Disponibilização de palavras derivadas da mesma raiz, o que permite a memorização de unidades de texto (em vez de palavras separadas)
- Pequenas unidades de palavras facilitam o processo de estabelecimento de vínculos associativos necessários para a consolidação do vocabulário
- O nível de conhecimento da língua pode ser estimado pelo número de palavras aprendidas

T&P Books Publishing
www.tpbooks.com

ISBN: 978-1-78767-353-3

Este livro também está disponível em formato E-book.
Por favor visite www.tpbooks.com ou as principais livrarias on-line.

VOCABULÁRIO SUECO
palavras mais úteis

Os vocabulários da T&P Books destinam-se a ajudar a aprender, a memorizar, e a rever palavras estrangeiras. O vocabulário contém mais de 7000 palavras de uso comum organizadas tematicamente.

O vocabulário contém as palavras mais comummente usadas
Recomendado como adicional para qualquer curso de línguas
Satisfaz as necessidades dos iniciados e dos alunos avançados de línguas estrangeiras
Conveniente para o uso diário, sessões de revisão e atividades de auto-teste
Permite avaliar o seu vocabulário

Características especias do vocabulário

*   As palavras estão organizadas de acordo com o seu significado, e não por ordem alfabética
*   As palavras são apresentadas em três colunas para facilitar os processos de revisão e auto-teste
*   As palavras compostas são divididas em pequenos blocos para facilitar o processo de aprendizagem
*   O vocabulário oferece uma transcrição simples e adequada de cada palavra estrangeira

O vocabulário contém 198 tópicos incluindo:

Conceitos básicos, Números, Cores, Meses, Estações do ano, Unidades de medida, Roupas & Acessórios, Alimentos & Nutrição, Restaurante, Membros da Família, Parentes, Caráter, Sentimentos, Emoções, Doenças, Cidade, Passeios, Compras, Dinheiro, Casa, Lar, Escritório, Trabalho no Escritório, Importação & Exportação, Marketing, Pesquisa de Emprego, Esportes, Educação, Computador, Internet, Ferramentas, Natureza, Países, Nacionalidades e muito mais ...

TABELA DE CONTEÚDOS

GUIA DE PRONUNCIAÇÃO

Letra	Exemplo Sueco	Alfabeto fonético T&P	Exemplo Português
Aa	bada	[ɑ], [ɑː]	amar
Bb	tabell	[b]	barril
Cc [1]	licens	[s]	sanita
Cc [2]	container	[k]	aquilo
Dd	andra	[d]	dentista
Ee	efter	[e]	metal
Ff	flera	[f]	safári
Gg [3]	gömma	[j]	Vietnã
Gg [4]	truga	[g]	gosto
Hh	handla	[h]	[h] aspirada
Ii	tillhöra	[iː], [ɪ]	cair
Jj	jaga	[j]	Vietnã
Kk [5]	keramisk	[ɕ]	shiatsu
Kk [6]	frisk	[k]	aquilo
Ll	tal	[l]	libra
Mm	medalj	[m]	magnólia
Nn	panik	[n]	natureza
Oo	tolv	[ɔ]	emboço
Pp	plommon	[p]	presente
Qq	squash	[k]	aquilo
Rr	spelregler	[r]	riscar
Ss	spara	[s]	sanita
Tt	tillhöra	[t]	tulipa
Uu	ungefär	[u], [ʉː]	coelho
Vv	overall	[v]	fava
Ww [7]	kiwi	[w]	página web
Xx	sax	[ks]	perplexo
Yy	manikyr	[y], [yː]	trabalho
Zz	zoolog	[s]	sanita
Åå	sångare	[ə]	milagre
Ää	tandläkare	[æ]	semana
Öö	kompositör	[ø]	orgulhoso

Combinações de letras

Ss [8]	sjösjuka	[ʃ]	mês
sk [9]	skicka	[ʃ]	mês
s [10]	först	[ʃ]	mês
J j [11]	djärv	[j]	Vietnã
Lj [12]	ljus	[j]	Vietnã

Letra	Exemplo Sueco	Alfabeto fonético T&P	Exemplo Português
kj, tj	kjol	[ɕ]	shiatsu
ng	omkring	[ŋ]	alcançar

Comentários

* kj pronuncia-se como ☐
** ng transfere um som nasal
[1] antes de e, i, y
[2] noutras situações
[3] antes de e, i, ä, ö
[4] noutras situações
[5] antes de e, i, ä, ö
[6] noutras situações
[7] em estrangeirismos
[8] em sj, skj, stj
[9] antes de e, i, y, ä, ö acentuados
[10] na combinação rs
[11] em dj, hj, gj, kj
[12] no início de palavras

ABREVIATURAS
usadas no vocabulário

Abreviaturas do Português

adj	-	adjetivo
adv	-	advérbio
anim.	-	animado
conj.	-	conjunção
desp.	-	esporte
etc.	-	Etcetera
ex.	-	por exemplo
f	-	nome feminino
f pl	-	feminino plural
fem.	-	feminino
inanim.	-	inanimado
m	-	nome masculino
m pl	-	masculino plural
m, f	-	masculino, feminino
masc.	-	masculino
mat.	-	matemática
mil.	-	militar
pl	-	plural
prep.	-	preposição
pron.	-	pronome
sb.	-	sobre
sing.	-	singular
v aux	-	verbo auxiliar
vi	-	verbo intransitivo
vi, vt	-	verbo intransitivo, transitivo
vr	-	verbo reflexivo
vt	-	verbo transitivo

Abreviaturas do Sueco

pl	-	plural

Artigos do Sueco

den	-	gênero comum
det	-	neutro

| **en** | - | gênero comum |
| **ett** | - | neutro |

CONCEITOS BÁSICOS

Conceitos básicos. Parte 1

1. Pronomes

eu	jag	['ja:]
você	du	[dʉ:]
ele	han	['han]
ela	hon	['hʊn]
ele, ela (neutro)	det, den	[dɛ], [dɛn]
nós	vi	['vi]
vocês	ni	['ni]
eles, elas	de	[de:]

2. Cumprimentos. Saudações. Despedidas

Oi!	Hej!	['hɛj]
Olá!	Hej! Hallå!	['hɛj], [ha'lʲo:]
Bom dia!	God morgon!	[ˌgʊd 'mɔrgɔn]
Boa tarde!	God dag!	[ˌgʊd 'dag]
Boa noite!	God kväll!	[ˌgʊd 'kvɛlʲ]
cumprimentar (vt)	att hälsa	[at 'hɛlʲsa]
Oi!	Hej!	['hɛj]
saudação (f)	hälsning (en)	['hɛlʲsniŋ]
saudar (vt)	att hälsa	[at 'hɛlʲsa]
Como você está?	Hur står det till?	[hʉr sto: de 'tilʲ]
Como vai?	Hur är det?	[hʉr ɛr 'de:]
E aí, novidades?	Vad är nytt?	[vad æ:r 'nʏt]
Tchau!	Adjö! Hej då!	[a'jø:], [hɛj'do:]
Até logo!	Hej då!	[hɛj'do:]
Até breve!	Vi ses!	[vi ses]
Adeus!	Adjö! Farväl!	[a'jø:], [far'vɛ:lʲ]
despedir-se (dizer adeus)	att säga adjö	[at 'sɛ:ja a'jø:]
Até mais!	Hej då!	[hɛj'do:]
Obrigado! -a!	Tack!	['tak]
Muito obrigado! -a!	Tack så mycket!	['tak sɔ 'mʏkə]
De nada	Varsågod	['va:ʂo:gʊd]
Não tem de quê	Ingen orsak!	['iŋən 'ʊːʂak]
Não foi nada!	Ingen orsak!	['iŋən 'ʊːʂak]
Desculpa!	Ursäkta, ...	['ʉ:ˌsɛkta ...]
Desculpe!	Ursäkta mig, ...	['ʉ:ˌsɛkta mɛj ...]

desculpar (vt)	att ursäkta	[at 'ʉːˌʂɛkta]
desculpar-se (vr)	att ursäkta sig	[at 'ʉːˌʂɛkta sɛj]
Me desculpe	Jag ber om ursäkt	[ja ber ɔm 'ʉːˌʂɛkt]
Desculpe!	Förlåt!	[fœː'lʲoːt]
perdoar (vt)	att förlåta	[at 'fœːˌlʲoːta]
Não faz mal	Det gör inget	[dɛ jør 'iŋet]
por favor	snälla	['snɛla]

Não se esqueça!	Glöm inte!	['glʲøːm 'intə]
Com certeza!	Naturligtvis!	[na'tʉrligvis]
Claro que não!	Självklart inte!	['ɧɛlʲvklʲaţ 'intə]
Está bem! De acordo!	OK! Jag håller med.	[ɔ'kej] , [ja 'hoːlʲer me]
Chega!	Det räcker!	[dɛ 'rɛkə]

3. Números cardinais. Parte 1

zero	noll	['nɔlʲ]
um	ett	[ɛt]
dois	två	['tvoː]
três	tre	['treː]
quatro	fyra	['fyra]

cinco	fem	['fem]
seis	sex	['sɛks]
sete	sju	['ɧʉː]
oito	åtta	['ota]
nove	nio	['niːʊ]

dez	tio	['tiːʊ]
onze	elva	['ɛlʲva]
doze	tolv	['tɔlʲv]
treze	tretton	['trɛttɔn]
catorze	fjorton	['fjʊːţɔn]

quinze	femton	['fɛmtɔn]
dezesseis	sexton	['sɛkstɔn]
dezessete	sjutton	['ɧʉːttɔn]
dezoito	arton	['aːţɔn]
dezenove	nitton	['niːttɔn]

vinte	tjugo	['ɕʉgʊ]
vinte e um	tjugoett	['ɕʉgʊˌɛt]
vinte e dois	tjugotvå	['ɕʉgʊˌtvoː]
vinte e três	tjugotre	['ɕʉgʊˌtreː]

trinta	trettio	['trɛttiʊ]
trinta e um	trettioett	['trɛttiʊˌɛt]
trinta e dois	trettiotvå	['trɛttiʊˌtvoː]
trinta e três	trettiotre	['trɛttiʊˌtreː]

quarenta	fyrtio	['fœːţiʊ]
quarenta e um	fyrtioett	['fœːţiʊˌɛt]
quarenta e dois	fyrtiotvå	['fœːţiʊˌtvoː]
quarenta e três	fyrtiotre	['fœːţiʊˌtreː]

cinquenta	femtio	['fɛmtiʊ]
cinquenta e um	femtioett	['fɛmtiʊˌɛt]
cinquenta e dois	femtiotvå	['fɛmtiʊˌtvoː]
cinquenta e três	femtiotre	['fɛmtiʊˌtreː]

sessenta	sextio	['sɛkstiʊ]
sessenta e um	sextioett	['sɛkstiʊˌɛt]
sessenta e dois	sextiotvå	['sɛkstiʊˌtvoː]
sessenta e três	sextiotre	['sɛkstiʊˌtreː]

setenta	sjuttio	['ɧuttiʊ]
setenta e um	sjuttioett	['ɧuttiʊˌɛt]
setenta e dois	sjuttiotvå	['ɧuttiʊˌtvoː]
setenta e três	sjuttiotre	['ɧuttiʊˌtreː]

oitenta	åttio	['ottiʊ]
oitenta e um	åttioett	['ottiʊ'ɛt]
oitenta e dois	åttiotvå	['ottiʊˌtvoː]
oitenta e três	åttiotre	['ottiʊˌtreː]

noventa	nittio	['nittiʊ]
noventa e um	nittioett	['nittiʊˌɛt]
noventa e dois	nittiotvå	['nittiʊˌtvoː]
noventa e três	nittiotre	['nittiʊˌtreː]

4. Números cardinais. Parte 2

cem	hundra (ett)	['hundra]
duzentos	tvåhundra	['tvoːˌhundra]
trezentos	trehundra	['treˌhundra]
quatrocentos	fyrahundra	['fyraˌhundra]
quinhentos	femhundra	['femˌhundra]

seiscentos	sexhundra	['sɛksˌhundra]
setecentos	sjuhundra	['ɧʉːˌhundra]
oitocentos	åttahundra	['otaˌhundra]
novecentos	niohundra	['niʊˌhundra]

mil	tusen (ett)	['tʉːsən]
dois mil	tvåtusen	['tvoːˌtʉːsən]
três mil	tretusen	['treːˌtʉːsən]
dez mil	tiotusen	['tiːʊˌtʉːsən]
cem mil	hundratusen	['hundraˌtʉːsən]
um milhão	miljon (en)	[mi'ljʊn]
um bilhão	miljard (en)	[mi'ljaːd]

5. Números. Frações

fração (f)	bråk (ett)	['broːk]
um meio	en halv	[en 'halʲv]
um terço	en tredjedel	[en 'trɛdjeˌdelʲ]
um quarto	en fjärdedel	[en 'fjæːdeˌdelʲ]

um oitavo	en åttondedel	[en 'ɔtɔndeˌdelʲ]
um décimo	en tiondedel	[en 'tiːɔndeˌdelʲ]
dois terços	två tredjedelar	['tvo: 'trɛdjeˌdelʲar]
três quartos	tre fjärdedelar	[tre: 'fjæːdeˌdelʲar]

6. Números. Operações básicas

subtração (f)	subtraktion (en)	[subtrak'ʃʊn]
subtrair (vi, vt)	att subtrahera	[at subtra'hera]
divisão (f)	division (en)	[divi'ʃʊn]
dividir (vt)	att dividera	[at divi'dera]

adição (f)	addition (en)	[adi'ʃʊn]
somar (vt)	att addera	[at a'deːra]
adicionar (vt)	att addera	[at a'deːra]
multiplicação (f)	multiplikation (en)	[mʉlʲtiplika'ʃʊn]
multiplicar (vt)	att multiplicera	[at mulʲtipli'sera]

7. Números. Diversos

algarismo, dígito (m)	siffra (en)	['sifra]
número (m)	tal (ett)	['talʲ]
numeral (m)	räkneord (ett)	['rɛkneˌʉːd]
menos (m)	minus (ett)	['minus]
mais (m)	plus (ett)	['plʉs]
fórmula (f)	formel (en)	['fɔrmelʲ]

| cálculo (m) | beräkning (en) | [be'rɛkniŋ] |
| contar (vt) | att räkna | [at 'rɛkna] |

| calcular (vt) | att beräkna | [at be'rɛkna] |
| comparar (vt) | att jämföra | [at 'jɛmˌføra] |

| Quanto? | Hur mycket? | [hʉr 'mʏkə] |
| Quantos? -as? | Hur många? | [hʉr 'mɔŋa] |

soma (f)	summa (en)	['suma]
resultado (m)	resultat (ett)	[resulʲ'tat]
resto (m)	rest (en)	['rɛst]

alguns, algumas ...	flera	['flʲera]
poucos, poucas	få, inte många	['foː], ['intə ˌmɔŋa]
um pouco de ...	lite	['litə]
resto (m)	det övriga	[dɛ øv'riga]

| um e meio | halvannan | [halʲ'vanan] |
| dúzia (f) | dussin (ett) | ['dusin] |

ao meio	i hälften	[i 'hɛlʲftən]
em partes iguais	jämnt	['jɛmnt]
metade (f)	halva (en)	['halʲˌva]
vez (f)	gång (en)	['gɔŋ]

8. Os verbos mais importantes. Parte 1

abrir (vt)	att öppna	[at 'øpna]
acabar, terminar (vt)	att sluta	[at 'slʉːta]
aconselhar (vt)	att råda	[at 'roːda]
adivinhar (vt)	att gissa	[at 'jisa]
advertir (vt)	att varna	[at 'vaːŋa]
ajudar (vt)	att hjälpa	[at 'jɛlʲpa]
almoçar (vi)	att äta lunch	[at 'ɛːta ˌlʉnɕ]
alugar (~ um apartamento)	att hyra	[at 'hyra]
amar (pessoa)	att älska	[at 'ɛlʲska]
ameaçar (vt)	att hota	[at 'hʊta]
anotar (escrever)	att skriva ner	[at 'skriva ner]
apressar-se (vr)	att skynda sig	[at 'ɧynda sɛj]
arrepender-se (vr)	att beklaga	[at be'klʲaga]
assinar (vt)	att underteckna	[at 'undəˌtɛkna]
brincar (vi)	att skämta, att skoja	[at 'ɧɛmta], [at 'skɔja]
brincar, jogar (vi, vt)	att leka	[at 'lʲeka]
buscar (vt)	att söka …	[at 'søːka …]
caçar (vi)	att jaga	[at 'jaga]
cair (vi)	att falla	[at 'falʲa]
cavar (vt)	att gräva	[at 'grɛːva]
chamar (~ por socorro)	att tillkalla	[at 'tilʲˌkalʲa]
chegar (vi)	att ankomma	[at 'aŋˌkɔma]
chorar (vi)	att gråta	[at 'groːta]
começar (vt)	att begynna	[at be'jina]
comparar (vt)	att jämföra	[at 'jɛmˌføra]
concordar (dizer "sim")	att samtycka	[at 'samˌtʏka]
confiar (vt)	att lita på	[at 'lita pɔ]
confundir (equivocar-se)	att förväxla	[at før'vɛkslʲa]
conhecer (vt)	att känna	[at 'ɕɛna]
contar (fazer contas)	att räkna	[at 'rɛkna]
contar com …	att räkna med …	[at 'rɛkna me …]
continuar (vt)	att fortsätta	[at 'fʊtˌsæta]
controlar (vt)	att kontrollera	[at kɔntrɔ'lʲera]
convidar (vt)	att inbjuda, att invitera	[at in'bjʉːda], [at invi'tera]
correr (vi)	att löpa, att springa	[at 'lʲøːpa], [at 'spriŋa]
criar (vt)	att skapa	[at 'skapa]
custar (vt)	att kosta	[at 'kɔsta]

9. Os verbos mais importantes. Parte 2

dar (vt)	att ge	[at je:]
dar uma dica	att ge en vink	[at je: en 'viŋk]
decorar (enfeitar)	att pryda	[at 'pryda]
defender (vt)	att försvara	[at fœː'ʂvara]
deixar cair (vt)	att tappa	[at 'tapa]

descer (para baixo)	att gå ned	[at 'go: ‚ned]
desculpar (vt)	att ursäkta	[at 'ʉːˌsɛkta]
desculpar-se (vr)	att ursäkta sig	[at 'ʉːˌsɛkta sɛj]
dirigir (~ uma empresa)	att styra, att leda	[at 'styra], [at 'lʲeda]
discutir (notícias, etc.)	att diskutera	[at disku'tera]

disparar, atirar (vi)	att skjuta	[at 'ʃʉːta]
dizer (vt)	att säga	[at 'sɛːja]
duvidar (vt)	att tvivla	[at 'tvivlʲa]
encontrar (achar)	att finna	[at 'fina]
enganar (vt)	att fuska	[at 'fuska]

entender (vt)	att förstå	[at fœː'ʂtoː]
entrar (na sala, etc.)	att komma in	[at 'kɔma 'in]
enviar (uma carta)	att skicka	[at 'ʃika]
errar (enganar-se)	att göra fel	[at 'jøːra ˌfelʲ]
escolher (vt)	att välja	[at 'vɛlja]

esconder (vt)	att gömma	[at 'jœma]
escrever (vt)	att skriva	[at 'skriva]
esperar (aguardar)	att vänta	[at 'vɛnta]
esperar (ter esperança)	att hoppas	[at 'hɔpas]
esquecer (vt)	att glömma	[at 'glʲœma]

estudar (vt)	att studera	[at stu'dera]
exigir (vt)	att kräva	[at 'krɛːva]
existir (vi)	att existera	[at ɛksi'stera]
explicar (vt)	att förklara	[at før'klʲara]

falar (vi)	att tala	[at 'talʲa]
faltar (a la escuela, etc.)	att missa	[at 'misa]
fazer (vt)	att göra	[at 'jøːra]
ficar em silêncio	att tiga	[at 'tiga]
gabar-se (vr)	att skryta	[at 'skryta]

gostar (apreciar)	att gilla	[at 'jilʲa]
gritar (vi)	att skrika	[at 'skrika]
guardar (fotos, etc.)	att behålla	[at be'hoːlʲa]
informar (vt)	att informera	[at infor'mera]
insistir (vi)	att insistera	[at insi'stera]

insultar (vt)	att förolämpa	[at 'førʊˌlʲɛmpa]
interessar-se (vr)	att intressera sig	[at intrɛ'sera sɛj]
ir (a pé)	att gå	[at 'goː]
ir nadar	att bada	[at 'bada]
jantar (vi)	att äta kvällsmat	[at 'ɛːta 'kvɛlʲsˌmat]

10. Os verbos mais importantes. Parte 3

ler (vt)	att läsa	[at 'lʲɛːsa]
libertar, liberar (vt)	att befria	[at be'fria]
matar (vt)	att döda, att mörda	[at 'døːda], [at 'møːda]
mencionar (vt)	att omnämna	[at 'ɔmˌnɛmna]
mostrar (vt)	att visa	[at 'visa]

mudar (modificar)	att ändra	[at 'ɛndra]
nadar (vi)	att simma	[at 'sima]
negar-se a ... (vr)	att vägra	[at 'vɛgra]
objetar (vt)	att invända	[at 'in͵vɛnda]

observar (vt)	att observera	[at ɔbsɛr'vera]
ordenar (mil.)	att beordra	[at be'o:dra]
ouvir (vt)	att höra	[at 'hø:ra]
pagar (vt)	att betala	[at be'talʲa]
parar (vi)	att stanna	[at 'stana]

parar, cessar (vt)	att sluta	[at 'slɵ:ta]
participar (vi)	att delta	[at 'dɛlʲta]
pedir (comida, etc.)	att beställa	[at be'stɛlʲa]
pedir (um favor, etc.)	att be	[at 'be:]
pegar (tomar)	att ta	[at ta]

pegar (uma bola)	att fånga	[at 'fɔŋa]
pensar (vi, vt)	att tänka	[at 'tɛŋka]
perceber (ver)	att märka	[at 'mæ:rka]
perdoar (vt)	att förlåta	[at 'fœ:͵lʲo:ta]
perguntar (vt)	att fråga	[at 'fro:ga]

permitir (vt)	att tillåta	[at 'tilʲo:ta]
pertencer a ... (vi)	att tillhöra ...	[at 'tilʲ͵hø:ra ...]
planejar (vt)	att planera	[at plʲa'nera]
poder (~ fazer algo)	att kunna	[at 'kuna]
possuir (uma casa, etc.)	att besitta, att äga	[at be'sita], [at 'ɛ:ga]

preferir (vt)	att föredra	[at 'førədra]
preparar (vt)	att laga	[at 'lʲaga]
prever (vt)	att förutse	[at 'førɵt͵sə]
prometer (vt)	att lova	[at 'lʲova]
pronunciar (vt)	att uttala	[at 'ɵt͵talʲa]

propor (vt)	att föreslå	[at 'førə͵slʲo:]
punir (castigar)	att straffa	[at 'strafa]
quebrar (vt)	att bryta	[at 'bryta]
queixar-se de ...	att klaga	[at 'klʲaga]
querer (desejar)	att vilja	[at 'vilja]

11. Os verbos mais importantes. Parte 4

ralhar, repreender (vt)	att skälla	[at 'ɧɛlʲa]
recomendar (vt)	att rekommendera	[at rekɔmən'dera]
repetir (dizer outra vez)	att upprepa	[at 'uprepa]
reservar (~ um quarto)	att reservera	[at resɛr'vera]
responder (vt)	att svara	[at 'svara]

rezar, orar (vi)	att be	[at 'be:]
rir (vi)	att skratta	[at 'skrata]
roubar (vt)	att stjäla	[at 'ɧɛ:lʲa]
saber (vt)	att veta	[at 'veta]
sair (~ de casa)	att gå ut	[at 'go: ɵt]

salvar (resgatar)	att rädda	[at 'rɛda]
seguir (~ alguém)	att följa efter ...	[at 'følja 'ɛftər ...]
sentar-se (vr)	att sätta sig	[at 'sæta sɛj]
ser necessário	att vara behövd	[at 'vara be'hø:vd]

ser, estar	att vara	[at 'vara]
significar (vt)	att betyda	[at be'tyda]
sorrir (vi)	att småle	[at 'smo:lʲe]
subestimar (vt)	att underskatta	[at 'undəˌskata]
surpreender-se (vr)	att bli förvånad	[at bli før'vo:nad]

tentar (~ fazer)	att pröva	[at 'prø:va]
ter (vt)	att ha	[at 'ha]
ter fome	att vara hungrig	[at 'vara 'huŋrig]

ter medo	att frukta	[at 'frukta]
ter sede	att vara törstig	[at 'vara 'tø:ʂtig]
tocar (com as mãos)	att röra	[at 'rø:ra]
tomar café da manhã	att äta frukost	[at 'ɛ:ta 'fru:kɔst]
trabalhar (vi)	att arbeta	[at 'arˌbeta]
traduzir (vt)	att översätta	[at 'ø:vəˌsæta]

unir (vt)	att förena	[at 'førena]
vender (vt)	att sälja	[at 'sɛlja]
ver (vt)	att se	[at 'se:]
virar (~ para a direita)	att svänga	[at 'svɛŋa]
voar (vi)	att flyga	[at 'flʲyga]

12. Cores

cor (f)	färg (en)	['fæ:rj]
tom (m)	nyans (en)	[ny'ans]
tonalidade (m)	färgton (en)	['fæ:rjˌtʊn]
arco-íris (m)	regnbåge (en)	['rɛgnˌbo:gə]

branco (adj)	vit	['vit]
preto (adj)	svart	['sva:t]
cinza (adj)	grå	['gro:]

verde (adj)	grön	['grø:n]
amarelo (adj)	gul	['gu:lʲ]
vermelho (adj)	röd	['rø:d]

azul (adj)	blå	['blʲo:]
azul claro (adj)	ljusblå	['ju:sˌblʲo:]
rosa (adj)	rosa	['rɔsa]
laranja (adj)	orange	[ɔ'ranʃ]
violeta (adj)	violett	[viʊ'lʲet]
marrom (adj)	brun	['bru:n]

dourado (adj)	guld-	['gulʲd-]
prateado (adj)	silver-	['silʲvər-]
bege (adj)	beige	['bɛʃ]
creme (adj)	cremefärgad	['krɛ:mˌfæ:rjad]

turquesa (adj)	turkos	[tur'ko:s]
vermelho cereja (adj)	körsbärsröd	['çø:sbæ:ʂ,rø:d]
lilás (adj)	lila	['lilʲa]
carmim (adj)	karmosinröd	[kar'mosin,rø:d]
claro (adj)	ljus	['jʉ:s]
escuro (adj)	mörk	['mœ:rk]
vivo (adj)	klar	['klʲar]
de cor	färg-	['fæ:rj-]
a cores	färg-	['fæ:rj-]
preto e branco (adj)	svartvit	['sva:t̪,vit]
unicolor (de uma só cor)	enfärgad	['ɛn,fæ:rjad]
multicolor (adj)	mångfärgad	['mɔŋ,fæ:rjad]

13. Questões

Quem?	Vem?	['vem]
O que?	Vad?	['vad]
Onde?	Var?	['var]
Para onde?	Vart?	['va:t]
De onde?	Varifrån?	['varifro:n]
Quando?	När?	['næ:r]
Para quê?	Varför?	['va:fø:r]
Por quê?	Varför?	['va:fø:r]
Para quê?	För vad?	['før vad]
Como?	Hur?	['hʉ:r]
Qual (~ é o problema?)	Vilken?	['vilʲkən]
Qual (~ deles?)	Vilken?	['vilʲkən]
A quem?	Till vem?	[tilʲ 'vem]
De quem?	Om vem?	[ɔm 'vem]
Do quê?	Om vad?	[ɔm 'vad]
Com quem?	Med vem?	[me 'vem]
Quantos? -as?	Hur många?	[hʉr 'mɔŋa]
Quanto?	Hur mycket?	[hʉr 'mʏkə]
De quem? (masc.)	Vems?	['vɛms]

14. Palavras funcionais. Advérbios. Parte 1

Onde?	Var?	['var]
aqui	här	['hæ:r]
lá, ali	där	['dæ:r]
em algum lugar	någonstans	['no:gɔn,stans]
em lugar nenhum	ingenstans	['iŋən,stans]
perto de ...	vid	['vid]
perto da janela	vid fönstret	[vid 'fœnstrət]
Para onde?	Vart?	['va:t]

aqui	hit	['hit]
para lá	dit	['dit]
daqui	härifrån	['hæ:ri̯fro:n]
de lá, dali	därifrån	['dæ:ri̯fro:n]

perto	nära	['næ:ra]
longe	långt	['lʲɔŋt]

perto de …	nära	['næ:ra]
à mão, perto	i närheten	[i 'næ:r̩hetən]
não fica longe	inte långt	['intə 'lʲɔŋt]

esquerdo (adj)	vänster	['vɛnstər]
à esquerda	till vänster	[tilʲ 'vɛnstər]
para a esquerda	till vänster	[tilʲ 'vɛnstər]

direito (adj)	höger	['hø:gər]
à direita	till höger	[tilʲ 'hø:gər]
para a direita	till höger	[tilʲ 'hø:gər]

em frente	framtill	['framtilʲ]
da frente	främre	['frɛmrə]
adiante (para a frente)	framåt	['framo:t]

atrás de …	bakom, baktill	['bakɔm], ['bak'tilʲ]
de trás	bakifrån	['baki̯fro:n]
para trás	tillbaka	[tilʲ'baka]

meio (m), metade (f)	mitt (en)	['mit]
no meio	i mitten	[i 'mitən]

do lado	från sidan	[frɔn 'sidan]
em todo lugar	överallt	['ø:vər̩alʲt]
por todos os lados	runt omkring	[runt ɔm'kriŋ]

de dentro	inifrån	['ini̯fro:n]
para algum lugar	någonstans	['no:gɔn̩stans]
diretamente	rakt, rakt fram	['rakt], ['rakt fram]
de volta	tillbaka	[tilʲ'baka]

de algum lugar	från var som helst	[frɔn va sɔm 'hɛlʲst]
de algum lugar	från någonstans	[frɔn 'no:gɔn̩stans]

em primeiro lugar	för det första	['før de 'fœ:ṣta]
em segundo lugar	för det andra	['før de 'andra]
em terceiro lugar	för det tredje	['før de 'trɛdjə]

de repente	plötsligt	['plʲøtslit]
no início	i början	[i 'bœrjan]
pela primeira vez	för första gången	['før 'fœ:ṣta 'gɔŋən]
muito antes de …	långt innan …	['lʲɔŋt 'inan …]
de novo	på nytt	[pɔ 'nʏt]
para sempre	för gott	[før 'gɔt]

nunca	aldrig	['alʲdrig]
de novo	igen	['ijɛn]

agora	nu	['nʉ:]
frequentemente	ofta	['ɔfta]
então	då	['do:]
urgentemente	brådskande	['brɔˌskandə]
normalmente	vanligtvis	['vanˌlitvis]

a propósito, ...	förresten ...	[fœ:'rɛstən ...]
é possível	möjligen	['mœjligən]
provavelmente	sannolikt	[sanʊ'likt]
talvez	kanske	['kanʃə]
além disso, ...	dessutom ...	[des'ʉ:tʊm ...]
por isso ...	därför ...	['dæ:før ...]
apesar de ...	i trots av ...	[i 'trɔts av ...]
graças a ...	tack vare ...	['tak ˌvarə ...]

que (pron.)	vad	['vad]
que (conj.)	att	[at]
algo	något	['no:gɔt]
alguma coisa	något	['no:gɔt]
nada	ingenting	['iŋəntiŋ]

quem	vem	['vem]
alguém (~ que ...)	någon	['no:gɔn]
alguém (com ~)	någon	['no:gɔn]

ninguém	ingen	['iŋən]
para lugar nenhum	ingenstans	['iŋənˌstans]
de ninguém	ingens	['iŋəns]
de alguém	någons	['no:gɔns]

tão	så	['so:]
também (gostaria ~ de ...)	också	['ɔkso:]
também (~ eu)	också	['ɔkso:]

15. Palavras funcionais. Advérbios. Parte 2

Por quê?	Varför?	['va:fø:r]
por alguma razão	av någon anledning	[av 'no:gɔn 'anˌlʲedniŋ]
porque ...	därför att ...	['dæ:før at ...]
por qualquer razão	av någon anledning	[av 'no:gɔn 'anˌlʲedniŋ]

e (tu ~ eu)	och	['ɔ]
ou (ser ~ não ser)	eller	['ɛlʲer]
mas (porém)	men	['men]
para (~ a minha mãe)	för, till	['fø:r]

muito, demais	för, alltför	['fø:r], ['alʲtfø:r]
só, somente	bara, endast	['bara], ['ɛndast]
exatamente	precis, exakt	[prɛ'sis], [ɛk'sakt]
cerca de (~ 10 kg)	cirka	['sirka]

aproximadamente	ungefär	['uŋəˌfæ:r]
aproximado (adj)	ungefärlig	['uŋəˌfæ:lʲig]
quase	nästan	['nɛstan]

resto (m)	**rest (en)**	['rɛst]
o outro (segundo)	**den andra**	[dɛn 'andra]
outro (adj)	**andre**	['andrə]
cada (adj)	**var**	['var]
qualquer (adj)	**vilken som helst**	['vilʲkən sɔm 'hɛlʲst]
muito, muitos, muitas	**mycken, mycket**	['mʏkən], ['mʏkə]
muitas pessoas	**många**	['mɔŋa]
todos	**alla**	['alʲa]
em troca de ...	**i gengäld för ...**	[i 'jɛŋɛld ˌfør ...]
em troca	**i utbyte**	[i 'ʉtˌbytə]
à mão	**för hand**	[før 'hand]
pouco provável	**knappast**	['knapast]
provavelmente	**sannolikt**	[sanʊ'likt]
de propósito	**med flit, avsiktligt**	[me flit], ['avsiktlit]
por acidente	**tillfälligtvis**	['tilʲfolitvis]
muito	**mycket**	['mʏkə]
por exemplo	**till exempel**	[tilʲ ɛk'sɛmpəl]
entre	**mellan**	['mɛlʲan]
entre (no meio de)	**bland**	['blʲand]
tanto	**så mycket**	[sɔ 'mʏkə]
especialmente	**särskilt**	['sæːˌʂilʲt]

Conceitos básicos. Parte 2

16. Opostos

rico (adj)	rik	['rik]
pobre (adj)	fattig	['fatig]
doente (adj)	sjuk	['ʄʉːk]
bem (adj)	frisk	['frisk]
grande (adj)	stor	['stʊr]
pequeno (adj)	liten	['litən]
rapidamente	fort, snabbt	[fʊːt], ['snabt]
lentamente	långsamt	['ɭɔŋˌsamt]
rápido (adj)	snabb	['snab]
lento (adj)	långsam	['ɭɔŋˌsam]
alegre (adj)	glad	['glʲad]
triste (adj)	sorgmodig	['sɔrjˌmʊdig]
juntos (ir ~)	tillsammans	[tilʲ'samans]
separadamente	separat	[sepa'rat]
em voz alta (ler ~)	högt	['hœgt]
para si (em silêncio)	för sig själv	[før ˌsɛj 'ʄɛlʲv]
alto (adj)	hög	['høːg]
baixo (adj)	låg	['ɭoːg]
profundo (adj)	djup	['jʉːp]
raso (adj)	grund	['grʉnd]
sim	ja	['ja]
não	nej	['nɛj]
distante (adj)	fjärran	['fʲæːran]
próximo (adj)	nära	['næːra]
longe	långt	['ɭɔŋt]
à mão, perto	i närheten	[i 'næːrˌhetən]
longo (adj)	lång	['ɭɔŋ]
curto (adj)	kort	['kɔːt]
bom (bondoso)	god	['gʊd]
mal (adj)	ond	['ʊnd]
casado (adj)	gift	['jift]

solteiro (adj)	ogift	[ʊ:'jift]
proibir (vt)	att förbjuda	[at før'bjɵ:da]
permitir (vt)	att tillåta	[at 'tilʲo:ta]
fim (m)	slut (ett)	['slɵ:t]
início (m)	början (en)	['bœrjan]
esquerdo (adj)	vänster	['vɛnstər]
direito (adj)	höger	['hø:gər]
primeiro (adj)	först	[fœ:ʂt]
último (adj)	sista	['sista]
crime (m)	brott (ett)	['brɔt]
castigo (m)	straff (ett)	['straf]
ordenar (vt)	att beordra	[at be'o:dɽa]
obedecer (vt)	att underordna sig	[at 'undərˌɔ:dɳa sɛj]
reto (adj)	rak, rakt	['rak], ['rakt]
curvo (adj)	krokig	['krʊkig]
paraíso (m)	paradis (ett)	['paraˌdis]
inferno (m)	helvete (ett)	['hɛlʲvetə]
nascer (vi)	att födas	[at 'fø:das]
morrer (vi)	att dö	[at 'dø:]
forte (adj)	stark	['stark]
fraco, débil (adj)	svag	['svag]
velho, idoso (adj)	gammal	['gamalʲ]
jovem (adj)	ung	['uŋ]
velho (adj)	gammal	['gamalʲ]
novo (adj)	ny	['ny]
duro (adj)	hård	['ho:ɖ]
macio (adj)	mjuk	['mjɵ:k]
quente (adj)	varm	['varm]
frio (adj)	kall	['kalʲ]
gordo (adj)	tjock	['ɕøk]
magro (adj)	mager	['magər]
estreito (adj)	smal	['smalʲ]
largo (adj)	bred	['bred]
bom (adj)	bra	['brɔ:]
mau (adj)	dålig	['do:lig]
valente, corajoso (adj)	tapper	['tapər]
covarde (adj)	feg	['feg]

17. Dias da semana

segunda-feira (f)	måndag (en)	['mɔn‚dag]
terça-feira (f)	tisdag (en)	['tis‚dag]
quarta-feira (f)	onsdag (en)	['ʊns‚dag]
quinta-feira (f)	torsdag (en)	['tʊːʂ‚dag]
sexta-feira (f)	fredag (en)	['fre‚dag]
sábado (m)	lördag (en)	['lˌø:dɑg]
domingo (m)	söndag (en)	['sœn‚dag]

hoje	i dag	[i 'dag]
amanhã	i morgon	[i 'mɔrgɔn]
depois de amanhã	i övermorgon	[i 'øːvə‚mɔrgɔn]
ontem	i går	[i 'goːr]
anteontem	i förrgår	[i 'fœːr‚goːr]

dia (m)	dag (en)	['dag]
dia (m) de trabalho	arbetsdag (en)	['arbeʦ‚dag]
feriado (m)	helgdag (en)	['hɛlj‚dag]
dia (m) de folga	ledig dag (en)	['lʲedig ‚dag]
fim (m) de semana	helg, veckohelg (en)	[hɛlj], ['vɛkɔ‚hɛlj]

o dia todo	hela dagen	['helʲa 'dagən]
no dia seguinte	nästa dag	['nɛsta ‚dag]
há dois dias	för två dagar sedan	[før ‚tvo: 'dagar 'sedan]
na véspera	dagen innan	['dagən 'inan]
diário (adj)	daglig	['daglig]
todos os dias	varje dag	['varjə dag]

semana (f)	vecka (en)	['vɛka]
na semana passada	förra veckan	['fœːra 'vɛkan]
semana que vem	i nästa vecka	[i 'nɛsta 'vɛka]
semanal (adj)	vecko-	['vɛkɔ-]
toda semana	varje vecka	['varjə 'vɛka]
duas vezes por semana	två gångar i veckan	[tvo: 'gɔŋar i 'vɛkan]
toda terça-feira	varje tisdag	['varjə ‚tisdag]

18. Horas. Dia e noite

manhã (f)	morgon (en)	['mɔrgɔn]
de manhã	på morgonen	[pɔ 'mɔrgɔnən]
meio-dia (m)	middag (en)	['mid‚dag]
à tarde	på eftermiddagen	[pɔ 'ɛftə‚midagən]

tardinha (f)	kväll (en)	[kvɛlʲ]
à tardinha	på kvällen	[pɔ 'kvɛlʲen]
noite (f)	natt (en)	['nat]
à noite	om natten	[ɔm 'natən]
meia-noite (f)	midnatt (en)	['mid‚nat]

segundo (m)	sekund (en)	[se'kund]
minuto (m)	minut (en)	[mi'nʉːt]
hora (f)	timme (en)	['timə]

meia hora (f)	halvtimme (en)	['halʲvˌtimə]
quarto (m) de hora	kvart (en)	['kvaːt]
quinze minutos	femton minuter	['fɛmtɔn mi'nʉːtər]
vinte e quatro horas	dygn (ett)	['dʏgn]
nascer (m) do sol	soluppgång (en)	['sʊlʲ ˌup'gɔŋ]
amanhecer (m)	gryning (en)	['gryniŋ]
madrugada (f)	tidig morgon (en)	['tidig 'mɔrgɔn]
pôr-do-sol (m)	solnedgång (en)	['sʊlʲ 'nedˌgɔŋ]
de madrugada	tidigt på morgonen	['tidit pɔ 'mɔrgɔnən]
esta manhã	i morse	[i 'mɔːʂə]
amanhã de manhã	i morgon bitti	[i 'mɔrgɔn 'biti]
esta tarde	i eftermiddag	[i 'ɛftəˌmidag]
à tarde	på eftermiddagen	[pɔ 'ɛftəˌmidagən]
amanhã à tarde	i morgon eftermiddag	[i 'mɔrgɔn 'ɛftəˌmidag]
esta noite, hoje à noite	i kväll	[i 'kvɛlʲ]
amanhã à noite	i morgon kväll	[i 'mɔrgɔn 'kvɛlʲ]
às três horas em ponto	precis klockan tre	[prɛ'sis 'klʲɔkan treː]
por volta das quatro	vid fyratiden	[vid 'fyraˌtidən]
às doze	vid klockan tolv	[vid 'klʲɔkan 'tɔlʲv]
em vinte minutos	om tjugo minuter	[ɔm 'ɕʉgɔ mi'nʉːtər]
em uma hora	om en timme	[ɔm en 'timə]
a tempo	i tid	[i 'tid]
... um quarto para	kvart i ...	['kvaːt i ...]
dentro de uma hora	inom en timme	['inɔm en 'timə]
a cada quinze minutos	varje kvart	['varjə kvaːt]
as vinte e quatro horas	dygnet runt	['dʏgnet ˌrunt]

19. Meses. Estações

janeiro (m)	januari	['januˌari]
fevereiro (m)	februari	[fɛbrʉ'ari]
março (m)	mars	['maːʂ]
abril (m)	april	[a'prilʲ]
maio (m)	maj	['maj]
junho (m)	juni	['juːni]
julho (m)	juli	['juːli]
agosto (m)	augusti	[au'gusti]
setembro (m)	september	[sɛp'tɛmber]
outubro (m)	oktober	[ɔk'tʉbər]
novembro (m)	november	[nɔ'vɛmbər]
dezembro (m)	december	[de'sɛmber]
primavera (f)	vår (en)	['voːr]
na primavera	på våren	[pɔ 'voːrən]
primaveril (adj)	vår-	['voːr-]
verão (m)	sommar (en)	['sɔmar]

| no verão | på sommaren | [pɔ 'sɔmarən] |
| de verão | sommar- | ['sɔmar-] |

outono (m)	höst (en)	['høst]
no outono	på hösten	[pɔ 'høstən]
outonal (adj)	höst-	['høst-]

inverno (m)	vinter (en)	['vintər]
no inverno	på vintern	[pɔ 'vintərn]
de inverno	vinter-	['vintər-]
mês (m)	månad (en)	['moːnad]
este mês	den här månaden	[dɛn hæːr 'moːnadən]
mês que vem	nästa månad	['nɛsta 'moːnad]
no mês passado	förra månaden	['fœːra 'moːnadən]

um mês atrás	för en månad sedan	['før en 'moːnad 'sedan]
em um mês	om en månad	[ɔm en 'moːnad]
em dois meses	om två månader	[ɔm tvoː 'moːnadər]
todo o mês	en hel månad	[en helʲ 'moːnad]
um mês inteiro	hela månaden	['helʲa 'moːnadən]

mensal (adj)	månatlig	[mo'natlig]
mensalmente	månatligen	[mo'natligən]
todo mês	varje månad	['varjə ˌmoːnad]
duas vezes por mês	två gånger i månaden	[tvoː 'gɔŋər i 'mɔːnadən]

ano (m)	år (ett)	['oːr]
este ano	i år	[i 'oːr]
ano que vem	nästa år	['nɛsta ˌoːr]
no ano passado	i fjol, förra året	[i 'fjulʲ], ['fœːra 'oːret]
há um ano	för ett år sedan	['før et 'oːr 'sedan]
em um ano	om ett år	[ɔm et 'oːr]
dentro de dois anos	om två år	[ɔm tvoː 'oːr]
todo o ano	ett helt år	[ɛt helʲt 'oːr]
um ano inteiro	hela året	['helʲa 'oːret]

cada ano	varje år	['varjə 'oːr]
anual (adj)	årlig	['oːlʲig]
anualmente	årligen	['oːlʲigən]
quatro vezes por ano	fyra gånger om året	['fyra 'gɔŋər ɔm 'oːret]

data (~ de hoje)	datum (ett)	['datum]
data (ex. ~ de nascimento)	datum (ett)	['datum]
calendário (m)	almanacka (en)	['alʲmanaka]

meio ano	halvår (ett)	['halʲvˌoːr]
seis meses	halvår (ett)	['halʲvˌoːr]
estação (f)	årstid (en)	['oːʂˌtid]
século (m)	sekel (ett)	['sekəlʲ]

20. Tempo. Diversos

| tempo (m) | tid (en) | ['tid] |
| momento (m) | ögonblick (ett) | ['øːgɔnˌblik] |

instante (m)	ögonblick (ett)	['ø:gɔnˌblik]
instantâneo (adj)	ögonblicklig	['ø:gɔnˌbliklig]
lapso (m) de tempo	tidsavsnitt (ett)	['tidsˌavsnit]
vida (f)	liv (ett)	['liv]
eternidade (f)	evighet (en)	['evigˌhet]
época (f)	epok (en)	[ɛ'pɔ:k]
era (f)	era (en)	['era]
ciclo (m)	cykel (en)	['sykəlʲ]
período (m)	period (en)	[peri'ʊd]
prazo (m)	tid, period (en)	['tid], [peri'ʊd]
futuro (m)	framtid (en)	['framˌtid]
futuro (adj)	framtida	['framˌtida]
da próxima vez	nästa gång	['nɛsta ˌgɔŋ]
passado (m)	det förflutna	[dɛ 'førˌflʉ:tna]
passado (adj)	förra	['fœ:ra]
na última vez	förra gången	['fœ:ra 'gɔŋən]
mais tarde	senare	['senarə]
depois de ...	efter	['ɛftər]
atualmente	nuförtiden	['nʉ:ˌfør'tidən]
agora	nu	['nʉ:]
imediatamente	omedelbart	[ʊ:'medəlʲˌba:t]
em breve	snart	['sna:t]
de antemão	i förväg	[i 'førˌvɛ:g]
há muito tempo	längesedan	['lʲɛŋəˌsedan]
recentemente	nyligen	['nyligən]
destino (m)	öde (ett)	['ø:də]
recordações (f pl)	minnen (pl)	['minən]
arquivo (m)	arkiv (ett)	[ar'kiv]
durante ...	under ...	['undər ...]
durante muito tempo	länge	['lʲɛŋə]
pouco tempo	inte länge	['intə 'lʲɛŋə]
cedo (levantar-se ~)	tidigt	['tidit]
tarde (deitar-se ~)	sent	['sɛnt]
para sempre	för alltid	['før 'alʲtid]
começar (vt)	att börja	[at 'bœrja]
adiar (vt)	att skjuta upp	[at 'ɧʉ:ta up]
ao mesmo tempo	samtidigt	['samˌtidit]
permanentemente	alltid, ständigt	['alʲtid], ['stɛndit]
constante (~ ruído, etc.)	konstant	[kɔn'stant]
temporário (adj)	tillfällig, temporär	['tilʲˌfɔlig], [tempo'rɛr]
às vezes	ibland	['iblʲand]
raras vezes, raramente	sällan	['sɛlʲan]
frequentemente	ofta	['ɔfta]

21. Linhas e formas

quadrado (m)	kvadrat (en)	[kva'drat]
quadrado (adj)	kvadratisk	[kva'dratisk]

círculo (m)	cirkel (en)	['sirkəlʲ]
redondo (adj)	rund	['rund]
triângulo (m)	triangel (en)	['tri͵aŋəlʲ]
triangular (adj)	triangulär	[triaŋu'lʲæːr]

oval (f)	oval (en)	[ʊ'valʲ]
oval (adj)	oval	[ʊ'valʲ]
retângulo (m)	rektangel (en)	['rɛk͵taŋəlʲ]
retangular (adj)	rätvinklig	['rɛt͵viŋklig]

pirâmide (f)	pyramid (en)	[pyra'mid]
losango (m)	romb (en)	['rɔmb]
trapézio (m)	trapets (en)	[tra'pets]
cubo (m)	kub (en)	['kʉːb]
prisma (m)	prisma (en)	['prisma]

circunferência (f)	omkrets (en)	['ɔm͵krɛts]
esfera (f)	sfär (en)	['sfæːr]
globo (m)	klot (ett)	['klʲɔt]
diâmetro (m)	diameter (en)	['dia͵metər]
raio (m)	radie (en)	['radiə]
perímetro (m)	perimeter (en)	[peri'metər]
centro (m)	medelpunkt (en)	['medəlʲ͵puŋkt]

horizontal (adj)	horisontal	[hʊrisɔn'talʲ]
vertical (adj)	lodrät, lod-	['lʲod͵rɛt], ['lʲod-]
paralela (f)	parallell (en)	[para'lʲɛlʲ]
paralelo (adj)	parallell	[para'lʲɛlʲ]

linha (f)	linje (en)	['linjə]
traço (m)	linje (en)	['linjə]
reta (f)	rät linje (en)	[rɛːt 'linjə]
curva (f)	kurva (en)	['kurva]
fino (linha ~a)	tunn	['tun]
contorno (m)	kontur (en)	[kɔn'tʉːr]

interseção (f)	skärningspunkt (en)	['ʃærniŋs͵punkt]
ângulo (m) reto	rät vinkel (en)	[rɛːt 'viŋkəlʲ]
segmento (m)	segment (ett)	[seg'mɛnt]
setor (m)	sektor (en)	['sektʊr]
lado (de um triângulo, etc.)	sida (en)	['sida]
ângulo (m)	vinkel (en)	['viŋkəlʲ]

22. Unidades de medida

peso (m)	vikt (en)	['vikt]
comprimento (m)	längd (en)	[lʲɛŋd]
largura (f)	bredd (en)	['brɛd]
altura (f)	höjd (en)	['hœjd]
profundidade (f)	djup (ett)	['jʉːp]
volume (m)	volym (en)	[vɔ'lʲym]
área (f)	yta, areal (en)	['yta], [are'alʲ]
grama (m)	gram (ett)	['gram]
miligrama (m)	milligram (ett)	['mili͵gram]

quilograma (m)	kilogram (ett)	[çiljo'gram]
tonelada (f)	ton (en)	['tʊn]
libra (453,6 gramas)	skålpund (ett)	['skoːljˌpund]
onça (f)	uns (ett)	['uns]

metro (m)	meter (en)	['metər]
milímetro (m)	millimeter (en)	['miliˌmetər]
centímetro (m)	centimeter (en)	[sɛnti'metər]
quilômetro (m)	kilometer (en)	[çiljo'metər]
milha (f)	mil (en)	['milj]

polegada (f)	tum (en)	['tum]
pé (304,74 mm)	fot (en)	['fʊt]
jarda (914,383 mm)	yard (en)	['jaːd]

| metro (m) quadrado | kvadratmeter (en) | [kva'dratˌmetər] |
| hectare (m) | hektar (ett) | [hɛk'tar] |

litro (m)	liter (en)	['litər]
grau (m)	grad (en)	['grad]
volt (m)	volt (en)	['voljt]
ampère (m)	ampere (en)	[am'pɛr]
cavalo (m) de potência	hästkraft (en)	['hɛstˌkraft]

quantidade (f)	mängd, kvantitet (en)	['mɛŋt], [kwanti'tet]
um pouco de …	få …, inte många …	['foː …], ['intə 'mɔŋa …]
metade (f)	hälft (en)	['hɛljft]
dúzia (f)	dussin (ett)	['dusin]
peça (f)	stycke (ett)	['stʏkə]

| tamanho (m), dimensão (f) | storlek (en) | ['stʊːljek] |
| escala (f) | skala (en) | ['skalja] |

mínimo (adj)	minimal	[mini'malj]
menor, mais pequeno	minst	['minst]
médio (adj)	medel	['medəlj]
máximo (adj)	maximal	[maksi'malj]
maior, mais grande	störst	['støːşt]

23. Recipientes

pote (m) de vidro	glasburk (en)	['gljasˌburk]
lata (~ de cerveja)	burk (en)	['burk]
balde (m)	hink (en)	['hiŋk]
barril (m)	tunna (en)	['tuna]

bacia (~ de plástico)	tvättfat (ett)	['tvætˌfat]
tanque (m)	tank (en)	['taŋk]
cantil (m) de bolso	plunta, fickflaska (en)	['plʊnta], ['fikˌfljaska]
galão (m) de gasolina	dunk (en)	['duːŋk]
cisterna (f)	tank (en)	['taŋk]

| caneca (f) | mugg (en) | ['mug] |
| xícara (f) | kopp (en) | ['kop] |

pires (m)	tefat (ett)	['te̩fat]
copo (m)	glas (ett)	['glʲas]
taça (f) de vinho	vinglas (ett)	['vin̩glʲas]
panela (f)	kastrull, gryta (en)	[ka'strulʲ], ['gryta]
garrafa (f)	flaska (en)	['flʲaska]
gargalo (m)	flaskhals (en)	['flʲask̩halʲs]
jarra (f)	karaff (en)	[ka'raf]
jarro (m)	kanna (en) med handtag	['kana me 'han̩tag]
recipiente (m)	behållare (en)	[be'ho:lʲarə]
pote (m)	kruka (en)	['krʉka]
vaso (m)	vas (en)	['vas]
frasco (~ de perfume)	flakong (en)	[flʲa'kɔŋ]
frasquinho (m)	flaska (en)	['flʲaska]
tubo (m)	tub (en)	['tʉ:b]
saco (ex. ~ de açúcar)	säck (en)	['sɛk]
sacola (~ plastica)	påse (en)	['po:sə]
maço (de cigarros, etc.)	paket (ett)	[pa'ket]
caixa (~ de sapatos, etc.)	ask (en)	['ask]
caixote (~ de madeira)	låda (en)	['lʲo:da]
cesto (m)	korg (en)	['kɔrj]

24. Materiais

material (m)	material (ett)	[mate'rjalʲ]
madeira (f)	trä (ett)	['trɛ:]
de madeira	trä-	['trɛ:-]
vidro (m)	glas (ett)	['glʲas]
de vidro	av glas, glas-	[av glʲas], [glʲas-]
pedra (f)	sten (en)	['sten]
de pedra	sten-	['sten-]
plástico (m)	plast (en)	['plʲast]
plástico (adj)	plast-	[plʲast-]
borracha (f)	gummi (ett)	['gumi]
de borracha	gummi-	['gumi-]
tecido, pano (m)	tyg (ett)	['tyg]
de tecido	tyg-	['tyg-]
papel (m)	papper (ett)	['papər]
de papel	papper-	['papər-]
papelão (m)	papp, kartong (en)	['pap], [ka:'tɔŋ]
de papelão	papp-, kartong-	['pap-], [ka:'tɔŋ-]
polietileno (m)	polyetylen (en)	['polʲɛty̩lʲen]
celofane (m)	cellofan (en)	[sɛlʲʊ'fan]

linóleo (m)	**linoleum (ett)**	[li'noleum]
madeira (f) compensada	**kryssfaner (ett)**	['krys‚fa'nɛːr]

porcelana (f)	**porslin (ett)**	[pɔ:'ʂlin]
de porcelana	**av porslin**	[av pɔ:'ʂlin]
argila (f), barro (m)	**lera (en)**	['lʲera]
de barro	**ler-**	['lʲer-]
cerâmica (f)	**keramik (en)**	[ɕera'mik]
de cerâmica	**keramisk**	[ɕe'ramisk]

25. Metais

metal (m)	**metall (en)**	[me'talʲ]
metálico (adj)	**metall-**	[me'talʲ-]
liga (f)	**legering (en)**	[lʲe'ge:riŋ]

ouro (m)	**guld (ett)**	['gulʲd]
de ouro	**guld-**	['gulʲd-]
prata (f)	**silver (ett)**	['silʲvər]
de prata	**silver-**	['silʲvər-]

ferro (m)	**järn (ett)**	['jæ:n]
de ferro	**järn-**	['jæ:n̩-]
aço (m)	**stål (ett)**	['sto:lʲ]
de aço (adj)	**stål-**	['sto:lʲ-]
cobre (m)	**koppar (en)**	['kopar]
de cobre	**koppar-**	['kopar-]

alumínio (m)	**aluminium (ett)**	[alʉ'mi:nium]
de alumínio	**aluminium-**	[alʉ'mi:nium-]
bronze (m)	**brons (en)**	['brɔns]
de bronze	**brons-**	['brɔns-]

latão (m)	**mässing (en)**	['mɛsiŋ]
níquel (m)	**nickel (ett)**	['nikəlʲ]
platina (f)	**platina (en)**	['plʲatina]
mercúrio (m)	**kvicksilver (ett)**	['kvik‚silʲvər]
estanho (m)	**tenn (ett)**	['tɛn]
chumbo (m)	**bly (ett)**	['blʲy]
zinco (m)	**zink (en)**	['siŋk]

O SER HUMANO

O ser humano. O corpo

26. Humanos. Conceitos básicos

ser (m) humano	**människa (en)**	['mɛniŋa]
homem (m)	**man (en)**	['man]
mulher (f)	**kvinna (en)**	['kvina]
criança (f)	**barn (ett)**	['baːŋ]
menina (f)	**flicka (en)**	['flika]
menino (m)	**pojke (en)**	['pɔjkə]
adolescente (m)	**tonåring (en)**	[tɔ'noːriŋ]
velho (m)	**gammal man (en)**	['gamalʲ ˌman]
velha (f)	**gumma (en)**	['guma]

27. Anatomia humana

organismo (m)	**organism (en)**	[ɔrga'nism]
coração (m)	**hjärta (ett)**	['jæːʈa]
sangue (m)	**blod (ett)**	['blʲʊd]
artéria (f)	**artär (en)**	[a'ʈæːr]
veia (f)	**ven (en)**	['veːn]
cérebro (m)	**hjärna (en)**	['jæːŋa]
nervo (m)	**nerv (en)**	['nɛrv]
nervos (m pl)	**nerver (pl)**	['nɛrvər]
vértebra (f)	**ryggkota (en)**	['rʏgˌkɔta]
coluna (f) vertebral	**ryggrad (en)**	['rʏgˌrad]
estômago (m)	**magsäck (en)**	['magˌsɛk]
intestinos (m pl)	**tarmar, inälvor (pl)**	['tarmar], [inɛlʲʲvʊr]
intestino (m)	**tarm (en)**	['tarm]
fígado (m)	**lever (en)**	['lʲevər]
rim (m)	**njure (en)**	['njʉːrə]
osso (m)	**ben (ett)**	['beːn]
esqueleto (m)	**skelett (ett)**	[ske'lʲet]
costela (f)	**revben (ett)**	['revˌbeːn]
crânio (m)	**skalle (en)**	['skalʲe]
músculo (m)	**muskel (en)**	['muskəlʲ]
bíceps (m)	**biceps (en)**	['bisɛps]
tríceps (m)	**triceps (en)**	['trisɛps]
tendão (m)	**sena (en)**	['seːna]
articulação (f)	**led (en)**	['lʲed]

pulmões (m pl)	lungor (pl)	['lʉŋʊr]
órgãos (m pl) genitais	könsorganen (pl)	['ɕœns ɔr'ganən]
pele (f)	hud (en)	['hʉːd]

28. Cabeça

cabeça (f)	huvud (ett)	['hʉːvʉd]
rosto, cara (f)	ansikte (ett)	['ansiktə]
nariz (m)	näsa (en)	['nɛːsa]
boca (f)	mun (en)	['muːn]

olho (m)	öga (ett)	['øːga]
olhos (m pl)	ögon (pl)	['øːgɔn]
pupila (f)	pupill (en)	[pʉ'pilʲ]
sobrancelha (f)	ögonbryn (ett)	['øːgɔn‚bryn]
cílio (f)	ögonfrans (en)	['øːgɔn‚frans]
pálpebra (f)	ögonlock (ett)	['øːgɔn‚lʲɔk]

língua (f)	tunga (en)	['tuŋa]
dente (m)	tand (en)	['tand]
lábios (m pl)	läppar (pl)	['lʲɛpar]
maçãs (f pl) do rosto	kindben (pl)	['ɕind‚beːn]
gengiva (f)	tandkött (ett)	['tand‚ɕœt]
palato (m)	gom (en)	['gʊm]

narinas (f pl)	näsborrar (pl)	['nɛːs‚bɔrar]
queixo (m)	haka (en)	['haka]
mandíbula (f)	käke (en)	['ɕɛːkə]
bochecha (f)	kind (en)	['ɕind]

testa (f)	panna (en)	['pana]
têmpora (f)	tinning (en)	['tiniŋ]
orelha (f)	öra (ett)	['øːra]
costas (f pl) da cabeça	nacke (en)	['nakə]
pescoço (m)	hals (en)	['halʲs]
garganta (f)	strupe, hals (en)	['strʉpə], ['halʲs]

cabelo (m)	hår (pl)	['hoːr]
penteado (m)	frisyr (en)	[fri'syr]
corte (m) de cabelo	klippning (en)	['klipniŋ]
peruca (f)	peruk (en)	[pe'rʉːk]

bigode (m)	mustasch (en)	[mʉ'staːʃ]
barba (f)	skägg (ett)	['ɧɛg]
ter (~ barba, etc.)	att ha	[at 'ha]
trança (f)	fläta (en)	['flʲɛːta]
suíças (f pl)	polisonger (pl)	[pɔli'sɔŋər]

ruivo (adj)	rödhårig	['røːd‚hoːrig]
grisalho (adj)	grå	['groː]
careca (adj)	skallig	['skalig]
calva (f)	flint (en)	['flint]
rabo-de-cavalo (m)	hästsvans (en)	['hɛst‚svans]
franja (f)	lugg, pannlugg (en)	[lʉg], ['pan‚lʉg]

29. Corpo humano

mão (f)	hand (en)	['hand]
braço (m)	arm (en)	['arm]
dedo (m)	finger (ett)	['fiŋər]
dedo (m) do pé	tå (en)	['to:]
polegar (m)	tumme (en)	['tumə]
dedo (m) mindinho	lillfinger (ett)	['lilɪ,fiŋər]
unha (f)	nagel (en)	['nagəlɪ]
punho (m)	knytnäve (en)	['knʏt,nɛ:və]
palma (f)	handflata (en)	['hand,flɪata]
pulso (m)	handled (en)	['hand,lɪed]
antebraço (m)	underarm (en)	['undər,arm]
cotovelo (m)	armbåge (en)	['arm,bo:gə]
ombro (m)	skuldra (en)	['skʉlɪdra]
perna (f)	ben (ett)	['be:n]
pé (m)	fot (en)	['fʊt]
joelho (m)	knä (ett)	['knɛ:]
panturrilha (f)	vad (ett)	['vad]
quadril (m)	höft (en)	['hœft]
calcanhar (m)	häl (en)	['hɛ:lɪ]
corpo (m)	kropp (en)	['krɔp]
barriga (f), ventre (m)	mage (en)	['magə]
peito (m)	bröst (ett)	['brœst]
seio (m)	bröst (ett)	['brœst]
lado (m)	sida (en)	['sida]
costas (dorso)	rygg (en)	['rʏg]
região (f) lombar	ländrygg (en)	['lɪɛnd,rʏg]
cintura (f)	midja (en)	['midja]
umbigo (m)	navel (en)	['navəlɪ]
nádegas (f pl)	stjärtar, skinkor (pl)	['ɧæ:ʈar], ['ɧiŋkʊr]
traseiro (m)	bak (en)	['bak]
sinal (m), pinta (f)	leverfläck (ett)	['lɪevər,flɛk]
sinal (m) de nascença	födelsemärke (ett)	['fø:dəlɪsə,mæ:rkə]
tatuagem (f)	tatuering (en)	[tatʉ'eriŋ]
cicatriz (f)	ärr (ett)	['ær]

Vestuário & Acessórios

30. Roupa exterior. Casacos

roupa (f)	kläder (pl)	['klʲɛ:dər]
roupa (f) exterior	ytterkläder	['ytə‚klʲɛ:dər]
roupa (f) de inverno	vinterkläder (pl)	['vintə‚klʲɛ:dər]
sobretudo (m)	rock, kappa (en)	['rɔk], ['kapa]
casaco (m) de pele	päls (en)	['pɛlʲs]
jaqueta (f) de pele	pälsjacka (en)	['pɛlʲs‚jaka]
casaco (m) acolchoado	dunjacka (en)	['dʉ:n‚jaka]
casaco (m), jaqueta (f)	jacka (en)	['jaka]
impermeável (m)	regnrock (en)	['rɛgn‚rɔk]
a prova d'água	vattentät	['vatən‚tɛt]

31. Vestuário de homem & mulher

camisa (f)	skjorta (en)	['ʃʉ:ʈa]
calça (f)	byxor (pl)	['byksʊr]
jeans (m)	jeans (en)	['jins]
paletó, terno (m)	kavaj (en)	[ka'vaj]
terno (m)	kostym (en)	[kɔs'tym]
vestido (ex. ~ de noiva)	klänning (en)	['klʲɛniŋ]
saia (f)	kjol (en)	['ɕø:lʲ]
blusa (f)	blus (en)	['blʉ:s]
casaco (m) de malha	stickad tröja (en)	['stikad 'trøja]
casaco, blazer (m)	dräktjacka, kavaj (en)	['drɛkt 'jaka], ['kavaj]
camiseta (f)	T-shirt (en)	['ti:‚ʃɔ:ʈ]
short (m)	shorts (en)	['ʃɔ:ʈs]
training (m)	träningsoverall (en)	['trɛ:niŋs ove'rɔ:lʲ]
roupão (m) de banho	morgonrock (en)	['mɔrgɔn‚rɔk]
pijama (m)	pyjamas (en)	[py'jamas]
suéter (m)	sweater, tröja (en)	['svitər], ['trøja]
pulôver (m)	pullover (en)	[pu'lʲɔ:vər]
colete (m)	väst (en)	['vɛst]
fraque (m)	frack (en)	['frak]
smoking (m)	smoking (en)	['smɔkiŋ]
uniforme (m)	uniform (en)	[uni'fɔrm]
roupa (f) de trabalho	arbetskläder (pl)	['arbets‚klʲɛ:dər]
macacão (m)	overall (en)	['ɔve‚rɔ:lʲ]
jaleco (m), bata (f)	rock (en)	['rɔk]

32. Vestuário. Roupa interior

roupa (f) íntima	underkläder (pl)	['undə‚klʲɛːdər]
cueca boxer (f)	underbyxor (pl)	['undə‚byksʊr]
calcinha (f)	trosor (pl)	['trʊsʊr]
camiseta (f)	undertröja (en)	['undə‚trøja]
meias (f pl)	sockor (pl)	['sɔkʊr]
camisola (f)	nattlinne (ett)	['nat‚linə]
sutiã (m)	behå (en)	[be'hoː]
meias longas (f pl)	knästrumpor (pl)	['knɛː‚strumpʊr]
meias-calças (f pl)	strumpbyxor (pl)	['strump‚byksʊr]
meias (~ de nylon)	strumpor (pl)	['strumpʊr]
maiô (m)	baddräkt (en)	['bad‚drɛkt]

33. Adereços de cabeça

chapéu (m), touca (f)	hatt (en)	['hat]
chapéu (m) de feltro	hatt (en)	['hat]
boné (m) de beisebol	baseballkeps (en)	['bejsbolʲ keps]
boina (~ italiana)	keps (en)	['keps]
boina (ex. ~ basca)	basker (en)	['baskər]
capuz (m)	luva, kapuschong (en)	['lʉːva], [kapʉ'ʃɔːŋ]
chapéu panamá (m)	panamahatt (en)	['panama‚hat]
touca (f)	luva (en)	['lʉːva]
lenço (m)	sjalett (en)	[ʃa'lʲet]
chapéu (m) feminino	hatt (en)	['hat]
capacete (m) de proteção	hjälm (en)	['jɛlʲm]
bibico (m)	båtmössa (en)	['bɔt‚mœsa]
capacete (m)	hjälm (en)	['jɛlʲm]
chapéu-coco (m)	plommonstop (ett)	['plʲumɔn‚stʊp]
cartola (f)	hög hatt, cylinder (en)	['høːg ‚hat], [sy'lindər]

34. Calçado

calçado (m)	skodon (pl)	['skʊdʊn]
botinas (f pl), sapatos (m pl)	skor (pl)	['skʊr]
sapatos (de salto alto, etc.)	damskor (pl)	['dam‚skʊr]
botas (f pl)	stövlar (pl)	['støvlʲar]
pantufas (f pl)	tofflor (pl)	['tɔflʲʊr]
tênis (~ Nike, etc.)	tennisskor (pl)	['tɛnis‚skʊr]
tênis (~ Converse)	canvas skor (pl)	['kanvas ‚skʊr]
sandálias (f pl)	sandaler (pl)	[san'dalʲer]
sapateiro (m)	skomakare (en)	['skʊ‚makarə]
salto (m)	klack (en)	['klʲak]

par (m)	par (ett)	['par]
cadarço (m)	skosnöre (ett)	['skʊˌsnøːrə]
amarrar os cadarços	att snöra	[at 'snøːra]
calçadeira (f)	skohorn (ett)	['skʊˌhʊːn]
graxa (f) para calçado	skokräm (en)	['skʊˌkrɛm]

35. Têxtil. Tecidos

algodão (m)	bomull (en)	['bʊˌmulʲ]
de algodão	bomull-	['bʊˌmulʲ-]
linho (m)	lin (ett)	['lin]
de linho	lin	['lin]

seda (f)	siden (ett)	['sidən]
de seda	siden-	['sidən-]
lã (f)	ull (en)	['ulʲ]
de lã	ull-	['ulʲ-]

veludo (m)	sammet (en)	['samet]
camurça (f)	mocka (en)	['mɔka]
veludo (m) cotelê	manchester (en)	['manˌɕestər]

nylon (m)	nylon (ett)	[ny'lʲɔn]
de nylon	nylon-	[ny'lʲɔn-]
poliéster (m)	polyester (en)	[pɔlʲy'ɛstər]
de poliéster	polyester-	[pɔlʲy'ɛstər-]

couro (m)	läder, skinn (ett)	['lʲɛːdər], ['ɧin]
de couro	läder-, av läder	['lʲɛːdər-], [av 'lʲɛːdər]
pele (f)	päls (en)	['pɛlʲs]
de pele	päls-	['pɛlʲs-]

36. Acessórios pessoais

luva (f)	handskar (pl)	['hanskar]
mitenes (f pl)	vantar (pl)	['vantar]
cachecol (m)	halsduk (en)	['halʲsˌdʉːk]

óculos (m pl)	glasögon (pl)	['glʲasˌøːgɔn]
armação (f)	båge (en)	['boːgə]
guarda-chuva (m)	paraply (ett)	[para'plʲy]
bengala (f)	käpp (en)	['ɕɛp]
escova (f) para o cabelo	hårborste (en)	['hoːrˌbo:ʂtə]
leque (m)	solfjäder (en)	['sʊlʲˌfjɛːdər]

gravata (f)	slips (en)	['slips]
gravata-borboleta (f)	fluga (en)	['flʉːga]
suspensórios (m pl)	hängslen (pl)	['hɛŋslʲən]
lenço (m)	näsduk (en)	['nɛsˌdʉk]

| pente (m) | kam (en) | ['kam] |
| fivela (f) para cabelo | hårklämma (ett) | ['hoːrˌklʲɛma] |

41

| grampo (m) | hårnål (en) | ['ho:ˌŋo:lʲ] |
| fivela (f) | spänne (ett) | ['spɛnə] |

| cinto (m) | bälte (ett) | ['bɛlʲtə] |
| alça (f) de ombro | rem (en) | ['rem] |

bolsa (f)	väska (en)	['vɛska]
bolsa (feminina)	damväska (en)	['damˌvɛska]
mochila (f)	ryggsäck (en)	['rʏgˌsɛk]

37. Vestuário. Diversos

moda (f)	mode (ett)	['mʊdə]
na moda (adj)	modern	[mʊ'dɛ:ŋ]
estilista (m)	modedesigner (en)	['mʊdə de'sajnər]

colarinho (m)	krage (en)	['kragə]
bolso (m)	ficka (en)	['fika]
de bolso	fick-	['fik-]
manga (f)	ärm (en)	['æ:rm]
ganchinho (m)	hängband (ett)	['hɛŋ band]
bragueta (f)	gylf (en)	['gylʲf]

zíper (m)	blixtlås (ett)	['blikstˌlʲo:s]
colchete (m)	knäppning (en)	['knɛpniŋ]
botão (m)	knapp (en)	['knap]
botoeira (casa de botão)	knapphål (ett)	['knapˌho:lʲ]
soltar-se (vr)	att lossna	[at 'lʲɔsna]

costurar (vi)	att sy	[at sy]
bordar (vt)	att brodera	[at brʊ'dera]
bordado (m)	broderi (ett)	[brʊde'ri:]
agulha (f)	synål (en)	['syˌno:lʲ]
fio, linha (f)	tråd (en)	['tro:d]
costura (f)	söm (en)	['sø:m]

sujar-se (vr)	att smutsa ned sig	[at 'smutsa ned sɛj]
mancha (f)	fläck (en)	['flʲɛk]
amarrotar-se (vr)	att bli skrynklig	[at bli 'skrʏŋklig]
rasgar (vt)	att riva	[at 'riva]
traça (f)	mal (en)	['malʲ]

38. Cuidados pessoais. Cosméticos

pasta (f) de dente	tandkräm (en)	['tandˌkrɛm]
escova (f) de dente	tandborste (en)	['tandˌbɔ:ʂtə]
escovar os dentes	att borsta tänderna	[at 'bɔ:ʂta 'tɛndɛ:ŋa]

gilete (f)	hyvel (en)	['hyvəlʲ]
creme (m) de barbear	rakkräm (en)	['rakˌkrɛm]
barbear-se (vr)	att raka sig	[at 'raka sɛj]
sabonete (m)	tvål (en)	['tvo:lʲ]

xampu (m)	schampo (ett)	['ʃam‚pʊ]
tesoura (f)	sax (en)	['saks]
lixa (f) de unhas	nagelfil (en)	['nagəlʲˌfilʲ]
corta-unhas (m)	nageltång (en)	['nagəlʲˌtɔŋ]
pinça (f)	pincett (en)	[pin'sɛt]

cosméticos (m pl)	kosmetika (en)	[kɔs'mɛtika]
máscara (f)	ansiktsmask (en)	[an'sikts‚mask]
manicure (f)	manikyr (en)	[mani'kyr]
fazer as unhas	att få manikyr	[at fo: mani'kyr]
pedicure (f)	pedikyr (en)	[pedi'kyr]

bolsa (f) de maquiagem	kosmetikväska (en)	[kɔsmɛ'tik‚vɛska]
pó (de arroz)	puder (ett)	['pʉ:dər]
pó (m) compacto	puderdosa (en)	['pʉ:dɛˌd̪o:sa]
blush (m)	rouge (ett)	['ru:ʃ]

perfume (m)	parfym (en)	[par'fym]
água-de-colônia (f)	eau de toilette (en)	['ɔ:detuaˌlʲet]
loção (f)	rakvatten (ett)	['rakˌvatən]
colônia (f)	eau de cologne (en)	['ɔ:dekoˌlʲɔŋʲ]

sombra (f) de olhos	ögonskugga (en)	['ø:gɔnˌskuga]
delineador (m)	ögonpenna (en)	['ø:gɔnˌpɛna]
máscara (f), rímel (m)	mascara (en)	[ma'skara]

batom (m)	läppstift (ett)	['lʲɛpˌstift]
esmalte (m)	nagellack (ett)	['nagəlʲˌlʲak]
laquê (m), spray fixador (m)	hårspray (en)	['ho:rˌsprɛj]
desodorante (m)	deodorant (en)	[deʊdʊ'rant]

creme (m)	kräm (en)	['krɛm]
creme (m) de rosto	ansiktskräm (en)	[an'siktsˌkrɛm]
creme (m) de mãos	handkräm (en)	['handˌkrɛm]
creme (m) antirrugas	anti-rynkor kräm (en)	['antiˌrʏŋkʊr 'krɛm]
creme (m) de dia	dagkräm (en)	['dagˌkrɛm]
creme (m) de noite	nattkräm (en)	['natˌkrɛm]
de dia	dag-	['dag-]
da noite	natt-	['nat-]

absorvente (m) interno	tampong (en)	[tam'pɔŋ]
papel (m) higiênico	toalettpapper (ett)	[tʊa'lʲet‚papər]
secador (m) de cabelo	hårtork (en)	['ho:ˌtʊrk]

39. Joalheria

joias (f pl)	smycken (pl)	['smʏkən]
precioso (adj)	ädel-	['ɛ:dəl-]
marca (f) de contraste	stämpel (en)	['stɛmpəlʲ]

anel (m)	ring (en)	['riŋ]
aliança (f)	vigselring (en)	['vigsəlʲˌriŋ]
pulseira (f)	armband (ett)	['armˌband]
brincos (m pl)	örhängen (pl)	['ø:rˌhɛŋən]

colar (m)	halsband (ett)	['halˡsˌband]
coroa (f)	krona (en)	['krʊna]
colar (m) de contas	halsband (ett)	['halˡsˌband]

diamante (m)	diamant (en)	[dia'mant]
esmeralda (f)	smaragd (en)	[sma'ragd]
rubi (m)	rubin (en)	[rʉ'biːn]
safira (f)	safir (en)	[sa'fir]
pérola (f)	pärlor (pl)	['pæː[ˡʊːr]
âmbar (m)	rav, bärnsten (en)	['rav], ['bæːɳʃtən]

40. Relógios de pulso. Relógios

relógio (m) de pulso	armbandsur (ett)	['armbandsˌʉːr]
mostrador (m)	urtavla (en)	['ʉːˌtavlˡa]
ponteiro (m)	visare (en)	['visarə]
bracelete (em aço)	armband (ett)	['armˌband]
bracelete (em couro)	armband (ett)	['armˌband]

pilha (f)	batteri (ett)	[batɛ'riː]
acabar (vi)	att bli urladdad	[at bli 'ʉːˌ[ˡadad]
trocar a pilha	att byta batteri	[at 'byta batɛ'riː]
estar adiantado	att gå för fort	[at 'goː før 'foːt]
estar atrasado	att gå för långsamt	[at 'goː før 'lˡɔŋˌsamt]

relógio (m) de parede	väggklocka (en)	['vɛgˌklˡɔka]
ampulheta (f)	sandklocka (en)	['sandˌklˡɔka]
relógio (m) de sol	solklocka (en)	['sʊlˡˌklˡɔka]
despertador (m)	väckarklocka (en)	['vɛkarˌklˡɔka]
relojoeiro (m)	urmakare (en)	['ʉrˌmakarə]
reparar (vt)	att reparera	[at repa'rera]

Alimentação. Nutrição

41. Comida

carne (f)	kött (ett)	['ɕœt]
galinha (f)	höna (en)	['hø:na]
frango (m)	kyckling (en)	['ɕykliŋ]
pato (m)	anka (en)	['aŋka]
ganso (m)	gås (en)	['go:s]
caça (f)	vilt (ett)	['vilʲt]
peru (m)	kalkon (en)	[kalʲ'kʊn]

carne (f) de porco	fläsk (ett)	['flʲɛsk]
carne (f) de vitela	kalvkött (en)	['kalʲv‚ɕœt]
carne (f) de carneiro	lammkött (ett)	['lʲam‚ɕœt]
carne (f) de vaca	oxkött, nötkött (ett)	['ʊks‚ɕœt], ['nø:t‚ɕœt]
carne (f) de coelho	kanin (en)	[ka'nin]

linguiça (f), salsichão (m)	korv (en)	['kɔrv]
salsicha (f)	wienerkorv (en)	['viɲɛr‚kɔrv]
bacon (m)	bacon (ett)	['bɛjkon]
presunto (m)	skinka (en)	['ɧiŋka]
pernil (m) de porco	skinka (en)	['ɧiŋka]

patê (m)	paté (en)	[pa'te]
fígado (m)	lever (en)	['lʲevər]
guisado (m)	köttfärs (en)	['ɕœt‚fæ:ʂ]
língua (f)	tunga (en)	['tuŋa]

ovo (m)	ägg (ett)	['ɛg]
ovos (m pl)	ägg (pl)	['ɛg]
clara (f) de ovo	äggvita (en)	['ɛg‚vi:ta]
gema (f) de ovo	äggula (en)	['ɛg‚ʉ:lʲa]

peixe (m)	fisk (en)	['fisk]
mariscos (m pl)	fisk och skaldjur	['fisk ɔ 'skalʲ‚jʉ:r]
crustáceos (m pl)	kräftdjur (pl)	['krɛft‚ju:r]
caviar (m)	kaviar (en)	['kav‚jar]

caranguejo (m)	krabba (en)	['kraba]
camarão (m)	räka (en)	['rɛ:ka]
ostra (f)	ostron (ett)	['ʊstrʊn]
lagosta (f)	languster (en)	[lʲaŋ'gustər]
polvo (m)	bläckfisk (en)	['blʲɛk‚fisk]
lula (f)	bläckfisk (en)	['blʲɛk‚fisk]

esturjão (m)	stör (en)	['stø:r]
salmão (m)	lax (en)	['lʲaks]
halibute (m)	hälleflundra (en)	['hɛlʲe‚flʉndra]
bacalhau (m)	torsk (en)	['tɔ:ʂk]

cavala, sarda (f)	makrill (en)	['makrilʲ]
atum (m)	tonfisk (en)	['tʊnˌfisk]
enguia (f)	ål (en)	['o:lʲ]

truta (f)	öring (en)	['ø:riŋ]
sardinha (f)	sardin (en)	[sa:'d̑i:n]
lúcio (m)	gädda (en)	['jɛda]
arenque (m)	sill (en)	['silʲ]

pão (m)	bröd (ett)	['brø:d]
queijo (m)	ost (en)	['ʊst]
açúcar (m)	socker (ett)	['sɔkər]
sal (m)	salt (ett)	['salʲt]

arroz (m)	ris (ett)	['ris]
massas (f pl)	pasta (en), makaroner (pl)	['pasta], [maka'rʊnər]
talharim, miojo (m)	nudlar (pl)	['nʉ:dlʲar]

manteiga (f)	smör (ett)	['smœ:r]
óleo (m) vegetal	vegetabilisk olja (en)	[vegeta'bilisk 'ɔlja]
óleo (m) de girassol	solrosolja (en)	['sʊlʲrʊsˌɔlja]
margarina (f)	margarin (ett)	[marga'rin]

azeitonas (f pl)	oliver (pl)	[ʊ:'livər]
azeite (m)	olivolja (en)	[ʊ'livˌɔlja]

leite (m)	mjölk (en)	['mjœlʲk]
leite (m) condensado	kondenserad mjölk (en)	[kɔndɛn'serad ˌmjœlʲk]
iogurte (m)	yoghurt (en)	['jo:gʉ:t]
creme (m) azedo	gräddfil,	['grɛdfilʲ],
	syrad grädden (en)	[syrad 'gredən]
creme (m) de leite	grädde (en)	['grɛdə]

maionese (f)	majonnäs (en)	[majɔ'nɛs]
creme (m)	kräm (en)	['krɛm]

grãos (m pl) de cereais	gryn (en)	['gryn]
farinha (f)	mjöl (ett)	['mjø:lʲ]
enlatados (m pl)	konserv (en)	[kɔn'sɛrv]

flocos (m pl) de milho	cornflakes (pl)	['kɔːnˌflɛjks]
mel (m)	honung (en)	['hɔnuŋ]
geleia (m)	sylt, marmelad (en)	['sylʲt], [marme'lʲad]
chiclete (m)	tuggummi (ett)	['tugˌgumi]

42. Bebidas

água (f)	vatten (ett)	['vatən]
água (f) potável	dricksvatten (ett)	['driksˌvatən]
água (f) mineral	mineralvatten (ett)	[mine'ralʲˌvatən]

sem gás (adj)	icke kolsyrat	['ikə 'kɔlʲˌsyrat]
gaseificada (adj)	kolsyrat	['kɔlʲˌsyrat]
com gás	kolsyrat	['kɔlʲˌsyrat]

| gelo (m) | is (en) | ['is] |
| com gelo | med is | [me 'is] |

não alcoólico (adj)	alkoholfri	[alʲkʊ'hɔlʲˌfri:]
refrigerante (m)	alkoholfri dryck (en)	[alʲkʊ'hɔlʲfri 'drʏk]
refresco (m)	läskedryck (en)	['lɛskəˌdrik]
limonada (f)	lemonad (en)	[lʲemɔ'nad]

bebidas (f pl) alcoólicas	alkoholhaltiga drycker (pl)	[alʲkʊ'hɔlʲˌhalʲtiga 'drʏkər]
vinho (m)	vin (ett)	['vin]
vinho (m) branco	vitvin (ett)	['vitˌvin]
vinho (m) tinto	rödvin (ett)	['røːdˌvin]

licor (m)	likör (en)	[li'køːr]
champanhe (m)	champagne (en)	[ɧam'panʲ]
vermute (m)	vermouth (en)	['vɛrmut]

uísque (m)	whisky (en)	['viski]
vodca (f)	vodka (en)	['vodka]
gim (m)	gin (ett)	['dʒin]
conhaque (m)	konjak (en)	['kɔnʲak]
rum (m)	rom (en)	['rɔm]

café (m)	kaffe (ett)	['kafə]
café (m) preto	svart kaffe (ett)	['svaːʈ 'kafə]
café (m) com leite	kaffe med mjölk (ett)	['kafə me mjœlʲk]
cappuccino (m)	cappuccino (en)	['kaputʃinʊ]
café (m) solúvel	snabbkaffe (ett)	['snabˌkafə]

leite (m)	mjölk (en)	['mjœlʲk]
coquetel (m)	cocktail (en)	['kɔktɛjlʲ]
batida (f), milkshake (m)	milkshake (en)	['milʲkˌʃɛjk]

suco (m)	juice (en)	['juːs]
suco (m) de tomate	tomatjuice (en)	[tʊ'matˌjuːs]
suco (m) de laranja	apelsinjuice (en)	[apɛlʲ'sinˌjuːs]
suco (m) fresco	nypressad juice (en)	['nʏˌprɛsad 'juːs]

cerveja (f)	öl (ett)	['øːlʲ]
cerveja (f) clara	ljust öl (ett)	['jɵːstˌøːlʲ]
cerveja (f) preta	mörkt öl (ett)	['mœːrkt ˌøːlʲ]

chá (m)	te (ett)	['teː]
chá (m) preto	svart te (ett)	['svaːʈ ˌteː]
chá (m) verde	grönt te (ett)	['grœnt teː]

43. Vegetais

| vegetais (m pl) | grönsaker (pl) | ['grøːnˌsakər] |
| verdura (f) | grönsaker (pl) | ['grøːnˌsakər] |

tomate (m)	tomat (en)	[tʊ'mat]
pepino (m)	gurka (en)	['gurka]
cenoura (f)	morot (en)	['mʊˌrʊt]

batata (f)	potatis (en)	[pʊ'tatis]
cebola (f)	lök (en)	['lʲø:k]
alho (m)	vitlök (en)	['vit‚lʲø:k]

couve (f)	kål (en)	['ko:lʲ]
couve-flor (f)	blomkål (en)	['blʲʊm‚ko:lʲ]
couve-de-bruxelas (f)	brysselkål (en)	['brʏsɛlʲ‚ko:lʲ]
brócolis (m pl)	broccoli (en)	['brɔkɔli]

beterraba (f)	rödbeta (en)	['rø:d‚beta]
berinjela (f)	aubergine (en)	[ɔbɛr'ʒin]
abobrinha (f)	squash, zucchini (en)	['skvɔ:ɕ], [su'kini]
abóbora (f)	pumpa (en)	['pumpa]
nabo (m)	rova (en)	['rʊva]

salsa (f)	persilja (en)	[pɛ'ɕilja]
endro, aneto (m)	dill (en)	['dilʲ]
alface (f)	sallad (en)	['salʲad]
aipo (m)	selleri (en)	['sɛlʲeri]
aspargo (m)	sparris (en)	['sparis]
espinafre (m)	spenat (en)	[spe'nat]

ervilha (f)	ärter (pl)	['æ:ʈər]
feijão (~ soja, etc.)	bönor (pl)	['bønʊr]
milho (m)	majs (en)	['majs]
feijão (m) roxo	böna (en)	['bøna]

pimentão (m)	peppar (en)	['pɛpar]
rabanete (m)	rädisa (en)	['rɛ:disa]
alcachofra (f)	kronärtskocka (en)	['krʊnæ:ʈ‚skɔka]

44. Frutos. Nozes

fruta (f)	frukt (en)	['frʉkt]
maçã (f)	äpple (ett)	['ɛplʲe]
pera (f)	päron (ett)	['pæ:rɔn]
limão (m)	citron (en)	[si'trʊn]
laranja (f)	apelsin (en)	[apɛlʲ'sin]
morango (m)	jordgubbe (en)	['jʊ:d‚gubə]

tangerina (f)	mandarin (en)	[manda'rin]
ameixa (f)	plommon (ett)	['plʲʊmɔn]
pêssego (m)	persika (en)	['pɛɕika]
damasco (m)	aprikos (en)	[apri'kʊs]
framboesa (f)	hallon (ett)	['halʲɔn]
abacaxi (m)	ananas (en)	['ananas]

banana (f)	banan (en)	['banan]
melancia (f)	vattenmelon (en)	['vatən‚me'lʲʊn]
uva (f)	druva (en)	['drʉ:va]
ginja (f)	körsbär (ett)	['ɕø:ʂ‚bæ:r]
cereja (f)	fågelbär (ett)	['fo:gəlʲ‚bæ:r]
melão (m)	melon (en)	[me'lʲʊn]
toranja (f)	grapefrukt (en)	['grɛjp‚frʉkt]

abacate (m)	avokado (en)	[avɔ'kadʉ]
mamão (m)	papaya (en)	[pa'paja]
manga (f)	mango (en)	['maŋgʉ]
romã (f)	granatäpple (en)	[gra'natˌɛplʲe]

groselha (f) vermelha	röda vinbär (ett)	['rø:da 'vinbæ:r]
groselha (f) negra	svarta vinbär (ett)	['sva:ʈa 'vinbæ:r]
groselha (f) espinhosa	krusbär (ett)	['krʉ:sˌbæ:r]
mirtilo (m)	blåbär (ett)	['blʲo:ˌbæ:r]
amora (f) silvestre	björnbär (ett)	['bjø:ɳˌbæ:r]

passa (f)	russin (ett)	['rusin]
figo (m)	fikon (ett)	['fikɔn]
tâmara (f)	dadel (en)	['dadəlʲ]

amendoim (m)	jordnöt (en)	['jʉːɖˌnøːt]
amêndoa (f)	mandel (en)	['mandəlʲ]
noz (f)	valnöt (en)	['valʲˌnøːt]
avelã (f)	hasselnöt (en)	['hasəlʲˌnøːt]
coco (m)	kokosnöt (en)	['kʉkʉsˌnøːt]
pistaches (m pl)	pistaschnötter (pl)	['pistaʃˌnœtər]

45. Pão. Bolaria

pastelaria (f)	konditorivaror (pl)	[kɔnditʉ'riːˌvarʉr]
pão (m)	bröd (ett)	['brøːd]
biscoito (m), bolacha (f)	småkakor (pl)	['smoːkakʉr]

chocolate (m)	choklad (en)	[ʃɔk'lʲad]
de chocolate	choklad-	[ʃɔk'lʲad-]
bala (f)	konfekt, karamell (en)	[kɔn'fɛkt], [kara'mɛlʲ]
doce (bolo pequeno)	kaka, bakelse (en)	['kaka], ['bakəlʲsə]
bolo (m) de aniversário	tårta (en)	['toːʈa]

torta (f)	paj (en)	['paj]
recheio (m)	fyllning (en)	['fylʲniŋ]

geleia (m)	sylt (en)	['sylʲt]
marmelada (f)	marmelad (en)	[marme'lʲad]
wafers (m pl)	våffle (en)	['vɔflʲe]
sorvete (m)	glass (en)	['glʲas]
pudim (m)	pudding (en)	['pudiŋ]

46. Pratos cozinhados

prato (m)	rätt (en)	['ræt]
cozinha (~ portuguesa)	kök (ett)	['ɕøːk]
receita (f)	recept (ett)	[re'sɛpt]
porção (f)	portion (en)	[pɔː'ɧʉn]

salada (f)	sallad (en)	['salʲad]
sopa (f)	soppa (en)	['sɔpa]

caldo (m)	buljong (en)	[bu'ljɔŋ]
sanduíche (m)	smörgås (en)	['smœrˌɡoːs]
ovos (m pl) fritos	stekt ägg (en)	['stɛkt ˌɛɡ]

hambúrguer (m)	hamburgare (en)	['hamburɡarə]
bife (m)	biffstek (en)	['bifˌstɛk]

acompanhamento (m)	tillbehör (ett)	['tilˈbeˌhør]
espaguete (m)	spagetti	[spa'ɡɛti]
purê (m) de batata	potatismos (ett)	[pu'tatisˌmʊs]
pizza (f)	pizza (en)	['pitsa]
mingau (m)	gröt (en)	['ɡrøːt]
omelete (f)	omelett (en)	[ɔməˈlʲet]

fervido (adj)	kokt	['kʊkt]
defumado (adj)	rökt	['rœkt]
frito (adj)	stekt	['stɛkt]
seco (adj)	torkad	['tɔrkad]
congelado (adj)	fryst	['frʏst]
em conserva (adj)	sylt-	['sylʲt-]

doce (adj)	söt	['søːt]
salgado (adj)	salt	['salʲt]
frio (adj)	kall	['kalʲ]
quente (adj)	het, varm	['het], ['varm]
amargo (adj)	bitter	['bitər]
gostoso (adj)	läcker	['lʲɛkər]

cozinhar em água fervente	att koka	[at 'kʊka]
preparar (vt)	att laga	[at 'lʲaga]
fritar (vt)	att steka	[at 'steka]
aquecer (vt)	att värma upp	[at 'væːrma up]

salgar (vt)	att salta	[at 'salʲta]
apimentar (vt)	att peppra	[at 'pepra]
ralar (vt)	att riva	[at 'riva]
casca (f)	skal (ett)	['skalʲ]
descascar (vt)	att skala	[at 'skalʲa]

47. Especiarias

sal (m)	salt (ett)	['salʲt]
salgado (adj)	salt	['salʲt]
salgar (vt)	att salta	[at 'salʲta]

pimenta-do-reino (f)	svartpeppar (en)	['svaːtˌpɛpar]
pimenta (f) vermelha	rödpeppar (en)	['røːdˌpɛpar]
mostarda (f)	senap (en)	['seːnap]
raiz-forte (f)	pepparrot (en)	['pɛpaˌrʊt]

condimento (m)	krydda (en)	['krʏda]
especiaria (f)	krydda (en)	['krʏda]
molho (~ inglês)	sås (en)	['soːs]
vinagre (m)	ättika (en)	['ætika]

anis estrelado (m)	anis (en)	['anis]
manjericão (m)	basilika (en)	[ba'silika]
cravo (m)	nejlika (en)	['nɛjlika]
gengibre (m)	ingefära (en)	['iŋəˌfæːra]
coentro (m)	koriander (en)	[kɔri'andər]
canela (f)	kanel (en)	[ka'nelʲ]

gergelim (m)	sesam (en)	['sesam]
folha (f) de louro	lagerblad (ett)	['lʲagərˌblʲad]
páprica (f)	paprika (en)	['paprika]
cominho (m)	kummin (en)	['kumin]
açafrão (m)	saffran (en)	['safran]

48. Refeições

| comida (f) | mat (en) | ['mat] |
| comer (vt) | att äta | [at 'ɛːta] |

café (m) da manhã	frukost (en)	['frʉːkɔst]
tomar café da manhã	att äta frukost	[at 'ɛːta 'frʉːkɔst]
almoço (m)	lunch (en)	['lʉnɕ]
almoçar (vi)	att äta lunch	[at 'ɛːta ˌlʉnɕ]
jantar (m)	kvällsmat (en)	['kvɛlʲsˌmat]
jantar (vi)	att äta kvällsmat	[at 'ɛːta 'kvɛlʲsˌmat]

| apetite (m) | aptit (en) | ['aptit] |
| Bom apetite! | Smaklig måltid! | ['smaklig 'moːlʲtid] |

abrir (~ uma lata, etc.)	att öppna	[at 'øpna]
derramar (~ líquido)	att spilla	[at 'spilʲa]
derramar-se (vr)	att spillas ut	[at 'spilʲas ʉt]

ferver (vi)	att koka	[at 'kʊka]
ferver (vt)	att koka	[at 'kʊka]
fervido (adj)	kokt	['kʊkt]
esfriar (vt)	att avkyla	[at 'avˌɕylʲa]
esfriar-se (vr)	att avkylas	[at 'avˌɕylʲas]

| sabor, gosto (m) | smak (en) | ['smak] |
| fim (m) de boca | bismak (en) | ['bismak] |

emagrecer (vi)	att vara på diet	[at 'vara pɔ di'et]
dieta (f)	diet (en)	[di'et]
vitamina (f)	vitamin (ett)	[vita'min]
caloria (f)	kalori (en)	[kalʲɔ'riː]
vegetariano (m)	vegetarian (en)	[vegetiri'an]
vegetariano (adj)	vegetarisk	[vege'tarisk]

gorduras (f pl)	fett (ett)	['fɛt]
proteínas (f pl)	proteiner (pl)	[prɔte'iːnər]
carboidratos (m pl)	kolhydrater (pl)	['kɔlʲhɣˌdratər]
fatia (~ de limão, etc.)	skiva (en)	['ɧiva]
pedaço (~ de bolo)	bit (en)	['bit]
migalha (f), farelo (m)	smula (en)	['smʉlʲa]

49. Por a mesa

colher (f)	sked (en)	['ʃed]
faca (f)	kniv (en)	['kniv]
garfo (m)	gaffel (en)	['gafəlʲ]
xícara (f)	kopp (en)	['kop]
prato (m)	tallrik (en)	['talʲrik]
pires (m)	tefat (ett)	['te‚fat]
guardanapo (m)	servett (en)	[sɛr'vɛt]
palito (m)	tandpetare (en)	['tand‚petarə]

50. Restaurante

restaurante (m)	restaurang (en)	[rɛstɔ'raŋ]
cafeteria (f)	kafé (ett)	[ka'fe:]
bar (m), cervejaria (f)	bar (en)	['bar]
salão (m) de chá	tehus (ett)	['te:‚hʉs]
garçom (m)	servitör (en)	[sɛrvi'tø:r]
garçonete (f)	servitris (en)	[sɛrvi'tris]
barman (m)	bartender (en)	['ba:‚tɛndər]
cardápio (m)	meny (en)	[me'ny]
lista (f) de vinhos	vinlista (en)	['vin‚lista]
reservar uma mesa	att reservera bord	[at resɛr'vera bʉ:d]
prato (m)	rätt (en)	['ræt]
pedir (vt)	att beställa	[at be'stɛlʲa]
fazer o pedido	att beställa	[at be'stɛlʲa]
aperitivo (m)	aperitif (en)	[aperi'tif]
entrada (f)	förrätt (en)	['fœ:ræt]
sobremesa (f)	dessert (en)	[dɛ'sɛ:r]
conta (f)	nota (en)	['nʉta]
pagar a conta	att betala notan	[at be'talʲa 'nʉtan]
dar o troco	att ge tillbaka växel	[at je: tilʲ'baka 'vɛksəlʲ]
gorjeta (f)	dricks (en)	['driks]

Família, parentes e amigos

51. Informação pessoal. Formulários

nome (m)	namn (ett)	['namn]
sobrenome (m)	efternamn (ett)	['ɛftə‚ŋamn]
data (f) de nascimento	födelsedatum (ett)	['føːdəlʲsə‚datum]
local (m) de nascimento	födelseort (en)	['føːdəlʲsə‚ɔːt]
nacionalidade (f)	nationalitet (en)	[natħunaliˈtet]
lugar (m) de residência	bostadsort (en)	['bostadsˌɔːt]
país (m)	land (ett)	['lʲand]
profissão (f)	yrke (ett), profession (en)	['yrkə], [prɔfeˈħun]
sexo (m)	kön (ett)	['ɕøːn]
estatura (f)	höjd (en)	['hœjd]
peso (m)	vikt (en)	['vikt]

52. Membros da família. Parentes

mãe (f)	mor (en)	['mur]
pai (m)	far (en)	['far]
filho (m)	son (en)	['sɔn]
filha (f)	dotter (en)	['dɔtər]
caçula (f)	yngsta dotter (en)	['yŋsta 'dɔtər]
caçula (m)	yngste son (en)	['yŋstə sɔn]
filha (f) mais velha	äldsta dotter (en)	['ɛlʲsta 'dɔtər]
filho (m) mais velho	äldste son (en)	['ɛlʲstə 'sɔn]
irmão (m)	bror (en)	['brur]
irmão (m) mais velho	storebror (en)	['sturə‚brur]
irmão (m) mais novo	lillebror (en)	['lilʲe‚brur]
irmã (f)	syster (en)	['systər]
irmã (f) mais velha	storasyster (en)	['stura‚systər]
irmã (f) mais nova	lillasyster (en)	['lilʲa‚systər]
primo (m)	kusin (en)	[kʉˈsiːn]
prima (f)	kusin (en)	[kʉˈsiːn]
mamãe (f)	mamma (en)	['mama]
papai (m)	pappa (en)	['papa]
pais (pl)	föräldrar (pl)	[førˈɛlʲdrar]
criança (f)	barn (ett)	['baːɳ]
crianças (f pl)	barn (pl)	['baːɳ]
avó (f)	mormor, farmor (en)	['murmur], ['farmur]
avô (m)	morfar, farfar (en)	['murfar], ['farfar]
neto (m)	barnbarn (ett)	['baːɳ‚baːɳ]

neta (f)	barnbarn (ett)	['baːɳˌbaːɳ]
netos (pl)	barnbarn (pl)	['baːɳˌbaːɳ]

tio (m)	farbror, morbror (en)	['farˌbrʊr], ['mʊrˌbrʊr]
tia (f)	faster, moster (en)	['fastər], ['mʊstər]
sobrinho (m)	brorson, systerson (en)	['brʊrˌsɔn], ['sʏstəˌsɔn]
sobrinha (f)	brorsdotter, systerdotter (en)	['brʊːʂˌdɔtər], ['sʏstəˌdɔtər]

sogra (f)	svärmor (en)	['svæːrˌmʊr]
sogro (m)	svärfar (en)	['svæːrˌfar]
genro (m)	svärson (en)	['svæːˌsɔn]
madrasta (f)	styvmor (en)	['stʏvˌmʊr]
padrasto (m)	styvfar (en)	['stʏvˌfar]

criança (f) de colo	spädbarn (ett)	['spɛːdˌbaːɳ]
bebê (m)	spädbarn (ett)	['spɛːdˌbaːɳ]
menino (m)	baby, bäbis (en)	['bɛːbi], ['bɛːbis]

mulher (f)	hustru (en)	['hʉstrʉ]
marido (m)	man (en)	['man]
esposo (m)	make, äkta make (en)	['makə], ['ɛkta ˌmakə]
esposa (f)	hustru (en)	['hʉstrʉ]

casado (adj)	gift	['jift]
casada (adj)	gift	['jift]
solteiro (adj)	ogift	[ʊː'jift]
solteirão (m)	ungkarl (en)	['ʊŋˌkar]
divorciado (adj)	frånskild	['froːnˌɦilʲd]
viúva (f)	änka (en)	['ɛŋka]
viúvo (m)	änkling (en)	['ɛŋkliŋ]

parente (m)	släkting (en)	['slʲɛktiŋ]
parente (m) próximo	nära släkting (en)	['næːra 'slʲɛktiŋ]
parente (m) distante	fjärran släkting (en)	['fjæːran 'slʲɛktiŋ]
parentes (m pl)	släktingar (pl)	['slʲɛktiŋar]

órfão (m), órfã (f)	föräldralöst barn (ett)	[førˌɛlʲdralʲœst 'baːɳ]
tutor (m)	förmyndare (en)	['førˌmʏndarə]
adotar (um filho)	att adoptera	[at adɔp'tera]
adotar (uma filha)	att adoptera	[at adɔp'tera]

53. Amigos. Colegas de trabalho

amigo (m)	vän (en)	['vɛːn]
amiga (f)	väninna (en)	[vɛː'nina]
amizade (f)	vänskap (en)	['vɛnˌskap]
ser amigos	att vara vänner	[at 'vara 'vɛnər]

amigo (m)	vän (en)	['vɛːn]
amiga (f)	väninna (en)	[vɛː'nina]
parceiro (m)	partner (en)	['paːtnər]
chefe (m)	chef (en)	['ɧef]
superior (m)	överordnad (en)	['øːvərˌɔːdnat]

proprietário (m)	**ägare (en)**	['ɛ:garə]
subordinado (m)	**underordnad (en)**	['undər‚ɔːdnat]
colega (m, f)	**kollega (en)**	[kɔ'lʲeːga]

conhecido (m)	**bekant (en)**	[be'kant]
companheiro (m) de viagem	**resekamrat (en)**	['resə‚kam'rat]
colega (m) de classe	**klasskamrat (en)**	['klʲas‚kam'rat]

vizinho (m)	**granne (en)**	['granə]
vizinha (f)	**granne (en)**	['granə]
vizinhos (pl)	**grannar (pl)**	['granar]

54. Homem. Mulher

mulher (f)	**kvinna (en)**	['kvina]
menina (f)	**tjej, flicka (en)**	[ɕej], ['flika]
noiva (f)	**brud (en)**	['bruːd]

bonita, bela (adj)	**vacker**	['vakər]
alta (adj)	**lång**	['lʲɔŋ]
esbelta (adj)	**slank**	['slʲaŋk]
baixa (adj)	**kort**	['kɔːʈ]

loira (f)	**blondin (en)**	[blʲɔn'din]
morena (f)	**brunett (en)**	[bru'nɛt]

de senhora	**dam-**	['dam-]
virgem (f)	**jungfru (en)**	['juŋfruː]
grávida (adj)	**gravid**	[gra'vid]

homem (m)	**man (en)**	['man]
loiro (m)	**blond man (en)**	['blʲɔnd man]
moreno (m)	**brunhårig (en)**	['brun‚hoːrig]
alto (adj)	**lång**	['lʲɔŋ]
baixo (adj)	**kort**	['kɔːʈ]

rude (adj)	**ohövlig**	[ʊ'høvlig]
atarracado (adj)	**undersätsig**	['undə‚sœɪsig]
robusto (adj)	**robust**	[ru'bust]
forte (adj)	**stark**	['stark]
força (f)	**styrka (en)**	['styrka]

gordo (adj)	**tjock**	['ɕøk]
moreno (adj)	**mörkhyad**	['mœːrk‚hyad]
esbelto (adj)	**slank**	['slʲaŋk]
elegante (adj)	**elegant**	[ɛlʲe'gant]

55. Idade

idade (f)	**ålder (en)**	['ɔlʲdər]
juventude (f)	**ungdom (en)**	['uŋ‚dʊm]
jovem (adj)	**ung**	['uŋ]

mais novo (adj)	yngre	['yŋrə]
mais velho (adj)	äldre	['ɛlʲdrə]
jovem (m)	yngling (en)	['yŋliŋ]
adolescente (m)	tonåring (en)	[tɔ'noːriŋ]
rapaz (m)	grabb (en)	['grab]
velho (m)	gammal man (en)	['gamalʲ ˌman]
velha (f)	gumma (en)	['guma]
adulto	vuxen	['vuksən]
de meia-idade	medelålders	['medəlʲˌɔldɛʂ]
idoso, de idade (adj)	äldre	['ɛlʲdrə]
velho (adj)	gammal	['gamalʲ]
aposentadoria (f)	pension (en)	[pan'ɧʊn]
aposentar-se (vr)	att gå i pension	[at 'goː i pan'ɧʊn]
aposentado (m)	pensionär (en)	[panɧʊ'næːr]

56. Crianças

criança (f)	barn (ett)	['baːn̩]
crianças (f pl)	barn (pl)	['baːn̩]
gêmeos (m pl), gêmeas (f pl)	tvillingar (pl)	['tviliŋar]
berço (m)	vagga (en)	['vaga]
chocalho (m)	skallra (en)	['skalʲra]
fralda (f)	blöja (en)	['blʲœja]
chupeta (f), bico (m)	napp (en)	['nap]
carrinho (m) de bebê	barnvagn (en)	['baːn̩ˌvagn]
jardim (m) de infância	dagis (ett), förskola (en)	['dagis], ['fœːˌʂkʊlʲa]
babysitter, babá (f)	barnflicka (en)	['baːn̩ˌflika]
infância (f)	barndom (en)	['baːn̩ˌdʊm]
boneca (f)	docka (en)	['dɔka]
brinquedo (m)	leksak (en)	['lʲekˌsak]
jogo (m) de montar	byggleksak (en)	['bʏglʲekˌsak]
bem-educado (adj)	väluppfostrad	['vɛlʲˌup'fʊstrad]
malcriado (adj)	ouppfostrad	['oʊpˌfostrad]
mimado (adj)	bortskämd	['bɔːʈɧɛːmd]
ser travesso	att vara stygg	[at 'vara stʏg]
travesso, traquinas (adj)	okynnig	[ʊ'ɕynig]
travessura (f)	okynnighet (en)	[ʊ'ɕynigˌhet]
criança (f) travessa	okynnig barn (en)	[ʊ'ɕynig 'baːn̩]
obediente (adj)	lydig	['lʲydig]
desobediente (adj)	olydig	[ʊ'lʲydig]
dócil (adj)	foglig	['foglʲig]
inteligente (adj)	klok	['klʲʊk]
prodígio (m)	underbarn (ett)	['undəˌbaːn̩]

57. Casais. Vida de família

beijar (vt)	att kyssa	[at 'ɕysa]
beijar-se (vr)	att kyssas	[at 'ɕysas]
família (f)	familj (en)	[fa'milj]
familiar (vida ~)	familje-	[fa'miljə-]
casal (m)	par (ett)	['par]
matrimônio (m)	äktenskap (ett)	['ɛktən‚skap]
lar (m)	hemmets härd (en)	['hɛmɘts hæːd]
dinastia (f)	dynasti (en)	[dynas'ti]
encontro (m)	date, träff (en)	['dɛjt], ['trɛf]
beijo (m)	kyss (en)	['ɕys]
amor (m)	kärlek (en)	['ɕæːlʲek]
amar (pessoa)	att älska	[at 'ɛlʲska]
amado, querido (adj)	älskling	['ɛlʲskliŋ]
ternura (f)	ömhet (en)	['øm‚het]
afetuoso (adj)	öm	['øːm]
fidelidade (f)	trohet (en)	['trʊ‚het]
fiel (adj)	trogen	['trʊgən]
cuidado (m)	omsorg (en)	['ɔm‚sɔrj]
carinhoso (adj)	omtänksam	['ɔm‚tɛŋksam]
recém-casados (pl)	de nygifta	[de 'ny‚jifta]
lua (f) de mel	smekmånad (en)	['smek‚mɔːnad]
casar-se (com um homem)	att gifta sig	[at 'jifta sɛj]
casar-se (com uma mulher)	att gifta sig	[at 'jifta sɛj]
casamento (m)	bröllop (ett)	['brœlʲɔp]
bodas (f pl) de ouro	guldbröllop (ett)	['gulʲd‚brœlʲɔp]
aniversário (m)	årsdag (en)	['oːʂ‚dag]
amante (m)	älskare (en)	['ɛlʲskarə]
amante (f)	älskarinna (en)	[ɛlʲska'rina]
adultério (m), traição (f)	otrohet (en)	[ʊ'trʊhet]
cometer adultério	att vara otrogen	[at 'vara ʊ'trʊgən]
ciumento (adj)	svartsjuk	['svaːʈ‚ɧʉːk]
ser ciumento, -a	att vara svartsjuk	[at 'vara 'svaːʈ‚ɧʉːk]
divórcio (m)	skilsmässa (en)	['ɧilʲs‚mɛsa]
divorciar-se (vr)	att skilja sig	[at 'ɧilja sɛj]
brigar (discutir)	att gräla	[at 'grɛːlʲa]
fazer as pazes	att försona sig	[at fœ:'ʂʊna sɛj]
juntos (ir ~)	tillsammans	[tilʲ'samans]
sexo (m)	sex (ett)	['sɛks]
felicidade (f)	lycka (en)	['lʲyka]
feliz (adj)	lycklig	['lʲyklig]
infelicidade (f)	olycka (en)	[ʊ:'lʲyka]
infeliz (adj)	olycklig	[ʊ:'lʲyklig]

Caráter. Sentimentos. Emoções

58. Sentimentos. Emoções

sentimento (m)	känsla (en)	['ɕɛnslʲa]
sentimentos (m pl)	känslor (pl)	['ɕɛnslʲʊr]
sentir (vt)	att känna	[at 'ɕɛna]
fome (f)	hunger (en)	['huŋər]
ter fome	att vara hungrig	[at 'vara 'huŋrig]
sede (f)	törst (en)	['tø:ʂt]
ter sede	att vara törstig	[at 'vara 'tø:ʂtig]
sonolência (f)	sömnighet (en)	['sœmnig,het]
estar sonolento	att vara sömnig	[at 'vara 'sœmnig]
cansaço (m)	trötthet (en)	['trœt,het]
cansado (adj)	trött	['trœt]
ficar cansado	att bli trött	[at bli 'trœt]
humor (m)	humör (ett)	[hʉ'mœ:r]
tédio (m)	leda (en)	['lʲeda]
entediar-se (vr)	att ha tråkigt	[at ha 'tro:kit]
reclusão (isolamento)	avstängdhet (en)	['avstɛŋd,het]
isolar-se (vr)	att isolera sig	[at isʊ'lʲera sɛj]
preocupar (vt)	att bekymra, att oroa	[at be'ɕymra], [at 'ʊ:rʊa]
estar preocupado	att bekymra sig	[at be'ɕymra sɛj]
preocupação (f)	bekymmer (pl)	[be'ɕymər]
ansiedade (f)	oro (en)	['ʊrʊ]
preocupado (adj)	bekymrad	[be'ɕymrad]
estar nervoso	att vara nervös	[at 'vara nɛr'vø:s]
entrar em pânico	att råka i panik	[at 'ro:ka i pa'nik]
esperança (f)	hopp (ett)	['hɔp]
esperar (vt)	att hoppas	[at 'hɔpas]
certeza (f)	säkerhet (en)	['sɛ:kər,het]
certo, seguro de ...	säker	['sɛ:kər]
indecisão (f)	osäkerhet (en)	[ʊ:'sɛ:kərhet]
indeciso (adj)	osäker	[ʊ:'sɛ:kər]
bêbado (adj)	full	['fulʲ]
sóbrio (adj)	nykter	['nʏktər]
fraco (adj)	svag	['svag]
feliz (adj)	lyckad	['lʲykad]
assustar (vt)	att skrämma	[at 'skrɛma]
fúria (f)	raseri (ett)	[rase'ri:]
ira, raiva (f)	raseri (ett)	[rase'ri:]
depressão (f)	depression (en)	[deprɛ'ʃʉn]
desconforto (m)	obehag (ett)	['ʊbe,hag]

conforto (m)	komfort (en)	[kɔm'fɔ:t]
arrepender-se (vr)	att beklaga	[at be'klʲaga]
arrependimento (m)	beklagande (ett)	[be'klʲagandə]
azar (m), má sorte (f)	otur (en)	[ʊ:'tʉr]
tristeza (f)	sorg (en)	['sɔrj]

vergonha (f)	skam (en)	['skam]
alegria (f)	glädje (en)	['glʲɛdjə]
entusiasmo (m)	entusiasm (en)	[æntusi'asm]
entusiasta (m)	entusiast (en)	[æntusi'ast]
mostrar entusiasmo	att visa entusiasm	[at 'visa æntusi'asm]

59. Caráter. Personalidade

caráter (m)	karaktär (en)	[karak'tæ:r]
falha (f) de caráter	karaktärsbrist (en)	[karak'tæ:ʂˌbrist]
mente (f)	sinne (ett)	['sinə]
razão (f)	förstånd (ett)	[fœ:'ʂtɔnd]

consciência (f)	samvete (ett)	['samvetə]
hábito, costume (m)	vana (en)	['vana]
habilidade (f)	förmåga (en)	[før'mo:ga]
saber (~ nadar, etc.)	att kunna	[at 'kuna]

paciente (adj)	tålmodig	[tɔ:lʲ'mʊdig]
impaciente (adj)	otålig	[ʊ:'to:lig]
curioso (adj)	nyfiken	['nyˌfikən]
curiosidade (f)	nyfikenhet (en)	['nyˌfikənhet]

modéstia (f)	blygsamhet (en)	['blʲygsamˌhet]
modesto (adj)	blygsam	['blʲygsam]
imodesto (adj)	oblyg	[ʊ:'blʲyg]

preguiça (f)	lättja (en)	['lʲætja]
preguiçoso (adj)	lat	['lʲat]
preguiçoso (m)	latmask (en)	['lʲatˌmask]

astúcia (f)	list (en)	['list]
astuto (adj)	listig	['listig]
desconfiança (f)	misstro (en)	['misˌtrʊ]
desconfiado (adj)	misstrogen	['misˌtrʊgən]

generosidade (f)	generositet (en)	[ɦenerɔsi'tet]
generoso (adj)	generös	[ɦene'rø:s]
talentoso (adj)	talangfull	[ta'lʲaŋˌfulʲ]
talento (m)	talang (en)	[ta'lʲaŋ]

corajoso (adj)	modig	['mʊdig]
coragem (f)	mod (ett)	['mʊd]
honesto (adj)	ärlig	['æ:ʟig]
honestidade (f)	ärlighet (en)	['æ:ʟigˌhet]

prudente, cuidadoso (adj)	försiktig	[fœ:'ʂiktig]
valoroso (adj)	modig	['mʊdig]

sério (adj)	**allvarlig**	[alʲ'vaːlʲig]
severo (adj)	**sträng**	['strɛŋ]

decidido (adj)	**beslutsam**	[be'slʉːtsam]
indeciso (adj)	**obeslutsam**	['ʉbeˌslʉːtsam]
tímido (adj)	**blyg**	['blʲyg]
timidez (f)	**blyghet (en)**	['blʲygˌhet]

confiança (f)	**tillit (en)**	['tilʲit]
confiar (vt)	**att tro**	[at 'trʉ]
crédulo (adj)	**tillitsfull**	['tilitsˌfulʲ]

sinceramente	**uppriktigt**	['upˌriktit]
sincero (adj)	**uppriktig**	['upˌriktig]
sinceridade (f)	**uppriktighet (en)**	['upˌriktighet]
aberto (adj)	**öppen**	['øpən]

calmo (adj)	**stilla**	['stilʲa]
franco (adj)	**uppriktig**	['upˌriktig]
ingênuo (adj)	**naiv**	[na'iːv]
distraído (adj)	**förströdd**	[fœː'ʂtrœd]
engraçado (adj)	**rolig**	['rʉlig]

ganância (f)	**girighet (en)**	['jiriˌhet]
ganancioso (adj)	**girig**	['jirig]
avarento, sovina (adj)	**snål**	['snoːlʲ]
mal (adj)	**ond**	['ʉnd]
teimoso (adj)	**hårdnackad**	['hoːɖˌnakad]
desagradável (adj)	**obehaglig**	['ʉbeˌhaglig]

egoísta (m)	**egoist (en)**	[ɛgʉ'ist]
egoísta (adj)	**egoistisk**	[ɛgʉ'istisk]
covarde (m)	**ynkrygg (en)**	['yŋkrʏg]
covarde (adj)	**feg**	['feg]

60. O sono. Sonhos

dormir (vi)	**att sova**	[at 'sɔva]
sono (m)	**sömn (en)**	['sœmn]
sonho (m)	**dröm (en)**	['drøːm]
sonhar (ver sonhos)	**att drömma**	[at 'drœma]
sonolento (adj)	**sömnig**	['sœmnig]

cama (f)	**säng (en)**	['sɛŋ]
colchão (m)	**madrass (en)**	[mad'ras]
cobertor (m)	**täcke (ett)**	['tɛkə]
travesseiro (m)	**kudde (en)**	['kudə]
lençol (m)	**lakan (ett)**	['lʲakan]

insônia (f)	**sömnlöshet (en)**	['sœmnlʲøsˌhet]
sem sono (adj)	**sömnlös**	['sœmnˌlʲøːs]
sonífero (m)	**sömnpille (ett)**	['sœmnˌpilʲe]
tomar um sonífero	**att ta ett sömnpille**	[at ta ɛt 'sœmnˌpilʲe]
estar sonolento	**att vara sömnig**	[at 'vara 'sœmnig]

bocejar (vi)	att gäspa	[at 'jɛspa]
ir para a cama	att gå till sängs	[at 'go: tilʲ 'sɛŋs]
fazer a cama	att bädda	[at 'bɛda]
adormecer (vi)	att falla i sömn	[at 'falʲa i 'sœmn]

pesadelo (m)	mardröm (en)	['ma:d̪røm]
ronco (m)	snarkning (en)	['snarkniŋ]
roncar (vi)	att snarka	[at 'snarka]

despertador (m)	väckarklocka (en)	['vɛkar̩klʲɔka]
acordar, despertar (vt)	att väcka	[at 'vɛka]
acordar (vi)	att vakna	[at 'vakna]
levantar-se (vr)	att gå upp	[at 'go: 'up]
lavar-se (vr)	att tvätta sig	[at 'tvæta sɛj]

61. Humor. Riso. Alegria

humor (m)	humor (en)	['hʉ:mʊr]
senso (m) de humor	sinne (ett) för humor	['sinə før 'hʉ:mʊr]
divertir-se (vr)	att ha roligt	[at ha 'rʊlit]
alegre (adj)	glad, munter	['glʲad], ['muntər]
diversão (f)	uppsluppenhet (en)	['up̩slupənhet]

sorriso (m)	leende (ett)	['lʲeəndə]
sorrir (vi)	att småle	[at 'smo:lʲe]
começar a rir	att börja skratta	[at 'bœrja 'skrata]
rir (vi)	att skratta	[at 'skrata]
riso (m)	skratt (ett)	['skrat]

anedota (f)	anekdot (en)	[anɛk'dɔt]
engraçado (adj)	rolig	['rʊlig]
ridículo, cômico (adj)	lustig, löjlig	['lʉ:stig], ['lʲœjlig]

brincar (vi)	att skämta, att skoja	[at 'ɧɛmta], [at 'skɔja]
piada (f)	skämt, skoj (ett)	['ɧɛmt], ['skɔj]
alegria (f)	glädje (en)	['glʲɛdjə]
regozijar-se (vr)	att glädja sig	[at 'glʲɛdja sɛj]
alegre (adj)	glad	['glʲad]

62. Discussão, conversação. Parte 1

comunicação (f)	kommunikation (en)	[kɔmʉnika'ɧʊn]
comunicar-se (vr)	att kommunicera	[at kɔmʉni'sera]

conversa (f)	samtal (ett)	['samtalʲ]
diálogo (m)	dialog (en)	[dia'lʲɔg]
discussão (f)	diskussion (en)	[diskʉ'ɧʊn]
debate (m)	debatt (en)	[de'bat]
debater (vt)	att diskutera	[at diskʉ'tera]

interlocutor (m)	samtalspartner (en)	['samtalʲs 'pa:ʈnər]
tema (m)	ämne (ett)	['ɛmnə]

ponto (m) de vista	synpunkt (en)	['syn͵puŋkt]
opinião (f)	mening (en)	['meniŋ]
discurso (m)	tal (ett)	['talʲ]

discussão (f)	diskussion (en)	[diskʉ'ʃʊn]
discutir (vt)	att dryfta, att diskutera	[at 'dryfta], [at diskʉ'tera]
conversa (f)	samtal (ett)	['samtalʲ]
conversar (vi)	att samtala	[at 'samtalʲa]
reunião (f)	möte (ett)	['mø:tə]
encontrar-se (vr)	att mötas	[at 'mø:tas]

provérbio (m)	ordspråk (ett)	['ʊ:d͵ʂpro:k]
ditado, provérbio (m)	ordstäv (ett)	['ʊ:d͵stɛ:v]
adivinha (f)	gåta (en)	['go:ta]
dizer uma adivinha	att utgöra en gåta	[at 'ʉt͵jø:ra en 'go:ta]
senha (f)	lösenord (ett)	['lʲø:sən͵ʊ:d]
segredo (m)	hemlighet (en)	['hɛmlig͵het]

juramento (m)	ed (en)	['ɛd]
jurar (vi)	att svära	[at 'svæ:ra]
promessa (f)	löfte (ett)	['lʲœftə]
prometer (vt)	att lova	[at 'lʲova]

conselho (m)	råd (ett)	['ro:d]
aconselhar (vt)	att råda	[at 'ro:da]
seguir o conselho	att följa råd	[at 'følja rad]
escutar (~ os conselhos)	att hörsamma	[at 'hø:r͵sama]

novidade, notícia (f)	nyhet (en)	['nyhet]
sensação (f)	sensation (en)	[sɛnsa'ʃʊn]
informação (f)	upplysningar (pl)	['up͵lysniŋar]
conclusão (f)	slutsats (en)	['slʉ:tsats]
voz (f)	röst, stämma (en)	['rœst], ['stɛma]
elogio (m)	komplimang (en)	[kompli'maŋ]
amável, querido (adj)	älskvärd	['ɛlʲsk͵væ:d]

palavra (f)	ord (ett)	['ʊ:d]
frase (f)	fras (en)	['fras]
resposta (f)	svar (ett)	['svar]
verdade (f)	sanning (en)	['saniŋ]
mentira (f)	lögn (en)	['lʲœgn]

pensamento (m)	tanke (en)	['taŋkə]
ideia (f)	idé (en)	[i'de:]
fantasia (f)	fantasi (en)	[fanta'si:]

63. Discussão, conversação. Parte 2

estimado, respeitado (adj)	respekterad	[rɛspɛk'terad]
respeitar (vt)	att respektera	[at rɛspɛk'tera]
respeito (m)	respekt (en)	[rɛ'spɛkt]
Estimado ..., Caro ...	Ärade ...	['æ:radə ...]
apresentar	att introducera	[at introdʉ'sera]
(alguém a alguém)		

conhecer (vt)	att göra bekantskap med	[at 'jø:ra be'kantˌskap me]
intenção (f)	avsikt (en)	['avsikt]
tencionar (~ fazer algo)	att ha för avsikt	[at 'ha før 'avsikt]
desejo (de boa sorte)	önskan (en)	['ønskan]
desejar (ex. ~ boa sorte)	att önska	[at 'ønska]

surpresa (f)	överraskning (en)	['ø:vəˌrɔskniŋ]
surpreender (vt)	att förvåna	[at før'vo:na]
surpreender-se (vr)	att bli förvånad	[at bli før'vo:nad]

dar (vt)	att ge	[at je:]
pegar (tomar)	att ta	[at ta]
devolver (vt)	att ge tillbaka	[at je: tilⁱ"baka]
retornar (vt)	att returnera	[at retʉr'nera]

desculpar-se (vr)	att ursäkta sig	[at 'ʉːˌʂɛkta sɛj]
desculpa (f)	ursäkt (en)	['ʉːˌʂɛkt]
perdoar (vt)	att förlåta	[at 'fœːˌlⁱo:ta]

falar (vi)	att tala	[at 'talⁱa]
escutar (vt)	att lyssna	[at 'lⁱysna]
ouvir até o fim	att höra på	[at 'hø:ra pɔ]
entender (compreender)	att förstå	[at fœː'ʂto:]

mostrar (vt)	att visa	[at 'visa]
olhar para ...	att titta	[at 'tita]
chamar (alguém para ...)	att kalla	[at 'kalⁱa]
perturbar, distrair (vt)	att distrahera	[at distra'hera]
perturbar (vt)	att störa	[at 'stø:ra]
entregar (~ em mãos)	att överlämna	[at 'ø:vəˌlⁱɛmna]

pedido (m)	begäran (en)	[be'jæːran]
pedir (ex. ~ ajuda)	att begära	[at 'bejæːra]
exigência (f)	krav (ett)	['krav]
exigir (vt)	att kräva	[at 'krɛːva]

insultar (chamar nomes)	att reta	[at 'reta]
zombar (vt)	att håna	[at 'ho:na]
zombaria (f)	hån (ett)	['ho:n]
alcunha (f), apelido (m)	öknamn (ett)	['ø:kˌnamn]

insinuação (f)	insinuation (en)	[insinʉa'ɧʊn]
insinuar (vt)	att insinuera	[at insinʉ'era]
querer dizer	att betyda	[at be'tyda]

descrição (f)	beskrivning (en)	[bɛ'skrivniŋ]
descrever (vt)	att beskriva	[at be'skriva]
elogio (m)	beröm (ett)	[be'røːm]
elogiar (vt)	att berömma	[at be'rœmma]

desapontamento (m)	besvikelse (en)	[bɛ'svikəlⁱsə]
desapontar (vt)	att göra besviken	[at 'jø:ra bɛ'svikən]
desapontar-se (vr)	att bli besviken	[at bli bɛ'svikən]

| suposição (f) | antagande (ett) | [aŋ'tagandə] |
| supor (vt) | att anta, att förmoda | [at 'anta], [at før'mʊda] |

| advertência (f) | varning (en) | ['vaːɳiŋ] |
| advertir (vt) | att varna | [at 'vaːɳa] |

64. Discussão, conversação. Parte 3

| convencer (vt) | att övertala | [at 'øːvəˌtalʲa] |
| acalmar (vt) | att lugna | [at 'lʉgna] |

silêncio (o ~ é de ouro)	tystnad (en)	['tʏstnad]
ficar em silêncio	att tiga	[at 'tiga]
sussurrar (vt)	att viska	[at 'viska]
sussurro (m)	viskning (en)	['viskniŋ]

| francamente | uppriktigt | ['upˌriktit] |
| na minha opinião ... | enligt min mening ... | ['ɛnlit min 'meniŋ ...] |

detalhe (~ da história)	detalj (en)	[de'talj]
detalhado (adj)	detaljerad	[deta'ljɛrad]
detalhadamente	i detalj	[i de'talj]

| dica (f) | vink (en) | ['viŋk] |
| dar uma dica | att ge en vink | [at je: en 'viŋk] |

olhar (m)	blick (en)	['blik]
dar uma olhada	att kasta en blick	[at 'kasta en 'blik]
fixo (olhada ~a)	stel	['stɛlʲ]
piscar (vi)	att blinka	[at 'bliŋka]
piscar (vt)	att blinka	[at 'bliŋka]
acenar com a cabeça	att nicka	[at 'nika]

suspiro (m)	suck (en)	['suk]
suspirar (vi)	att sucka	[at 'suka]
estremecer (vi)	att rysa	[at 'rysa]
gesto (m)	gest (en)	['ɧɛst]
tocar (com as mãos)	att röra	[at 'røːra]
agarrar (~ pelo braço)	att greppa	[at 'grɛpa]
bater de leve	att klappa	[at 'klʲapa]

Cuidado!	Se upp!	['se up]
Sério?	Verkligen?	['vɛrkligən]
Tem certeza?	Är du säker?	[ær dʉ 'sɛːkər]
Boa sorte!	Lycka till!	['lʲyka tilʲ]
Entendi!	Det är klart!	[dɛ æːr 'klʲaːt]
Que pena!	Det är synd!	[dɛ æːr 'sʏnd]

65. Acordo. Recusa

consentimento (~ mútuo)	samtycke (ett)	['samˌtʏkə]
consentir (vi)	att samtycka	[at 'samˌtʏka]
aprovação (f)	godkännande (ett)	['gʊdˌɕɛnandə]
aprovar (vt)	att godkänna	[at 'gʊdˌɕɛna]
recusa (f)	avslag (ett)	['avˌslʲag]

negar-se a …	att vägra	[at 'vɛgra]
Ótimo!	Utmärkt!	['ʉtˌmæːrkt]
Tudo bem!	Okej!	[ɔ'kej]
Está bem! De acordo!	OK! Jag håller med.	[ɔ'kej] , [ja 'hoːlʲer me]

proibido (adj)	förbjuden	[før'bjʉːdən]
é proibido	det är förbjudet	[dɛ æːr før'bjʉːdət]
é impossível	det är omöjligt	[dɛ æːr ʊ'mœjlit]
incorreto (adj)	felaktig, oriktig	['felʲˌaktig], ['ʊˌriktig]

rejeitar (~ um pedido)	att avslå	[at 'avˌslʲoː]
apoiar (vt)	att stödja	[at 'stœdja]
aceitar (desculpas, etc.)	att acceptera	[at aksɛp'tera]

confirmar (vt)	att bekräfta	[at be'krɛfta]
confirmação (f)	bekräftelse (en)	[be'krɛftəlʲsə]
permissão (f)	tillåtelse (en)	['tilˌlʲoːtəlʲsə]
permitir (vt)	att tillåta	[at 'tilʲoːta]
decisão (f)	beslut (ett)	[be'slʉːt]
não dizer nada	att tiga	[at 'tiga]

condição (com uma ~)	betingelse (en)	[be'tiŋəlʲsə]
pretexto (m)	förevändning (en)	[førəˌvɛndniŋ]
elogio (m)	beröm (ett)	[be'røːm]
elogiar (vt)	att berömma	[at be'rœma]

66. Sucesso. Boa sorte. Insucesso

êxito, sucesso (m)	framgång (en)	['framgɔŋ]
com êxito	med framgång	[me 'framgɔŋ]
bem sucedido (adj)	framgångsrik, lyckad	['framˌgɔŋsrik], ['lʲykad]

sorte (fortuna)	tur, lycka (en)	[tʉːr], ['lʲyka]
Boa sorte!	Lycka till!	['lʲyka tilʲ]
de sorte	tursam, lyckad	['tʉːʂam], ['lʲykad]
sortudo, felizardo (adj)	tursam	['tʉːʂam]

fracasso (m)	misslyckande, fiasko (ett)	['misˌlʲykandə], [fi'askʊ]
pouca sorte (f)	otur (en)	[ʊ'tʉr]
azar (m), má sorte (f)	otur (en)	[ʊ'tʉr]

| mal sucedido (adj) | misslyckad | ['misˌlʲykad] |
| catástrofe (f) | katastrof (en) | [kata'strɔf] |

orgulho (m)	stolthet (en)	['stɔlʲtˌhet]
orgulhoso (adj)	stolt	['stɔlʲt]
estar orgulhoso, -a	att vara stolt	[at 'vara 'stɔlʲt]

vencedor (m)	segrare (en)	['sɛgˌrarə]
vencer (vi, vt)	att vinna	[at 'vina]
perder (vt)	att förlora	[at fœ:'lʲʊra]
tentativa (f)	försök (ett)	['fœːˌʂøːk]
tentar (vt)	att pröva, att försöka	[at 'prøːva], [at fœ:'ʂøːka]
chance (m)	chans (en)	['ʃans]

67. Conflitos. Emoções negativas

grito (m)	skrik (ett)	['skrik]
gritar (vi)	att skrika	[at 'skrika]
começar a gritar	att börja skrika	[at 'bœrja 'skrika]

discussão (f)	gräl (ett)	['grɛ:lʲ]
brigar (discutir)	att gräla	[at 'grɛ:lʲa]
escândalo (m)	skandal (en)	[skan'dalʲ]
criar escândalo	att göra skandal	[at 'jø:ra skan'dalʲ]
conflito (m)	konflikt (en)	[kɔn'flikt]
mal-entendido (m)	missförstånd (ett)	['misfœ:ˌstɔnd]

insulto (m)	förolämpning (en)	[førʊ'lʲɛmpniŋ]
insultar (vt)	att förolämpa	[at 'førʊˌlʲɛmpa]
insultado (adj)	förolämpad	[førʊ'lʲɛmpad]
ofensa (f)	förnärmelse (en)	[fœ:'ŋæ:rməlʲsə]
ofender (vt)	att förnärma	[at fœ:'ŋæ:rma]
ofender-se (vr)	att bli förnärmad	[at bli fœ:'ŋæ:rmad]

indignação (f)	indignation (en)	[indigna'ɧʊn]
indignar-se (vr)	att bli indignerad	[at bli indi'nʲerad]
queixa (f)	klagomål (ett)	['klʲagʊˌmo:lʲ]
queixar-se (vr)	att klaga	[at 'klʲaga]

desculpa (f)	ursäkt (en)	['ʉ:ˌsɛkt]
desculpar-se (vr)	att ursäkta sig	[at 'ʉ:ˌsɛkta sɛj]
pedir perdão	att be om förlåtelse	[at 'be ɔm fœ:'lʲɔtəlʲsə]

crítica (f)	kritik (en)	[kri'tik]
criticar (vt)	att kritisera	[at kriti'sera]
acusação (f)	anklagelse (en)	['aŋˌklʲagəlʲsə]
acusar (vt)	att anklaga	[at 'aŋˌklʲaga]

vingança (f)	hämnd (en)	['hɛmnd]
vingar (vt)	att hämnas	[at 'hɛmnas]
vingar-se de	att hämnas	[at 'hɛmnas]

desprezo (m)	förakt (ett)	[fø'rakt]
desprezar (vt)	att förakta	[at fø'rakta]
ódio (m)	hat (ett)	['hat]
odiar (vt)	att hata	[at 'hata]

nervoso (adj)	nervös	[nɛr'vø:s]
estar nervoso	att vara nervös	[at 'vara nɛr'vø:s]
zangado (adj)	arg, vred	[arj], ['vred]
zangar (vt)	att göra arg	[at 'jø:ra arj]

humilhação (f)	förödmjukelse (en)	['førœdˌmjʉ:kəlʲsə]
humilhar (vt)	att förödmjuka	[at 'førœdˌmjʉ:ka]
humilhar-se (vr)	att förödmjuka sig	[at 'førœdˌmjʉ:ka sɛj]

choque (m)	chock (en)	['ɧɔk]
chocar (vt)	att chocka	[at 'ɧɔka]
aborrecimento (m)	knipa (en)	['knipa]

desagradável (adj)	obehaglig	['ʊbeˌhaglig]
medo (m)	rädsla (en)	['rɛdslʲa]
terrível (tempestade, etc.)	fruktansvärd	['frʉktansˌvæ:d]
assustador (ex. história ~a)	skrämmande	['skrɛmandə]
horror (m)	fasa, skräck (en)	['fasa], ['skrɛk]
horrível (crime, etc.)	förfärlig	[før'fæ:lʲig]

começar a tremer	att begynna att rysa	[at be'jina at 'rysa]
chorar (vi)	att gråta	[at 'gro:ta]
começar a chorar	att börja gråta	[at 'bœrja 'gro:ta]
lágrima (f)	tår (en)	['to:r]

falta (f)	skuld (en)	['skʉlʲd]
culpa (f)	skuldkänsla (en)	['skʉlʲdˌɕɛnslʲa]
desonra (f)	skam, vanära (en)	[skam], ['va'næ:ra]
protesto (m)	protest (en)	[prʊ'tɛst]
estresse (m)	stress (en)	['strɛs]

perturbar (vt)	att störa	[at 'stø:ra]
zangar-se com ...	att vara arg	[at 'vara arj]
zangado (irritado)	arg, vred	[arj], ['vred]
terminar (vt)	att avbryta	[at 'avˌbryta]
praguejar	att svära	[at 'svæ:ra]

assustar-se	att bli skrämd	[at bli 'skrɛmd]
golpear (vt)	att slå	[at 'slʲo:]
brigar (na rua, etc.)	att slåss	[at 'slʲɔs]

resolver (o conflito)	att lösa	[at 'lʲø:sa]
descontente (adj)	missnöjd	['misˌnœjd]
furioso (adj)	rasande	['rasandə]

| Não está bem! | Det är inte bra! | [dɛ æ:r 'intə bra] |
| É ruim! | Det är dåligt! | [dɛ æ:r 'do:lit] |

Medicina

68. Doenças

doença (f)	sjukdom (en)	['ʄʉːkˌdʉm]
estar doente	att vara sjuk	[at 'vara 'ʄʉːk]
saúde (f)	hälsa, sundhet (en)	['hɛlʲsa], ['sundˌhet]
nariz (m) escorrendo	snuva (en)	['snʉːva]
amigdalite (f)	halsfluss, angina (en)	['halʲsˌflʉs], [aŋ'gina]
resfriado (m)	förkylning (en)	[før'çylʲniŋ]
ficar resfriado	att bli förkyld	[at bli før'çylʲd]
bronquite (f)	bronkit (en)	[brɔŋ'kit]
pneumonia (f)	lunginflammation (en)	['lʉŋˌinflʲama'ʄʉn]
gripe (f)	influensa (en)	[inflʉ'ɛnsa]
míope (adj)	närsynt	['næːˌsʏnt]
presbita (adj)	långsynt	['lʲɔŋˌsʏnt]
estrabismo (m)	skelögdhet (en)	['ʄelʲøgdˌhet]
estrábico, vesgo (adj)	skelögd	['ʄelʲˌøgd]
catarata (f)	grå starr (en)	['gro: 'star]
glaucoma (m)	grön starr (en)	['grø:n 'star]
AVC (m), apoplexia (f)	stroke (en), hjärnslag (ett)	['stro:k], ['jæːnˌʂlʲag]
ataque (m) cardíaco	infarkt (en)	[in'farkt]
enfarte (m) do miocárdio	hjärtinfarkt (en)	['jæːʈ in'farkt]
paralisia (f)	förlamning (en)	[fœː'lʲamniŋ]
paralisar (vt)	att förlama	[at fœː'lʲama]
alergia (f)	allergi (en)	[alʲer'gi]
asma (f)	astma (en)	['astma]
diabetes (f)	diabetes (en)	[dia'betəs]
dor (f) de dente	tandvärk (en)	['tandˌvæːrk]
cárie (f)	karies (en)	['karies]
diarreia (f)	diarré (en)	[dia're:]
prisão (f) de ventre	förstoppning (en)	[fœː'ʂtopniŋ]
desarranjo (m) intestinal	magbesvär (ett)	['magˌbe'svɛ:r]
intoxicação (f) alimentar	matförgiftning (en)	['matˌfør'jiftniŋ]
intoxicar-se	att få matförgiftning	[at fo: 'matˌfør'jiftniŋ]
artrite (f)	artrit (en)	[a'ʈrit]
raquitismo (m)	rakitis (en)	[ra'kitis]
reumatismo (m)	reumatism (en)	[revma'tism]
arteriosclerose (f)	åderförkalkning (en)	['o:dɛrførˌkalʲkniŋ]
gastrite (f)	gastrit (en)	[ga'strit]
apendicite (f)	appendicit (en)	[apɛndi'sit]

colecistite (f)	cholecystit (en)	[holəsys'tit]
úlcera (f)	magsår (ett)	['mag͵soːr]
sarampo (m)	mässling (en)	['mɛs͵liŋ]
rubéola (f)	röda hund (en)	['røːda 'hund]
icterícia (f)	gulsot (en)	['gʉːlʲ͵sʉt]
hepatite (f)	hepatit (en)	[hepa'tit]
esquizofrenia (f)	schizofreni (en)	[skitsɔfre'niː]
raiva (f)	rabies (en)	['rabies]
neurose (f)	neuros (en)	[nev'rɔs]
contusão (f) cerebral	hjärnskakning (en)	['jæːn͵ʂkakniŋ]
câncer (m)	cancer (en)	['kansər]
esclerose (f)	skleros (en)	[sklʲe'rɔs]
esclerose (f) múltipla	multipel skleros (en)	[mʉlʲ'tipəlʲ sklʲe'rɔs]
alcoolismo (m)	alkoholism (en)	[alʲkʊhɔ'lizm]
alcoólico (m)	alkoholist (en)	[alʲkʊhɔ'list]
sífilis (f)	syfilis (en)	['syfilis]
AIDS (f)	AIDS	['ɛjds]
tumor (m)	tumör (en)	[tʉ'møːr]
maligno (adj)	elakartad	['ɛlʲak͵aːʈad]
benigno (adj)	godartad	['gʊd͵aːʈad]
febre (f)	feber (en)	['febər]
malária (f)	malaria (en)	[ma'lʲaria]
gangrena (f)	kallbrand (en)	['kalʲ͵brand]
enjoo (m)	sjösjuka (en)	['ɦøː͵ɦʉːka]
epilepsia (f)	epilepsi (en)	[epilʲep'siː]
epidemia (f)	epidemi (en)	[ɛpide'miː]
tifo (m)	tyfus (en)	['tyfʉs]
tuberculose (f)	tuberkulos (en)	[tʉbɛrkʉ'lʲɔs]
cólera (f)	kolera (en)	['kʊlʲera]
peste (f) bubônica	pest (en)	['pɛst]

69. Sintomas. Tratamentos. Parte 1

sintoma (m)	symptom (ett)	[sʏmp'tɔm]
temperatura (f)	temperatur (en)	[tɛmpəra'tʉːr]
febre (f)	hög temperatur (en)	['høːg tɛmpəra'tʉːr]
pulso (m)	puls (en)	['pulʲs]
vertigem (f)	yrsel, svindel (en)	['yːʂəlʲ], ['svindəlʲ]
quente (testa, etc.)	varm	['varm]
calafrio (m)	rysning (en)	['rʏsniŋ]
pálido (adj)	blek	['blʲek]
tosse (f)	hosta (en)	['hʊsta]
tossir (vi)	att hosta	[at 'hʊsta]
espirrar (vi)	att nysa	[at 'nysa]
desmaio (m)	svimning (en)	['svimniŋ]

desmaiar (vi)	att svimma	[at 'svima]
mancha (f) preta	blåmärke (ett)	['blɪoːˌmæːrkə]
galo (m)	bula (en)	['bʉːlʲa]
machucar-se (vr)	att slå sig	[at 'slʲoː sɛj]
contusão (f)	blåmärke (ett)	['blɪoːˌmæːrkə]
machucar-se (vr)	att slå sig	[at 'slʲoː sɛj]

mancar (vi)	att halta	[at 'halʲta]
deslocamento (f)	vrickning (en)	['vrikniŋ]
deslocar (vt)	att förvrida	[at før'vrida]
fratura (f)	brott (ett), fraktur (en)	['brɔt], [frak'tʉːr]
fraturar (vt)	att få en fraktur	[at foː en frak'tʉːr]

corte (m)	skärsår (ett)	['ɧæːˌʂoːr]
cortar-se (vr)	att skära sig	[at 'ɧæːra sɛj]
hemorragia (f)	blödning (en)	['blʲœdniŋ]

| queimadura (f) | brännsår (ett) | ['brɛnˌsoːr] |
| queimar-se (vr) | att bränna sig | [at 'brɛna sɛj] |

picar (vt)	att sticka	[at 'stika]
picar-se (vr)	att sticka sig	[at 'stika sɛj]
lesionar (vt)	att skada	[at 'skada]
lesão (m)	skada (en)	['skada]
ferida (f), ferimento (m)	sår (ett)	['soːr]
trauma (m)	trauma (en)	['travma]

delirar (vi)	att tala i feberyra	[at 'talʲa i 'febəryra]
gaguejar (vi)	att stamma	[at 'stama]
insolação (f)	solsting (ett)	['sʉlʲˌstiŋ]

70. Sintomas. Tratamentos. Parte 2

| dor (f) | värk, smärta (en) | ['væːrk], ['smɛʈa] |
| farpa (no dedo, etc.) | sticka (en) | ['stika] |

suor (m)	svett (en)	['svɛt]
suar (vi)	att svettas	[at 'svɛtas]
vômito (m)	kräkning (en)	['krɛkniŋ]
convulsões (f pl)	kramper (pl)	['krampər]

grávida (adj)	gravid	[gra'vid]
nascer (vi)	att födas	[at 'føːdas]
parto (m)	förlossning (en)	[fœ:'lʲosniŋ]
dar à luz	att föda	[at 'føːda]
aborto (m)	abort (en)	[a'bɔːt]

respiração (f)	andning (en)	['andniŋ]
inspiração (f)	inandning (en)	['inˌandniŋ]
expiração (f)	utandning (en)	['ʉtˌandniŋ]
expirar (vi)	att andas ut	[at 'andas ʉt]
inspirar (vi)	att andas in	[at 'andas in]
inválido (m)	handikappad person (en)	['handiˌkapad pɛ'ʂʉn]
aleijado (m)	krympling (en)	['krympliŋ]

drogado (m)	narkoman (en)	[narkʊ'man]
surdo (adj)	döv	['dø:v]
mudo (adj)	stum	['stu:m]
surdo-mudo (adj)	dövstum	['dø:v‚stu:m]

louco, insano (adj)	mentalsjuk, galen	['mental'ɧʉ:k], ['galʲen]
louco (m)	dåre, galning (en)	['do:rə], ['galʲniŋ]
louca (f)	dåre, galning (en)	['do:rə], ['galʲniŋ]
ficar louco	att bli sinnessjuk	[at bli 'sinɛs‚ɧʉ:k]

gene (m)	gen (en)	['jen]
imunidade (f)	immunitet (en)	[imʉni'te:t]
hereditário (adj)	ärftlig	['æ:rftlig]
congênito (adj)	medfödd	['med‚fœd]

vírus (m)	virus (ett)	['vi:rʉs]
micróbio (m)	mikrob (en)	[mi'krɔb]
bactéria (f)	bakterie (en)	[bak'teriə]
infecção (f)	infektion (en)	[infɛk'ɧʊn]

71. Sintomas. Tratamentos. Parte 3

hospital (m)	sjukhus (ett)	['ɧʉ:k‚hʉs]
paciente (m)	patient (en)	[pasi'ent]

diagnóstico (m)	diagnos (en)	[dia'gnɔs]
cura (f)	kur (en)	['kʉ:r]
tratamento (m) médico	behandling (en)	[be'handliŋ]
curar-se (vr)	att bli behandlad	[at bli be'handlʲad]
tratar (vt)	att behandla	[at be'handlʲa]
cuidar (pessoa)	att sköta	[at 'ɧø:ta]
cuidado (m)	vård (en)	['vo:d]

operação (f)	operation (en)	[ɔpera'ɧʊn]
enfaixar (vt)	att förbinda	[at før'binda]
enfaixamento (m)	förbindning (en)	[før'bindniŋ]

vacinação (f)	vaccination (en)	[vaksina'ɧʊn]
vacinar (vt)	att vaksinera	[at vaksi'nera]
injeção (f)	injektion (en)	[injɛk'ɧʊn]
dar uma injeção	att ge en spruta	[at je: en 'sprʉta]

ataque (~ de asma, etc.)	anfall (ett), attack (en)	['anfalʲ], [a'tak]
amputação (f)	amputation (en)	[ampʉta'ɧʊn]
amputar (vt)	att amputera	[at ampʉ'tera]
coma (f)	koma (ett)	['kɔma]
estar em coma	att ligga i koma	[at 'liga i 'kɔma]
reanimação (f)	intensivavdelning (en)	[intɛn'siv‚av'dɛlʲniŋ]

recuperar-se (vr)	att återhämta sig	[at 'o:ter‚hɛmta sɛj]
estado (~ de saúde)	tillstånd (ett)	['tilʲ‚stɔnd]
consciência (perder a ~)	medvetande (ett)	['med‚vetandə]
memória (f)	minne (ett)	['minə]
tirar (vt)	att dra ut	[at 'dra ʉt]

obturação (f)	plomb (en)	['plɔmb]
obturar (vt)	att plombera	[at plɔm'bera]

hipnose (f)	hypnos (en)	[hʏp'nɔs]
hipnotizar (vt)	att hypnotisera	[at 'hʏpnɔti‚sera]

72. Médicos

médico (m)	läkare (en)	['lɛ:karə]
enfermeira (f)	sjuksköterska (en)	['ɧʉ:k‚ɧø:tɛʂka]
médico (m) pessoal	personlig läkare (en)	[pɛ'ʂʉnlig 'lɛ:karə]

dentista (m)	tandläkare (en)	['tand‚lɛ:karə]
oculista (m)	ögonläkare (en)	['ø:gɔn‚lɛ:karə]
terapeuta (m)	terapeut (en)	[tera'pɛft]
cirurgião (m)	kirurg (en)	[ɕi'rʉrg]

psiquiatra (m)	psykiater (en)	[syki'atər]
pediatra (m)	barnläkare (en)	['ba:n‚lɛ:karə]
psicólogo (m)	psykolog (en)	[sykʉ'lɔg]
ginecologista (m)	gynekolog (en)	[ginekʉ'lɔg]
cardiologista (m)	kardiolog (en)	[ka:dʲʉ'lɔg]

73. Medicina. Drogas. Acessórios

medicamento (m)	medicin (en)	[medi'sin]
remédio (m)	medel (ett)	['medəlʲ]
receitar (vt)	att ordinera	[at o:dʲi'nera]
receita (f)	recept (ett)	[re'sɛpt]

comprimido (m)	tablett (en)	[tab'lʲet]
unguento (m)	salva (en)	['salʲva]
ampola (f)	ampull (en)	[am'pulʲ]
solução, preparado (m)	mixtur (en)	[miks'tʉ:r]
xarope (m)	sirap (en)	['sirap]
cápsula (f)	piller (ett)	['pilʲer]
pó (m)	pulver (ett)	['pulʲvər]

atadura (f)	gasbinda (en)	['gas‚binda]
algodão (m)	vadd (en)	['vad]
iodo (m)	jod (en)	['jʊd]

curativo (m) adesivo	plåster (ett)	['plʲɔstər]
conta-gotas (m)	pipett (en)	[pi'pɛt]
termômetro (m)	termometer (en)	[tɛrmʉ'metər]
seringa (f)	spruta (en)	['sprʉta]

cadeira (f) de rodas	rullstol (en)	['rʉlʲ‚stʊlʲ]
muletas (f pl)	kryckor (pl)	['krʏkʉr]

analgésico (m)	smärtstillande medel (ett)	['smæ:ʈ‚stilʲande 'medəlʲ]
laxante (m)	laxermedel (ett)	['lʲaksər 'medəlʲ]

álcool (m)	sprit (en)	['sprit]
ervas (f pl) medicinais	läkeväxter (pl)	['lʲɛkə‚vɛkstər]
de ervas (chá ~)	ört-	['øːṭ-]

74. Fumar. Produtos tabágicos

tabaco (m)	tobak (en)	['tʊbak]
cigarro (m)	cigarett (en)	[siga'rɛt]
charuto (m)	cigarr (en)	[sɪ'gar]
cachimbo (m)	pipa (en)	['pɪpa]
maço (~ de cigarros)	paket (ett)	[pa'ket]

fósforos (m pl)	tändstickor (pl)	['tɛnd‚stikʊr]
caixa (f) de fósforos	tändsticksask (en)	['tɛndstiks‚ask]
isqueiro (m)	tändare (en)	['tɛndarə]
cinzeiro (m)	askkopp (en), askfat (ett)	['askop], ['askfat]
cigarreira (f)	cigarettetui (ett)	[siga'rɛt etʉ'iː]

piteira (f)	munstycke (ett)	['mun‚stʏkə]
filtro (m)	filter (ett)	['filʲtər]

fumar (vi, vt)	att röka	[at 'røːka]
acender um cigarro	att tända en cigarett	[at 'tɛnda en siga'rɛt]
tabagismo (m)	rökning (en)	['rœknin]
fumante (m)	rökare (en)	['røːkarə]

bituca (f)	stump, fimp (en)	['stump], [fimp]
fumaça (f)	rök (en)	['røːk]
cinza (f)	aska (en)	['aska]

HABITAT HUMANO

Cidade

75. Cidade. Vida na cidade

cidade (f)	stad (en)	['stad]
capital (f)	huvudstad (en)	['hʉːvʉdˌstad]
aldeia (f)	by (en)	['by]
mapa (m) da cidade	stadskarta (en)	['stadsˌkaːʈa]
centro (m) da cidade	centrum (ett)	['sɛntrum]
subúrbio (m)	förort (en)	['førˌʉːʈ]
suburbano (adj)	förorts-	['førˌʉːʈs-]
periferia (f)	utkant (en)	['ʉtˌkant]
arredores (m pl)	omgivningar (pl)	['ɔmˌjiːvniŋar]
quarteirão (m)	kvarter (ett)	[kvaːˈʈər]
quarteirão (m) residencial	bostadskvarter (ett)	['bʊstadsˌkvaːˈʈər]
tráfego (m)	trafik (en)	[traˈfik]
semáforo (m)	trafikljus (ett)	[traˈfikjʉːs]
transporte (m) público	offentlig transport (en)	[ɔ'fɛntli transˈpɔːʈ]
cruzamento (m)	korsning (en)	['kɔːʂniŋ]
faixa (f)	övergångsställe (ett)	['øːvərgɔŋsˌstɛlʲe]
túnel (m) subterrâneo	gångtunnel (en)	['gɔŋˌtunəlʲ]
cruzar, atravessar (vt)	att gå över	[at 'goː 'øːvər]
pedestre (m)	fotgängare (en)	['fʊtjenarə]
calçada (f)	trottoar (en)	[trʊtʊ'ar]
ponte (f)	bro (en)	['brʊ]
margem (f) do rio	kaj (en)	['kaj]
fonte (f)	fontän (en)	[fɔn'tɛn]
alameda (f)	allé (en)	[a'lʲeː]
parque (m)	park (en)	['park]
bulevar (m)	boulevard (en)	[bʊlʲe'vaːd]
praça (f)	torg (ett)	['tɔrj]
avenida (f)	aveny (en)	[ave'ny]
rua (f)	gata (en)	['gata]
travessa (f)	sidogata (en)	['sidʊˌgata]
beco (m) sem saída	återvändsgränd (en)	['oːtərvɛnsˌgrɛnd]
casa (f)	hus (ett)	['hʉs]
edifício, prédio (m)	byggnad (en)	['bygnad]
arranha-céu (m)	skyskrapa (en)	['ɧyˌskrapa]
fachada (f)	fasad (en)	[fa'sad]
telhado (m)	tak (ett)	['tak]

janela (f)	fönster (ett)	['fœnstər]
arco (m)	båge (en)	['bo:gə]
coluna (f)	kolonn (en)	[kʊ'lʲɔn]
esquina (f)	knut (en)	['knʉt]

vitrine (f)	skyltfönster (ett)	['ɧylʲt,fœnstər]
letreiro (m)	skylt (en)	['ɧylʲt]
cartaz (do filme, etc.)	affisch (en)	[a'fi:ʃ]
cartaz (m) publicitário	reklamplakat (ett)	[rɛ'klʲam,plʲa'kat]
painel (m) publicitário	reklamskylt (en)	[rɛ'klʲam,ɧylʲt]

lixo (m)	sopor, avfall (ett)	['sʊpʊr], ['avfalʲ]
lata (f) de lixo	soptunna (en)	['sʊp,tuna]
jogar lixo na rua	att skräpa ner	[at 'skrɛ:pa ner]
aterro (m) sanitário	soptipp (en)	['sʊp,tip]

orelhão (m)	telefonkiosk (en)	[telʲe'fɔn,ɕøsk]
poste (m) de luz	lyktstolpe (en)	['lʲyk,stɔlʲpə]
banco (m)	bänk (ett)	['bɛŋk]

polícia (m)	polis (en)	[pʊ'lis]
polícia (instituição)	polis (en)	[pʊ'lis]
mendigo, pedinte (m)	tiggare (en)	['tigarə]
desabrigado (m)	hemlös (ett)	['hɛmlʲø:s]

76. Instituições urbanas

loja (f)	affär, butik (en)	[a'fæ:r], [bu'tik]
drogaria (f)	apotek (ett)	[apʊ'tek]
ótica (f)	optiker (en)	['ɔptikər]
centro (m) comercial	köpcenter (ett)	['ɕø:p,sɛntɛr]
supermercado (m)	snabbköp (ett)	['snab,ɕø:p]

padaria (f)	bageri (ett)	[bage'ri:]
padeiro (m)	bagare (en)	['bagarə]
pastelaria (f)	konditori (ett)	[kɔnditʊ'ri:]
mercearia (f)	speceriaffär (en)	[spese'ri a'fæ:r]
açougue (m)	slaktare butik (en)	['slʲaktarə bu'tik]

| fruteira (f) | grönsakshandel (en) | ['grø:nsaks,handəlʲ] |
| mercado (m) | marknad (en) | ['marknad] |

cafeteria (f)	kafé (ett)	[ka'fe:]
restaurante (m)	restaurang (en)	[rɛstɔ'raŋ]
bar (m)	pub (en)	['pub]
pizzaria (f)	pizzeria (en)	[pitse'ria]

salão (m) de cabeleireiro	frisersalong (en)	['frisər sa,lʲɔŋ]
agência (f) dos correios	post (en)	['pɔst]
lavanderia (f)	kemtvätt (en)	['ɕemtvæt]
estúdio (m) fotográfico	fotoateljé (en)	['fʊtʊ atə,lje:]

| sapataria (f) | skoaffär (en) | ['skʊːa,fæ:r] |
| livraria (f) | bokhandel (en) | ['bʊk,handəlʲ] |

loja (f) de artigos esportivos	sportaffär (en)	['spɔːʈ a'fæːr]
costureira (m)	klädreparationer (en)	['klʲɛd 'repara‚ɧʊnər]
aluguel (m) de roupa	kläduthyrning (en)	['klʲɛd ʉ'tyːŋɪŋ]
videolocadora (f)	filmuthyrning (en)	['filʲm ʉ'tyːŋɪŋ]

circo (m)	cirkus (en)	['sirkʉs]
jardim (m) zoológico	zoo (ett)	['sʊː]
cinema (m)	biograf (en)	[biʊ'graf]
museu (m)	museum (ett)	[mʉ'seum]
biblioteca (f)	bibliotek (ett)	[bibliʊ'tek]

teatro (m)	teater (en)	[te'atər]
ópera (f)	opera (en)	['ʊpera]
boate (casa noturna)	nattklubb (en)	['nat‚klʉb]
cassino (m)	kasino (ett)	[ka'sinʊ]

mesquita (f)	moské (en)	[mʊs'keː]
sinagoga (f)	synagoga (en)	['syna‚gɔga]
catedral (f)	katedral (en)	[katɛ'dralʲ]
templo (m)	tempel (ett)	['tɛmpəlʲ]
igreja (f)	kyrka (en)	['ɕyrka]

faculdade (f)	institut (ett)	[insti'tʉt]
universidade (f)	universitet (ett)	[univɛ‚ʂi'tet]
escola (f)	skola (en)	['skʊlʲa]

prefeitura (f)	prefektur (en)	[prefɛk'tʉːr]
câmara (f) municipal	rådhus (en)	['rɔd‚hʉs]
hotel (m)	hotell (ett)	[hʊ'tɛlʲ]
banco (m)	bank (en)	['baŋk]

embaixada (f)	ambassad (en)	[amba'sad]
agência (f) de viagens	resebyrå (en)	['reseby‚rɔː]
agência (f) de informações	informationsbyrå (en)	[informa'ʃʊns by‚rɔː]
casa (f) de câmbio	växelkontor (ett)	['vɛksəlʲ kɔn'tʊr]

metrô (m)	tunnelbana (en)	['tunəlʲ‚bana]
hospital (m)	sjukhus (ett)	['ɧʉːk‚hʉs]

posto (m) de gasolina	bensinstation (en)	[bɛn'sin‚sta'ʃʊn]
parque (m) de estacionamento	parkeringsplats (en)	[par'kerɪŋs‚plʲats]

77. Transportes urbanos

ônibus (m)	buss (en)	['bus]
bonde (m) elétrico	spårvagn (en)	['spoːr‚vagn]
trólebus (m)	trådbuss (en)	['troːd‚bus]
rota (f), itinerário (m)	rutt (en)	['rut]
número (m)	nummer (ett)	['numər]

ir de ... (carro, etc.)	att åka med ...	[at 'oːka me ...]
entrar no ...	att stiga på ...	[at 'stiga pɔ ...]
descer do ...	att stiga av ...	[at 'stiga 'av ...]
parada (f)	hållplats (en)	['hoːlʲ‚plats]

próxima parada (f)	nästa hållplats (en)	['nɛsta 'hɔːlʲˌplats]
terminal (m)	slutstation (en)	['slʉtˌsta'ɧʉn]
horário (m)	tidtabell (en)	['tid ta'bɛlʲ]
esperar (vt)	att vänta	[at 'vɛnta]

passagem (f)	biljett (en)	[bi'lʲet]
tarifa (f)	biljettpris (ett)	[bi'lʲetˌpris]

bilheteiro (m)	kassör (en)	[ka'søːr]
controle (m) de passagens	biljettkontroll (en)	[bi'lʲet kɔn'trolʲ]
revisor (m)	kontrollant (en)	[kɔntrɔ'lʲant]

atrasar-se (vr)	att komma för sent	[at 'kɔma før 'sɛnt]
perder (o autocarro, etc.)	att komma för sent till ...	[at 'kɔma før 'sɛnt tilʲ ...]
estar com pressa	att skynda sig	[at 'ɧʏnda sɛj]

táxi (m)	taxi (en)	['taksi]
taxista (m)	taxichaufför (en)	['taksi ɧɔ'føːr]
de táxi (ir ~)	med taxi	[me 'taksi]
ponto (m) de táxis	taxihållplats (en)	['taksi 'hɔːlʲˌplʲats]
chamar um táxi	att ringa efter taxi	[at 'riŋa ˌɛfte 'taksi]
pegar um táxi	att ta en taxi	[at ta en 'taksi]

tráfego (m)	trafik (en)	[tra'fik]
engarrafamento (m)	trafikstopp (ett)	[tra'fikˌstɔp]
horas (f pl) de pico	rusningstid (en)	['rusniŋsˌtid]
estacionar (vi)	att parkera	[at par'kera]
estacionar (vt)	att parkera	[at par'kera]
parque (m) de estacionamento	parkeringsplats (en)	[par'keriŋsˌplʲats]

metrô (m)	tunnelbana (en)	['tunəlʲˌbana]
estação (f)	station (en)	[sta'ɧʉn]
ir de metrô	att ta tunnelbanan	[at ta 'tunəlʲˌbanan]
trem (m)	tåg (ett)	['toːg]
estação (f) de trem	tågstation (en)	['toːgˌsta'ɧʉn]

78. Turismo

monumento (m)	monument (ett)	[mɔnu'mɛnt]
fortaleza (f)	fästning (en)	['fɛstniŋ]
palácio (m)	palats (ett)	[pa'lʲats]
castelo (m)	borg (en)	['bɔrj]
torre (f)	torn (ett)	['tʉːŋ]
mausoléu (m)	mausoleum (ett)	[maʉsʊ'lʲeum]

arquitetura (f)	arkitektur (en)	[arkitɛk'tʉːr]
medieval (adj)	medeltida	['medəlʲˌtida]
antigo (adj)	gammal	['gamalʲ]
nacional (adj)	nationell	[natɧʊ'nɛlʲ]
famoso, conhecido (adj)	berömd	[be'rœmd]

turista (m)	turist (en)	[tu'rist]
guia (pessoa)	guide (en)	['gajd]
excursão (f)	utflykt (en)	['ʉtˌflʲykt]

mostrar (vt)	**att visa**	[at 'visa]
contar (vt)	**att berätta**	[at be'ræta]

encontrar (vt)	**att hitta**	[at 'hita]
perder-se (vr)	**att gå vilse**	[at 'go: 'vilˡsə]
mapa (~ do metrô)	**karta (en)**	['kaːʈa]
mapa (~ da cidade)	**karta (en)**	['kaːʈa]

lembrança (f), presente (m)	**souvenir (en)**	[suvɛ'niːr]
loja (f) de presentes	**souvenirbutik (en)**	[suvɛ'niːr bu'tik]
tirar fotos, fotografar	**att fotografera**	[at futʊgra'fera]
fotografar-se (vr)	**att bli fotograferad**	[at bli futʊgra'ferad]

79. Compras

comprar (vt)	**att köpa**	[at 'çøːpa]
compra (f)	**inköp (ett)**	['in,çøːp]
fazer compras	**att shoppa**	[at 'ʃɔpa]
compras (f pl)	**shopping (en)**	['ʃɔpiŋ]

estar aberta (loja)	**att vara öppen**	[at 'vara 'øpən]
estar fechada	**att vara stängd**	[at 'vara stɛŋd]

calçado (m)	**skodon (pl)**	['skʊdʊn]
roupa (f)	**kläder (pl)**	['klˡɛːdər]
cosméticos (m pl)	**kosmetika (en)**	[kɔs'mɛtika]
alimentos (m pl)	**matvaror (pl)**	['mat,varʊr]
presente (m)	**gåva, present (en)**	['goːva], [pre'sɛnt]

vendedor (m)	**försäljare (en)**	[fœ:'ʂɛljarə]
vendedora (f)	**försäljare (en)**	[fœ:'ʂɛljarə]

caixa (f)	**kassa (en)**	['kasa]
espelho (m)	**spegel (en)**	['spegəlˡ]
balcão (m)	**disk (en)**	['disk]
provador (m)	**provrum (ett)**	['prʊv,ruːm]

provar (vt)	**att prova**	[at 'prʊva]
servir (roupa, caber)	**att passa**	[at 'pasa]
gostar (apreciar)	**att gilla**	[at 'jilˡa]

preço (m)	**pris (ett)**	['pris]
etiqueta (f) de preço	**prislapp (en)**	['pris,lˡap]
custar (vt)	**att kosta**	[at 'kɔsta]
Quanto?	**Hur mycket?**	[hʊr 'mʏkə]
desconto (m)	**rabatt (en)**	[ra'bat]

não caro (adj)	**billig**	['bilig]
barato (adj)	**billig**	['bilig]
caro (adj)	**dyr**	['dyr]
É caro	**Det är dyrt**	[dɛ æːr 'dyːʈ]

aluguel (m)	**uthyrning (en)**	['ʉt,hyniŋ]
alugar (roupas, etc.)	**att hyra**	[at 'hyra]

crédito (m)	kredit (en)	[kre'dit]
a crédito	på kredit	[pɔ kre'dit]

80. Dinheiro

dinheiro (m)	pengar (pl)	['pɛŋar]
câmbio (m)	växling (en)	['vɛksliŋ]
taxa (f) de câmbio	kurs (en)	['kuːʂ]
caixa (m) eletrônico	bankomat (en)	[baŋkʊ'mat]
moeda (f)	mynt (ett)	['mʏnt]

dólar (m)	dollar (en)	['dɔlʲar]
euro (m)	euro (en)	['ɛvrɔ]

lira (f)	lire (en)	['lirə]
marco (m)	mark (en)	['mark]
franco (m)	franc (en)	['fran]
libra (f) esterlina	pund sterling (ett)	['puŋ stɛr'liŋ]
iene (m)	yen (en)	['jɛn]

dívida (f)	skuld (en)	['skʉlʲd]
devedor (m)	gäldenär (en)	[jɛlʲdɛ'næːr]
emprestar (vt)	att låna ut	[at 'lʲoːna ʉt]
pedir emprestado	att låna	[at 'lʲoːna]

banco (m)	bank (en)	['baŋk]
conta (f)	konto (ett)	['kɔntʉ]
depositar (vt)	att sätta in	[at 'sæta in]
depositar na conta	att sätta in på kontot	[at 'sæta in pɔ 'kɔntʊt]
sacar (vt)	att ta ut från kontot	[at ta ʉt frɔn 'kɔntʊt]

cartão (m) de crédito	kreditkort (ett)	[kre'dit̩kɔːt]
dinheiro (m) vivo	kontanter (pl)	[kɔn'tantər]
cheque (m)	check (en)	['ɕɛk]
passar um cheque	att skriva en check	[at 'skriva en 'ɕɛk]
talão (m) de cheques	checkbok (en)	['ɕɛk̩bʊk]

carteira (f)	plånbok (en)	['plʲoːn̩bʊk]
niqueleira (f)	börs (en)	['bøːʂ]
cofre (m)	säkerhetsskåp (ett)	['sɛːkərhets̩skoːp]

herdeiro (m)	arvinge (en)	['arviŋə]
herança (f)	arv (ett)	['arv]
fortuna (riqueza)	förmögenhet (en)	[før'møgən̩het]

arrendamento (m)	hyra (en)	['hyra]
aluguel (pagar o ~)	hyra (en)	['hyra]
alugar (vt)	att hyra	[at 'hyra]

preço (m)	pris (ett)	['pris]
custo (m)	kostnad (en)	['kɔstnad]
soma (f)	summa (en)	['suma]
gastar (vt)	att lägga ut	[at 'lʲɛga ʉt]
gastos (m pl)	utgifter (pl)	['ʉt̩jiftər]

| economizar (vi) | att spara | [at 'spara] |
| econômico (adj) | sparsam | ['spa:ʂam] |

pagar (vt)	att betala	[at be'talʲa]
pagamento (m)	betalning (en)	[be'talʲniŋ]
troco (m)	växel (en)	['vɛksəlʲ]

imposto (m)	skatt (en)	['skat]
multa (f)	bot (en)	['bʊt]
multar (vt)	att bötfälla	[at 'bøt‚fɛlʲa]

81. Correios. Serviço postal

agência (f) dos correios	post (en)	['pɔst]
correio (m)	post (en)	['pɔst]
carteiro (m)	brevbärare (en)	['brev‚bæ:rarə]
horário (m)	öppettider (pl)	['øpet‚ti:dər]

carta (f)	brev (ett)	['brev]
carta (f) registada	rekommenderat brev (ett)	[rekɔmən'derat brev]
cartão (m) postal	postkort (ett)	['pɔst‚kɔ:t]
telegrama (m)	telegram (ett)	[telʲe'gram]
encomenda (f)	postpaket (ett)	['pɔst pa‚ket]
transferência (f) de dinheiro	pengaöverföring (en)	['pɛŋa‚øvə'fø:riŋ]

receber (vt)	att ta emot	[at ta ɛmo:t]
enviar (vt)	att skicka	[at 'ɧika]
envio (m)	avsändning (en)	['av‚sɛndniŋ]

endereço (m)	adress (en)	[a'drɛs]
código (m) postal	postnummer (ett)	['pɔst‚numər]
remetente (m)	avsändare (en)	['av‚sɛndarə]
destinatário (m)	mottagare (en)	['mɔt‚tagarə]

| nome (m) | förnamn (ett) | ['fœ:‚ɳamn] |
| sobrenome (m) | efternamn (ett) | ['ɛftə‚ɳamn] |

tarifa (f)	tariff (en)	[ta'rif]
ordinário (adj)	vanlig	['vanlig]
econômico (adj)	ekonomisk	[ɛkʊ'nɔmisk]

peso (m)	vikt (en)	['vikt]
pesar (estabelecer o peso)	att väga	[at 'vɛ:ga]
envelope (m)	kuvert (ett)	[kʉ:'vær]
selo (m) postal	frimärke (ett)	['fri‚mærkə]
colar o selo	att sätta på frimärke	[at 'sæta pɔ 'fri‚mærkə]

Moradia. Casa. Lar

82. Casa. Habitação

casa (f)	hus (ett)	['hʉs]
em casa	hemma	['hɛma]
pátio (m), quintal (f)	gård (en)	['go:d]
cerca, grade (f)	stängsel (en)	['stɛŋsəlʲ]
tijolo (m)	tegel, mursten (en)	['tegəlʲ], ['mʉːˌsten]
de tijolos	tegel-	['tegəlʲ-]
pedra (f)	sten (en)	['sten]
de pedra	sten-	['sten-]
concreto (m)	betong (en)	[be'tɔŋ]
concreto (adj)	betong-	[be'tɔŋ-]
novo (adj)	ny	['ny]
velho (adj)	gammal	['gamalʲ]
decrépito (adj)	fallfärdig	['falʲˌfæːdig]
moderno (adj)	modern	[mʉ'dɛːn]
de vários andares	flervånings-	['flʲerˌvoːniŋs-]
alto (adj)	hög	['høːg]
andar (m)	våning (en)	['voːniŋ]
de um andar	envånings-	['ɛnˌvoːniŋs-]
térreo (m)	bottenvåning (en)	['bɔtenˌvoːniŋ]
andar (m) de cima	övre våning (en)	['øvrə 'voːniŋ]
telhado (m)	tak (ett)	['tak]
chaminé (f)	skorsten (en)	['skɔːˌsten]
telha (f)	taktegel (ett)	['takˌtegəlʲ]
de telha	tegel-	['tegəlʲ-]
sótão (m)	vind, vindsvåning (en)	['vind], ['vindsˌvoːniŋ]
janela (f)	fönster (ett)	['fœnstər]
vidro (m)	glas (ett)	['glʲas]
parapeito (m)	fönsterbleck (ett)	['fœnstərˌblʲek]
persianas (f pl)	fönsterluckor (pl)	['fœnstəˌlʲʉ'kʊr]
parede (f)	mur, vägg (en)	['mʉːr], [vɛg]
varanda (f)	balkong (en)	[balʲ'kɔŋ]
calha (f)	stuprör (ett)	['stʉpˌrøːr]
em cima	uppe	['upə]
subir (vi)	att gå upp	[at 'go: 'up]
descer (vi)	att gå ned	[at 'go: ˌned]
mudar-se (vr)	att flytta	[at 'flʲyta]

83. Casa. Entrada. Elevador

entrada (f)	ingång (en)	['in,gɔŋ]
escada (f)	trappa (en)	['trapa]
degraus (m pl)	steg (pl)	['steg]
corrimão (m)	räcke (ett)	['rɛkə]
hall (m) de entrada	lobby (en)	['lʲɔbi]
caixa (f) de correio	brevlåda (en)	['brev,lʲo:da]
lata (f) do lixo	soptunna (en)	['sʊp,tuna]
calha (f) de lixo	sopnedkast (ett)	['sʊpned,kast]
elevador (m)	hiss (en)	['his]
elevador (m) de carga	lasthiss (en)	['lʲast,his]
cabine (f)	hisskorg (en)	['his,kɔrj]
pegar o elevador	att ta hissen	[at ta 'hisən]
apartamento (m)	lägenhet (en)	['lʲe:gən,het]
residentes (pl)	invånare (pl)	[in'vo:narə]
vizinho (m)	granne (en)	['granə]
vizinha (f)	granne (en)	['granə]
vizinhos (pl)	grannar (pl)	['granar]

84. Casa. Portas. Fechaduras

porta (f)	dörr (en)	['dœr]
portão (m)	port (en)	['pɔ:t]
maçaneta (f)	dörrhandtag (ett)	['dœr,hantag]
destrancar (vt)	att låsa upp	[at 'lʲo:sa up]
abrir (vt)	att öppna	[at 'øpna]
fechar (vt)	att stänga	[at 'stɛŋa]
chave (f)	nyckel (en)	['nʏkəlʲ]
molho (m)	knippa (en)	['knipa]
ranger (vi)	att gnissla	[at 'gnislʲa]
rangido (m)	knarr (ett)	['knar]
dobradiça (f)	gångjärn (ett)	['gɔŋ,jæ:ŋ]
capacho (m)	dörrmatta (en)	['dœr,mata]
fechadura (f)	dörrlås (ett)	['dœr,lʲo:s]
buraco (m) da fechadura	nyckelhål (ett)	['nʏkəlʲ,ho:lʲ]
barra (f)	regel (en)	['regəlʲ]
fecho (ferrolho pequeno)	skjutregel (en)	['ɧu:t,regəlʲ]
cadeado (m)	hänglås (ett)	['hɛŋ,lʲo:s]
tocar (vt)	att ringa	[at 'riŋa]
toque (m)	ringning (en)	['riŋniŋ]
campainha (f)	ringklocka (en)	['riŋ,klʲɔka]
botão (m)	knapp (en)	['knap]
batida (f)	knackning (en)	['knakniŋ]
bater (vi)	att knacka	[at 'knaka]
código (m)	kod (en)	['kɔd]
fechadura (f) de código	kodlås (ett)	['kɔd,lʲo:s]

interfone (m)	dörrtelefon (en)	['dœr͵telʲe'fon]
número (m)	nummer (ett)	['numər]
placa (f) de porta	dörrskylt (en)	['dœr͵ɦylʲt]
olho (m) mágico	kikhål, titthål (ett)	['kik͵ho:lʲ], ['tit͵ho:lʲ]

85. Casa de campo

aldeia (f)	by (en)	['by]
horta (f)	koksträdgård (en)	['kuks͵trɛ'go:d]
cerca (f)	stängsel (ett)	['stɛŋsəlʲ]
cerca (f) de piquete	staket (ett)	[sta'ket]
portão (f) do jardim	grind (en)	['grind]
celeiro (m)	spannmålsbod (en)	['spanmo:lʲs͵bud]
adega (f)	jordkällare (en)	['juːd͵ɕɛlʲarə]
galpão, barracão (m)	bod (en), skjul (ett)	['bud], [ɦʉːl]
poço (m)	brunn (en)	['brun]
fogão (m)	ugn (en)	['ugn]
atiçar o fogo	att elda	[at 'ɛlʲda]
lenha (carvão ou ~)	ved (en)	['ved]
acha, lenha (f)	vedträ (ett)	['ved͵trɛ:]
varanda (f)	veranda (en)	[ve'randa]
alpendre (m)	terrass (en)	[tɛ'ras]
degraus (m pl) de entrada	yttertrappa (en)	['ytə͵trapa]
balanço (m)	gunga (en)	['guŋa]

86. Castelo. Palácio

castelo (m)	borg (en)	['bɔrj]
palácio (m)	palats (ett)	[pa'lʲats]
fortaleza (f)	fästning (en)	['fɛstniŋ]
muralha (f)	mur (en)	['mʉːr]
torre (f)	torn (ett)	['tuːɳ]
calabouço (m)	huvudtorn (ett)	['hʉːvud͵tuːɳ]
grade (f) levadiça	fällgaller (pl)	['fɛlʲ͵galʲər]
passagem (f) subterrânea	underjordisk gång (en)	['undəjuːdisk 'gɑŋ]
fosso (m)	vallgrav (en)	['valʲ͵grav]
corrente, cadeia (f)	kedja (en)	['ɕedja]
seteira (f)	skottglugg (en)	['skɔt͵glʉg]
magnífico (adj)	praktfull	['prakt͵fulʲ]
majestoso (adj)	majestätisk	[majɛ'stɛtisk]
inexpugnável (adj)	ointaglig	['ojn͵taglig]
medieval (adj)	medeltida	['medəlʲ͵tida]

87. Apartamento

apartamento (m)	**lägenhet (en)**	['lʲeːgənˌhet]
quarto, cômodo (m)	**rum (ett)**	['ruːm]
quarto (m) de dormir	**sovrum (ett)**	['sɔvˌrum]
sala (f) de jantar	**matsal (en)**	['matsalʲ]
sala (f) de estar	**vardagsrum (ett)**	['vaːd̪asˌrum]
escritório (m)	**arbetsrum (ett)**	['arbetsˌrum]

sala (f) de entrada	**entréhall (en)**	[ɛntreːhalʲ]
banheiro (m)	**badrum (ett)**	['badˌruːm]
lavabo (m)	**toalett (en)**	[tʊa'lʲet]

teto (m)	**tak (ett)**	['tak]
chão, piso (m)	**golv (ett)**	['gɔlʲv]
canto (m)	**hörn (ett)**	['høːn]

88. Apartamento. Limpeza

arrumar, limpar (vt)	**att städa**	[at 'stɛda]
guardar (no armário, etc.)	**att lägga undan**	[at 'lʲega 'undan]
pó (m)	**damm (ett)**	['dam]
empoeirado (adj)	**dammig**	['damig]
tirar o pó	**att damma**	[at 'dama]
aspirador (m)	**dammsugare (en)**	['damˌsɵgarə]
aspirar (vt)	**att dammsuga**	[at 'damˌsɵga]

varrer (vt)	**att sopa, att feja**	[at 'sʊpa], [att 'fɛja]
sujeira (f)	**skräp, dam (ett)**	['skrɛp], ['dam]
arrumação, ordem (f)	**ordning (en)**	['ɔːd̪niŋ]
desordem (f)	**oreda (en)**	[ʊ'reda]

esfregão (m)	**mopp (en)**	['mɔp]
pano (m), trapo (m)	**trasa (en)**	['trasa]
vassoura (f)	**sopkvast (en)**	['sʊpˌkvast]
pá (f) de lixo	**sopskyffel (en)**	['sʊpˌɧʏfəlʲ]

89. Mobiliário. Interior

mobiliário (m)	**möbel (en)**	['møːbəlʲ]
mesa (f)	**bord (ett)**	['bʊːd̪]
cadeira (f)	**stol (en)**	['stʊlʲ]
cama (f)	**säng (en)**	['sɛŋ]
sofá, divã (m)	**soffa (en)**	['sɔfa]
poltrona (f)	**fåtölj, länstol (en)**	[foː'tœlj], ['lɛnˌstʊlʲ]

estante (f)	**bokhylla (en)**	['bʊkˌhylʲa]
prateleira (f)	**hylla (en)**	['hylʲa]

guarda-roupas (m)	**garderob (en)**	[gaːdə'rɔːb]
cabide (m) de parede	**knagg (en)**	['knag]

cabideiro (m) de pé	klädhängare (en)	['klʲɛdˌhɛŋarə]
cômoda (f)	byrå (en)	['byro:]
mesinha (f) de centro	soffbord (ett)	['sɔfˌbʊ:d]

espelho (m)	spegel (en)	['spegəlʲ]
tapete (m)	matta (en)	['mata]
tapete (m) pequeno	liten matta (en)	['litən 'mata]

lareira (f)	kamin (en), eldstad (ett)	[ka'min], ['ɛlʲdˌstad]
vela (f)	ljus (ett)	['jʉ:s]
castiçal (m)	ljusstake (en)	['jʉ:sˌstakə]

cortinas (f pl)	gardiner (pl)	[ga:'dinər]
papel (m) de parede	tapet (en)	[ta'pet]
persianas (f pl)	persienn (en)	[pɛ'sjen]

luminária (f) de mesa	bordslampa (en)	['bʊ:dsˌlʲampa]
luminária (f) de parede	vägglampa (en)	['vɛgˌlʲampa]
abajur (m) de pé	golvlampa (en)	['gɔlʲvˌlʲampa]
lustre (m)	ljuskrona (en)	['jʉ:sˌkrʊna]

pé (de mesa, etc.)	ben (ett)	['be:n]
braço, descanso (m)	armstöd (ett)	['armˌstø:d]
costas (f pl)	rygg (en)	['rʏg]
gaveta (f)	låda (en)	['lʲo:da]

90. Quarto de dormir

roupa (f) de cama	sängkläder (pl)	['sɛŋˌklʲɛ:dər]
travesseiro (m)	kudde (en)	['kudə]
fronha (f)	örngott (ett)	['ø:nˌgɔt]
cobertor (m)	duntäcke (ett)	['dʉ:nˌtɛkə]
lençol (m)	lakan (ett)	['lʲakan]
colcha (f)	överkast (ett)	['ø:vəˌkast]

91. Cozinha

cozinha (f)	kök (ett)	['ɕø:k]
gás (m)	gas (en)	['gas]
fogão (m) a gás	gasspis (en)	['gasˌspis]
fogão (m) elétrico	elektrisk spis (en)	[ɛ'lʲektrisk ˌspis]
forno (m)	bakugn (en)	['bakˌugn]
forno (m) de micro-ondas	mikrovågsugn (en)	['mikrʊvɔgsˌugn]

geladeira (f)	kylskåp (ett)	['ɕylʲˌsko:p]
congelador (m)	frys (en)	['frys]
máquina (f) de lavar louça	diskmaskin (en)	['diskˌma'ɧi:n]

moedor (m) de carne	köttkvarn (en)	['ɕœtˌkva:n]
espremedor (m)	juicepress (en)	['ju:sˌprɛs]
torradeira (f)	brödrost (en)	['brø:dˌrɔst]
batedeira (f)	mixer (en)	['miksər]

máquina (f) de café	kaffebryggare (en)	['kafə‚brʏgarə]
cafeteira (f)	kaffekanna (en)	['kafə‚kana]
moedor (m) de café	kaffekvarn (en)	['kafə‚kva:ɳ]

chaleira (f)	tekittel (en)	['te‚çitəlʲ]
bule (m)	tekanna (en)	['te‚kana]
tampa (f)	lock (ett)	['lʲɔk]
coador (m) de chá	tesil (en)	['te‚silʲ]

colher (f)	sked (en)	['ɧed]
colher (f) de chá	tesked (en)	['te‚ɧed]
colher (f) de sopa	matsked (en)	['mat‚ɧed]
garfo (m)	gaffel (en)	['gafəlʲ]
faca (f)	kniv (en)	['kniv]

louça (f)	servis (en)	[sɛr'vis]
prato (m)	tallrik (en)	['talʲrik]
pires (m)	tefat (ett)	['te‚fat]

cálice (m)	shotglas (ett)	['ʃot‚glʲas]
copo (m)	glas (ett)	['glʲas]
xícara (f)	kopp (en)	['kop]

açucareiro (m)	sockerskål (en)	['sɔkə:‚ɕko:lʲ]
saleiro (m)	saltskål (en)	['salʲt‚sko:lʲ]
pimenteiro (m)	pepparskål (en)	['pɛpa‚ɕko:lʲ]
manteigueira (f)	smörfat (en)	['smœr‚fat]

panela (f)	kastrull, gryta (en)	[ka'strulʲ], ['gryta]
frigideira (f)	stekpanna (en)	['stek‚pana]
concha (f)	slev (en)	['slʲev]
coador (m)	durkslag (ett)	['durk‚slʲag]
bandeja (f)	bricka (en)	['brika]

garrafa (f)	flaska (en)	['flʲaska]
pote (m) de vidro	glasburk (en)	['glʲas‚burk]
lata (~ de cerveja)	burk (en)	['burk]

abridor (m) de garrafa	flasköppnare (en)	['flʲask‚øpnarə]
abridor (m) de latas	burköppnare (en)	['burk‚øpnarə]
saca-rolhas (m)	korkskruv (en)	['kork‚skrʉ:v]
filtro (m)	filter (ett)	['filʲtər]
filtrar (vt)	att filtrera	[at filʲ'trera]

lixo (m)	sopor, avfall (ett)	['sʊpʊr], ['avfalʲ]
lixeira (f)	sophink (en)	['sʊp‚hiŋk]

92. Casa de banho

banheiro (m)	badrum (ett)	['bad‚ru:m]
água (f)	vatten (ett)	['vatən]
torneira (f)	kran (en)	['kran]
água (f) quente	varmvatten (ett)	['varm‚vatən]
água (f) fria	kallvatten (ett)	['kalʲ‚vatən]

pasta (f) de dente	tandkräm (en)	['tand͵krɛm]
escovar os dentes	att borsta tänderna	[at 'bɔːʂta 'tɛndɛːŋa]
escova (f) de dente	tandborste (en)	['tand͵bɔːʂtə]

barbear-se (vr)	att raka sig	[at 'raka sɛj]
espuma (f) de barbear	raklödder (ett)	['rak͵lʲødər]
gilete (f)	hyvel (en)	['hyvəlʲ]

lavar (vt)	att tvätta	[at 'tvæta]
tomar banho	att tvätta sig	[at 'tvæta sɛj]
chuveiro (m), ducha (f)	dusch (en)	['duʃ]
tomar uma ducha	att duscha	[at 'duʃa]

banheira (f)	badkar (ett)	['bad͵kar]
vaso (m) sanitário	toalettstol (en)	[tʊa'lʲet͵stʊlʲ]
pia (f)	handfat (ett)	['hand͵fat]

| sabonete (m) | tvål (en) | ['tvoːlʲ] |
| saboneteira (f) | tvålskål (en) | ['tvoːlʲ͵skoːlʲ] |

esponja (f)	svamp (en)	['svamp]
xampu (m)	schampo (ett)	['ɧam͵pʊ]
toalha (f)	handduk (en)	['hand͵dʉːk]
roupão (m) de banho	morgonrock (en)	['mɔrgɔn͵rɔk]

lavagem (f)	tvätt (en)	['tvæt]
lavadora (f) de roupas	tvättmaskin (en)	['tvæt͵ma'ɧiːn]
lavar a roupa	att tvätta kläder	[at 'tvæta 'klʲɛːdər]
detergente (m)	tvättmedel (ett)	['tvæt͵medəlʲ]

93. Eletrodomésticos

televisor (m)	teve (en)	['teve]
gravador (m)	bandspelare (en)	['band͵spelʲarə]
videogravador (m)	video (en)	['videʊ]
rádio (m)	radio (en)	['radiʊ]
leitor (m)	spelare (en)	['spelʲarə]

projetor (m)	videoprojektor (en)	['videʊ prʊ'jɛktʊr]
cinema (m) em casa	hemmabio (en)	['hɛma͵biːʊ]
DVD Player (m)	DVD spelare (en)	[deve'de: ͵spelʲarə]
amplificador (m)	förstärkare (en)	[fœ:'ʂtæːkarə]
console (f) de jogos	spelkonsol (en)	['spelʲ kɔn'sɔlʲ]

câmera (f) de vídeo	videokamera (en)	['videʊ͵kamera]
máquina (f) fotográfica	kamera (en)	['kamera]
câmera (f) digital	digitalkamera (en)	[digi'talʲ ͵kamera]

aspirador (m)	dammsugare (en)	['dam͵sʉgarə]
ferro (m) de passar	strykjärn (ett)	['stryk͵jæːŋ]
tábua (f) de passar	strykbräda (en)	['stryk͵brɛːda]

| telefone (m) | telefon (en) | [telʲe'fɔn] |
| celular (m) | mobiltelefon (en) | [mɔ'bilʲ telʲe'fɔn] |

máquina (f) de escrever	skrivmaskin (en)	['skriv,ma'ɧi:n]
máquina (f) de costura	symaskin (en)	['sy,ma'ɧi:n]

microfone (m)	mikrofon (en)	[mikrʊ'fɔn]
fone (m) de ouvido	hörlurar (pl)	['hœ:,l̬ɯ:rar]
controle remoto (m)	fjärrkontroll (en)	['fjæ:r,kɔn'trol̬]

CD (m)	cd-skiva (en)	['sede ,ɧiva]
fita (f) cassete	kassett (en)	[ka'sɛt]
disco (m) de vinil	skiva (en)	['ɧiva]

94. Reparações. Renovação

renovação (f)	renovering (en)	[renʊ'veriŋ]
renovar (vt), fazer obras	att renovera	[at renʊ'vera]
reparar (vt)	att reparera	[at repa'rera]
consertar (vt)	att bringa ordning	[at 'briŋa 'ɔ:ḍniŋ]
refazer (vt)	att göra om	[at 'jø:ra ɔm]

tinta (f)	färg (en)	['fæ:rj]
pintar (vt)	att måla	[at 'mo:l̬a]
pintor (m)	målare (en)	['mo:l̬arə]
pincel (m)	pensel (en)	['pɛnsəl̬]

cal (f)	kalkfärg (en)	['kal̬k,fæ:rj]
caiar (vt)	att vitlimma	[at 'vit,lima]

papel (m) de parede	tapet (en)	[ta'pet]
colocar papel de parede	att tapetsera	[at tapet'sera]
verniz (m)	fernissa (en)	[fɛ'ɳisa]
envernizar (vt)	att lackera	[at l̬a'kera]

95. Canalizações

água (f)	vatten (ett)	['vatən]
água (f) quente	varmvatten (ett)	['varm,vatən]
água (f) fria	kallvatten (ett)	['kal̬,vatən]
torneira (f)	kran (en)	['kran]

gota (f)	droppe (en)	['drɔpə]
gotejar (vi)	att droppa	[at 'drɔpa]
vazar (vt)	att läcka	[at 'lɛka]
vazamento (m)	läcka (en)	['l̬ɛka]
poça (f)	pöl, puss (en)	['pø:l̬], ['pus]

tubo (m)	rör (ett)	['rø:r]
válvula (f)	ventil (en)	[vɛn'til̬]
entupir-se (vr)	att bli igensatt	[at bli 'ijɛnsat]

ferramentas (f pl)	verktyg (pl)	['vɛrk,tyg]
chave (f) inglesa	skiftnyckel (en)	['ɧift,nykəl̬]
desenroscar (vt)	att skruva ur	[at 'skrɯ:va ɯ:r]

enroscar (vt)	att skruva fast	[at 'skruːva fast]
desentupir (vt)	att rensa	[at 'rɛnsa]
encanador (m)	rörmokare (en)	['røːrˌmɔkarə]
porão (m)	källare (en)	['ɕɛlʲarə]
rede (f) de esgotos	avlopp (ett)	['avˌlʲɔp]

96. Fogo. Deflagração

incêndio (m)	eld (en)	['ɛlʲd]
chama (f)	flamma (en)	['flʲama]
faísca (f)	gnista (en)	['gnista]
fumaça (f)	rök (en)	['røːk]
tocha (f)	fackla (en)	['faklʲa]
fogueira (f)	bål (ett)	['boːlʲ]

gasolina (f)	bensin (en)	[bɛn'sin]
querosene (m)	fotogen (en)	[futʊ'ɧen]
inflamável (adj)	brännbar	['brɛnˌbar]
explosivo (adj)	explosiv	[ɛksplʲɔ'siv]
PROIBIDO FUMAR!	RÖKNING FÖRBJUDEN	['rœkniŋ førˈbjʉːdən]

segurança (f)	säkerhet (en)	['sɛːkərˌhet]
perigo (m)	fara (en)	['fara]
perigoso (adj)	farlig	['faːlʲig]

incendiar-se (vr)	att fatta eld	[at 'fata ˌɛlʲd]
explosão (f)	explosion (en)	[ɛksplʲɔˈɧʊn]
incendiar (vt)	att sätta eld	[at 'sæta ˌɛlʲd]
incendiário (m)	mordbrännare (en)	['mʊːdˌbrɛnarə]
incêndio (m) criminoso	mordbrand (en)	['mʊːdˌbrand]

flamejar (vi)	att flamma	[at 'flʲama]
queimar (vi)	att brinna	[at 'brina]
queimar tudo (vi)	att brinna ned	[at 'brina ned]

chamar os bombeiros	att ringa brandkår	[at 'riŋa 'brandˌkoːr]
bombeiro (m)	brandman (en)	['brandˌman]
caminhão (m) de bombeiros	brandbil (en)	['brandˌbilʲ]
corpo (m) de bombeiros	brandkår (en)	['brandˌkoːr]
escada (f) extensível	brandbilstege (en)	['brandbilʲˌstegə]

mangueira (f)	slang (en)	['slʲaŋ]
extintor (m)	brandsläckare (en)	['brandˌslʲɛkarə]
capacete (m)	hjälm (en)	['jɛlʲm]
sirene (f)	siren (en)	[si'ren]

gritar (vi)	att skrika	[at 'skrika]
chamar por socorro	att ropa på hjälp	[at 'rʊpa pɔ jɛlʲp]
socorrista (m)	räddare (en)	['rɛdarə]
salvar, resgatar (vt)	att rädda	[at 'rɛda]

chegar (vi)	att ankomma	[at 'aŋˌkɔma]
apagar (vt)	att släcka	[at 'slʲɛka]
água (f)	vatten (ett)	['vatən]

areia (f)	**sand (en)**	['sand]
ruínas (f pl)	**ruiner (pl)**	[rʉ'iːnər]
ruir (vi)	**att falla ihop**	[at 'falʲa i'hʊp]
desmoronar (vi)	**att störta ner**	[at 'støːʈa ner]
desabar (vi)	**att störta in**	[at 'støːʈa in]
fragmento (m)	**spillra (en)**	['spilʲra]
cinza (f)	**aska (en)**	['aska]
sufocar (vi)	**att kvävas**	[at 'kvɛːvas]
perecer (vi)	**att omkomma**	[at 'ɔmˌkɔma]

ATIVIDADES HUMANAS

Emprego. Negócios. Parte 1

97. Banca

banco (m)	bank (en)	['baŋk]
balcão (f)	avdelning (en)	[av'dɛlʲniŋ]
consultor (m) bancário	konsulent (en)	[kɔnsu'lʲɛnt]
gerente (m)	föreståndare (en)	[førə'stɔndarə]
conta (f)	bankkonto (ett)	['baŋkˌkɔntʊ]
número (m) da conta	kontonummer (ett)	['kɔntʊˌnumər]
conta (f) corrente	checkkonto (ett)	['ɕɛkˌkɔntʊ]
conta (f) poupança	sparkonto (ett)	['sparˌkɔntʊ]
abrir uma conta	att öppna ett konto	[at 'øpna ɛt 'kɔntʊ]
fechar uma conta	att avsluta kontot	[at 'avˌslʉ:ta 'kɔntʊt]
depositar na conta	att sätta in på kontot	[at 'sæta in pɔ 'kɔntʊt]
sacar (vt)	att ta ut från kontot	[at ta ʉt frɔn 'kɔntʊt]
depósito (m)	insats (en)	['inˌsats]
fazer um depósito	att sätta in	[at 'sæta in]
transferência (f) bancária	överföring (en)	['ø:vəˌfø:riŋ]
transferir (vt)	att överföra	[at ø:vəˌføra]
soma (f)	summa (en)	['suma]
Quanto?	Hur mycket?	[hʉr 'mʏkə]
assinatura (f)	signatur, underskrift (en)	[signa'tʉ:r], ['undəˌskrift]
assinar (vt)	att underteckna	[at 'undəˌtɛkna]
cartão (m) de crédito	kreditkort (ett)	[kre'ditˌkɔ:t]
senha (f)	kod (en)	['kɔd]
número (m) do cartão de crédito	kreditkortsnummer (ett)	[kre'ditˌkɔ:ts 'numər]
caixa (m) eletrônico	bankomat (en)	[baŋkʊ'mat]
cheque (m)	check (en)	['ɕɛk]
passar um cheque	att skriva en check	[at 'skriva en 'ɕɛk]
talão (m) de cheques	checkbok (en)	['ɕɛkˌbʊk]
empréstimo (m)	lån (ett)	['lʲo:n]
pedir um empréstimo	att ansöka om lån	[at 'anˌsø:ka ɔm 'lʲo:n]
obter empréstimo	att få ett lån	[at fo: et 'lʲo:n]
dar um empréstimo	att ge ett lån	[at je: et 'lʲo:n]
garantia (f)	garanti (en)	[garan'ti:]

98. Telefone. Conversação telefônica

telefone (m)	telefon (en)	[telʲeˈfɔn]
celular (m)	mobiltelefon (en)	[mɔˈbilʲ telʲeˈfɔn]
secretária (f) eletrônica	telefonsvarare (en)	[telʲeˈfɔnˌsvararə]
fazer uma chamada	att ringa	[at ˈriŋa]
chamada (f)	telefonsamtal (en)	[telʲeˈfɔnˌsamtalʲ]
discar um número	att slå nummer	[at ˈslʲoː ˈnumər]
Alô!	Hallå!	[haˈlʲoː]
perguntar (vt)	att fråga	[at ˈfroːga]
responder (vt)	att svara	[at ˈsvara]
ouvir (vt)	att höra	[at ˈhøːra]
bem	gott, bra	[ˈɡɔt], [ˈbra]
mal	dåligt	[ˈdoːlit]
ruído (m)	bruser, störningar (pl)	[ˈbrʉːsər], [ˈstøːn̩iŋar]
fone (m)	telefonlur (en)	[telʲeˈfɔnˌlʉːr]
pegar o telefone	att lyfta telefonluren	[at ˈlʲyfta telʲeˈfɔn ˈlʉːrən]
desligar (vi)	att lägga på	[at ˈlʲɛga pɔ]
ocupado (adj)	upptagen	[ˈupˌtagən]
tocar (vi)	att ringa	[at ˈriŋa]
lista (f) telefônica	telefonkatalog (en)	[telʲeˈfɔn kataˈlʲɔg]
local (adj)	lokal-	[lʲɔˈkalʲ-]
chamada (f) local	lokalsamtal (ett)	[lʲɔˈkalʲˌsamtalʲ]
de longa distância	riks-	[ˈriks-]
chamada (f) de longa distância	rikssamtal (ett)	[ˈriksˌsamtalʲ]
internacional (adj)	internationell	[ˈintɛːŋatʃʊˌnɛlʲ]
chamada (f) internacional	internationell samtal (ett)	[ˈintɛːŋatʃʊˌnɛlʲ ˈsamtalʲ]

99. Telefone móvel

celular (m)	mobiltelefon (en)	[mɔˈbilʲ telʲeˈfɔn]
tela (f)	skärm (en)	[ˈʃæːrm]
botão (m)	knapp (en)	[ˈknap]
cartão SIM (m)	SIM-kort (ett)	[ˈsimˌkɔːt]
bateria (f)	batteri (ett)	[batɛˈriː]
descarregar-se (vr)	att bli urladdad	[at bli ˈʉːˌlʲadad]
carregador (m)	laddare (en)	[ˈlʲadarə]
menu (m)	meny (en)	[meˈny]
configurações (f pl)	inställningar (pl)	[ˈinˌstɛlʲniŋar]
melodia (f)	melodi (en)	[melʲɔˈdiː]
escolher (vt)	att välja	[at ˈvɛlja]
calculadora (f)	kalkylator (en)	[kalʲkyˈlʲatʊr]
correio (m) de voz	telefonsvarare (en)	[telʲeˈfɔnˌsvararə]

despertador (m)	väckarklocka, alarm (en)	['vɛkarˌklʲɔka], [a'lʲarm]
contatos (m pl)	kontakter (pl)	[kɔn'taktər]

mensagem (f) de texto	SMS meddelande (ett)	[ɛsɛ'mɛs me'delʲandə]
assinante (m)	abonnent (en)	[abɔ'nɛnt]

100. Estacionário

caneta (f)	kulspetspenna (en)	['kulʲspetsˌpɛna]
caneta (f) tinteiro	reservoarpenna (en)	[resɛrvʊ'arˌpɛna]

lápis (m)	blyertspenna (en)	['blʲyɛːʦ,pɛna]
marcador (m) de texto	märkpenna (en)	['mœrkˌpɛna]
caneta (f) hidrográfica	tuschpenna (en)	['tuːʃˌpɛna]

bloco (m) de notas	block (ett)	['blʲɔk]
agenda (f)	dagbok (en)	['dagˌbʊk]

régua (f)	linjal (en)	[li'njalʲ]
calculadora (f)	kalkylator (en)	[kalʲky'lʲatʊr]
borracha (f)	suddgummi (ett)	['sʊdˌgumi]
alfinete (m)	häftstift (ett)	['hɛftˌstift]
clipe (m)	gem (ett)	['gem]

cola (f)	lim (ett)	['lim]
grampeador (m)	häftapparat (en)	['hɛft apaˌrat]
furador (m) de papel	hålslag (ett)	['hoːlʲˌslʲag]
apontador (m)	pennvässare (en)	['pɛnˌvɛsarə]

Emprego. Negócios. Parte 2

101. Media

jornal (m)	tidning (en)	['tidniŋ]
revista (f)	tidskrift (en)	['tid‚skrift]
imprensa (f)	press (en)	['prɛs]
rádio (m)	radio (en)	['radiʊ]
estação (f) de rádio	radiostation (en)	['radiʊ sta'ɧʊn]
televisão (f)	television (en)	[telʲevi'ɧʊn]
apresentador (m)	programledare (en)	[prɔ'gram‚lʲedarə]
locutor (m)	uppläsare (en)	['up‚lʲɛ:sarə]
comentarista (m)	kommentator (en)	[kɔmɛn'tatʊr]
jornalista (m)	journalist (en)	[ɧʊɳa'list]
correspondente (m)	korrespondent (en)	[kɔrɛspon'dɛnt]
repórter (m) fotográfico	pressfotograf (en)	['prɛs fʊtʊ'graf]
repórter (m)	reporter (en)	[re'pɔːʈər]
redator (m)	redaktör (en)	[redak'tø:r]
redator-chefe (m)	chefredaktör (en)	['ɧef‚redak'tø:r]
assinar a ...	att prenumerera	[at prenume'rera]
assinatura (f)	prenumeration (en)	[prenumera'ɧʊn]
assinante (m)	prenumerant (en)	[prenume'rant]
ler (vt)	att läsa	[at 'lʲɛ:sa]
leitor (m)	läsare (en)	['lʲɛ:sarə]
tiragem (f)	upplaga (en)	['up‚lʲaga]
mensal (adj)	månatlig	[mo'natlig]
semanal (adj)	vecko-	['vɛkɔ-]
número (jornal, revista)	nummer (ett)	['numər]
recente, novo (adj)	ny, färsk	['ny], [fæ:ʂk]
manchete (f)	rubrik (en)	[ru'brik]
pequeno artigo (m)	notis (en)	[nʊ'tis]
coluna (~ semanal)	rubrik (en)	[ru'brik]
artigo (m)	artikel (en)	[a'ʈikəlʲ]
página (f)	sida (en)	['sida]
reportagem (f)	reportage (ett)	[repɔː'ʈa:ʃ]
evento (festa, etc.)	händelse (en)	['hɛndəlʲsə]
sensação (f)	sensation (en)	[sɛnsa'ɧʊn]
escândalo (m)	skandal (en)	[skan'dalʲ]
escandaloso (adj)	skandalös	[skanda'lʲøs]
grande (adj)	stor	['stʊr]
programa (m)	program (ett)	[prɔ'gram]
entrevista (f)	intervju (en)	[intɛr'vjʉ:]

| transmissão (f) ao vivo | direktsändning (en) | [di'rɛkt͜sɛndniŋ] |
| canal (m) | kanal (en) | [ka'naljʲ] |

102. Agricultura

agricultura (f)	jordbruk (ett)	['jʊːd͜brʉk]
camponês (m)	bonde (en)	['bʊndə]
camponesa (f)	bondkvinna (en)	['bʊnd͜kvina]
agricultor, fazendeiro (m)	lantbrukare, bonde (en)	['ljʲant͜brʉːkarə], ['bʊndə]

| trator (m) | traktor (en) | ['traktʊr] |
| colheitadeira (f) | skördetröska (en) | ['ɧøːd͜ɛˌtrœska] |

arado (m)	plog (en)	['plʊg]
arar (vt)	att ploga	[at 'pljʲʊga]
campo (m) lavrado	plöjd åker (en)	['pljʲœjd 'oːkər]
sulco (m)	fåra (en)	['foːra]

semear (vt)	att så	[at soː]
plantadeira (f)	såmaskin (en)	['soːˌma'ɧiːn]
semeadura (f)	såning (en)	['soːniŋ]

| foice (m) | lie (en) | ['liːe] |
| cortar com foice | att meja, att slå | [at 'meja], [at 'sljʲoː] |

| pá (f) | spade (en) | ['spadə] |
| cavar (vt) | att gräva | [at 'grɛːva] |

enxada (f)	hacka (en)	['haka]
capinar (vt)	att hacka	[at 'haka]
erva (f) daninha	ogräs (ett)	[ʊ'grɛːs]

regador (m)	vattenkanna (en)	['vatənˌkana]
regar (plantas)	att vattna	[at 'vatna]
rega (f)	vattning (en)	['vatniŋ]

| forquilha (f) | grep (en) | ['grep] |
| ancinho (m) | kratta (en) | ['krata] |

fertilizante (m)	gödsel (en)	['jøsəljʲ]
fertilizar (vt)	att gödsla	[at 'jøsljʲa]
estrume, esterco (m)	dynga (en)	['dɤŋa]

campo (m)	åker (en)	['oːkər]
prado (m)	äng (en)	['ɛŋ]
horta (f)	koksträdgård (en)	['kʊksˌtrɛ'goːd]
pomar (m)	fruktträdgård (en)	['frʉktˌtrɛ'goːd]

pastar (vt)	att beta	[at 'beta]
pastor (m)	herde (en)	['hɛːdə]
pastagem (f)	betesmark (en)	['betəsˌmark]

| pecuária (f) | boskapsskötsel (en) | ['bʊskapsˌɧøːtsəljʲ] |
| criação (f) de ovelhas | fåravel (en) | ['foːrˌavəljʲ] |

plantação (f)	plantage (en)	[plʲanˈtaːʃ]
canteiro (m)	rad (en)	[ˈrad]
estufa (f)	drivhus (ett)	[ˈdrivˌhʉs]

seca (f)	torka (en)	[ˈtɔrka]
seco (verão ~)	torr	[ˈtɔr]

grão (m)	korn, spannmål (ett)	[ˈkuːŋ], [ˈspanˌmoːlʲ]
cereais (m pl)	sädesslag (en)	[ˈsɛdəsˌslʲag]
colher (vt)	att inhösta	[at inˈhøsta]

moleiro (m)	mjölnare (en)	[ˈmjœlʲnarə]
moinho (m)	kvarn (en)	[kvaːŋ]
moer (vt)	att mala	[at ˈmalʲa]
farinha (f)	mjöl (ett)	[ˈmjøːlʲ]
palha (f)	halm (en)	[ˈhalʲm]

103. Construção. Processo de construção

canteiro (m) de obras	byggplats (en)	[ˈbʏgˌplʲats]
construir (vt)	att bygga	[at ˈbʏga]
construtor (m)	byggarbetare (en)	[ˈbʏgˌarˈbetarə]

projeto (m)	projekt (ett)	[prʉˈfɧɛkt]
arquiteto (m)	arkitekt (en)	[arkiˈtɛkt]
operário (m)	arbetare (en)	[ˈarˌbetarə]

fundação (f)	fundament (ett)	[fundaˈmɛnt]
telhado (m)	tak (ett)	[ˈtak]
estaca (f)	påle (en)	[ˈpoːlʲe]
parede (f)	mur, vägg (en)	[ˈmʉːr], [vɛg]

colunas (f pl) de sustentação	armeringsjärn (ett)	[arˈmeriŋsˌjæːŋ]
andaime (m)	ställningar (pl)	[ˈstɛlʲniŋar]

concreto (m)	betong (en)	[beˈtɔŋ]
granito (m)	granit (en)	[graˈnit]
pedra (f)	sten (en)	[ˈsten]
tijolo (m)	tegel, mursten (en)	[ˈtegəlʲ], [ˈmʉːˌsten]

areia (f)	sand (en)	[ˈsand]
cimento (m)	cement (en)	[seˈmɛnt]
emboço, reboco (m)	puts (en)	[ˈpʉts]
emboçar, rebocar (vt)	att putsa	[at ˈputsa]

tinta (f)	färg (en)	[ˈfæːrj]
pintar (vt)	att måla	[at ˈmoːlʲa]
barril (m)	tunna (en)	[ˈtuna]

grua (f), guindaste (m)	lyftkran (en)	[ˈlʲyftˌkran]
erguer (vt)	att lyfta	[at ˈlʲyfta]
baixar (vt)	att sänka	[at ˈsɛŋka]
buldózer (m)	bulldozer (en)	[ˈbulʲˌdoːsər]
escavadora (f)	grävmaskin (en)	[ˈgrɛvˌmaˈɧiːn]

caçamba (f)	**skopa (en)**	['skʊpa]
escavar (vt)	**att gräva**	[at 'grɛːva]
capacete (m) de proteção	**hjälm (en)**	['jɛlʲm]

Profissões e ocupações

104. Procura de emprego. Demissão

trabalho (m)	arbete, jobb (ett)	['arbetə], ['job]
equipe (f)	personal, stab (en)	[pɛʂʊ'nalʲ], ['stab]
pessoal (m)	personal (en)	[pɛʂʊ'nalʲ]
carreira (f)	karriär (en)	[kari'æ:r]
perspectivas (f pl)	utsikter (pl)	['ʉt,siktər]
habilidades (f pl)	mästerskap (ett)	['mɛstə,skap]
seleção (f)	urval (ett)	['ʉ:r,valʲ]
agência (f) de emprego	arbetsförmedling (en)	['arbets,før'medliŋ]
currículo (m)	meritförteckning (en)	[me'rit,fœ:'tɛkniŋ]
entrevista (f) de emprego	jobbsamtal (ett)	['job,samtalʲ]
vaga (f)	vakans (en)	['vakans]
salário (m)	lön (en)	['lʲø:n]
salário (m) fixo	fast lön (en)	['fast ,lʲø:n]
pagamento (m)	betalning (en)	[be'talʲniŋ]
cargo (m)	ställning (en)	['stɛlʲniŋ]
dever (do empregado)	plikt (en)	['plikt]
gama (f) de deveres	arbetsplikter (pl)	['arbets,pliktər]
ocupado (adj)	upptagen	['up,tagən]
despedir, demitir (vt)	att avskeda	[at 'av,fjeda]
demissão (f)	avsked (ett)	['avfjed]
desemprego (m)	arbetslöshet (en)	['arbets,lʲø:shet]
desempregado (m)	arbetslös (en)	['arbets,lʲø:s]
aposentadoria (f)	pension (en)	[pan'fjʊn]
aposentar-se (vr)	att gå i pension	[at 'go: i pan'fjʊn]

105. Gente de negócios

diretor (m)	direktör (en)	[dirɛk'tø:r]
gerente (m)	föreståndare (en)	[førə'stɔndarə]
patrão, chefe (m)	boss (en)	['bɔs]
superior (m)	överordnad (en)	['ø:vər,ɔ:dnat]
superiores (m pl)	överordnade (pl)	['ø:vər,ɔ:dnadə]
presidente (m)	president (en)	[prɛsi'dɛnt]
chairman (m)	ordförande (en)	['ʊ:d,førandə]
substituto (m)	ställföreträdare (en)	['stɛlʲ,fœre'trɛ:darə]
assistente (m)	assistent (en)	[asi'stɛnt]

secretário (m)	sekreterare (en)	[sɛkrə'terarə]
secretário (m) pessoal	privatsekreterare (en)	[pri'vat sɛkrə'terarə]
homem (m) de negócios	affärsman (en)	[a'fæːṣˌman]
empreendedor (m)	entreprenör (en)	[æntepre'nøːr]
fundador (m)	grundläggare (en)	['grʉndˌlʲɛgarə]
fundar (vt)	att grunda	[at 'grʉnda]
principiador (m)	stiftare (en)	['stiftarə]
parceiro, sócio (m)	partner (en)	['paːʈnər]
acionista (m)	aktieägare (en)	['aktsiəˌɛːgarə]
milionário (m)	miljonär (en)	[miljʉ'næːr]
bilionário (m)	miljardär (en)	[milja'dæːr]
proprietário (m)	ägare (en)	['ɛːgarə]
proprietário (m) de terras	jordägare (en)	['jʉːdˌɛːgarə]
cliente (m)	kund (en)	['kund]
cliente (m) habitual	stamkund (en)	['stamˌkund]
comprador (m)	köpare (en)	['ɕøːparə]
visitante (m)	besökare (en)	[be'søːkarə]
profissional (m)	yrkesman (en)	['yrkəsˌman]
perito (m)	expert (en)	[ɛks'pɛːʈ]
especialista (m)	specialist (en)	[spesia'list]
banqueiro (m)	bankir (en)	[baŋ'kir]
corretor (m)	mäklare (en)	['mɛklʲarə]
caixa (m, f)	kassör (en)	[ka'søːr]
contador (m)	bokförare (en)	['bʊkˌføːrarə]
guarda (m)	säkerhetsvakt (en)	['sɛːkərhetsˌvakt]
investidor (m)	investerare (en)	[invɛ'sterarə]
devedor (m)	gäldenär (en)	[jɛlʲdɛ'næːr]
credor (m)	kreditor (en)	[kre'ditʊr]
mutuário (m)	låntagare (en)	['lʲoːnˌtagarə]
importador (m)	importör (en)	[impɔ'ʈøːr]
exportador (m)	exportör (en)	[ɛkspɔ'ʈøːr]
produtor (m)	producent (en)	[prɔdʉ'sɛnt]
distribuidor (m)	distributör (en)	[distribʉ'tøːr]
intermediário (m)	mellanhand (en)	['mɛlʲanˌhand]
consultor (m)	konsulent (en)	[kɔnsu'lʲɛnt]
representante comercial	representant (en)	[represən'tant]
agente (m)	agent (en)	[a'gɛnt]
agente (m) de seguros	försäkringsagent (en)	[fœ'ṣɛkriŋs a'gɛnt]

106. Profissões de serviços

cozinheiro (m)	kock (en)	['kɔk]
chefe (m) de cozinha	kökschef (en)	['ɕœksˌħef]

padeiro (m)	**bagare (en)**	['bagarə]
barman (m)	**bartender (en)**	['ba:ˌtɛndər]
garçom (m)	**servitör (en)**	[sɛrvi'tø:r]
garçonete (f)	**servitris (en)**	[sɛrvi'tris]

advogado (m)	**advokat (en)**	[advʊ'kat]
jurista (m)	**jurist (en)**	[jʉ'rist]
notário (m)	**notarius publicus (en)**	[nʊ'tariʊs 'publikʉs]

eletricista (m)	**elektriker (en)**	[ɛ'lʲektrikər]
encanador (m)	**rörmokare (en)**	['rø:rˌmɔkarə]
carpinteiro (m)	**timmerman (en)**	['timərˌman]

massagista (m)	**massör (en)**	[ma'sø:r]
massagista (f)	**massös (en)**	[ma'sø:s]
médico (m)	**läkare (en)**	['lʲɛ:karə]

taxista (m)	**taxichaufför (en)**	['taksi ʃɔ'fø:r]
condutor (automobilista)	**chaufför (en)**	[ʃɔ'fø:r]
entregador (m)	**bud (en)**	['bʉ:d]

camareira (f)	**städerska (en)**	['stɛ:dɛʂka]
guarda (m)	**säkerhetsvakt (en)**	['sɛ:kərhetsˌvakt]
aeromoça (f)	**flygvärdinna (en)**	['flʲyg,væ:dina]

professor (m)	**lärare (en)**	['lʲæ:rarə]
bibliotecário (m)	**bibliotekarie (en)**	[bibliʊte'kariə]
tradutor (m)	**översättare (en)**	['ø:vəˌsætarə]
intérprete (m)	**tolk (en)**	['tɔlʲk]
guia (m)	**guide (en)**	['gajd]

cabeleireiro (m)	**frisör (en)**	[fri'sø:r]
carteiro (m)	**brevbärare (en)**	['brevˌbæ:rarə]
vendedor (m)	**försäljare (en)**	[fœ:'ʂɛljarə]

jardineiro (m)	**trädgårdsmästare (en)**	['trɛ:go:ɖs 'mɛstarə]
criado (m)	**tjänare (en)**	['ɕɛ:narə]
criada (f)	**tjänarinna (en)**	[ɕɛ:na'rina]
empregada (f) de limpeza	**städerska (en)**	['stɛ:dɛʂka]

107. Profissões militares e postos

soldado (m) raso	**menig (en)**	['menig]
sargento (m)	**sergeant (en)**	[sɛr'ɧant]
tenente (m)	**löjtnant (en)**	['lʲœjtˌnant]
capitão (m)	**kapten (en)**	[kap'ten]

major (m)	**major (en)**	[ma'jʉ:r]
coronel (m)	**överste (en)**	['ø:vəʂtə]
general (m)	**general (en)**	[jene'ralʲ]
marechal (m)	**marskalk (en)**	[ma:'ʂalʲk]
almirante (m)	**amiral (en)**	[ami'ralʲ]
militar (m)	**militär (en)**	[mili'tæ:r]
soldado (m)	**soldat (en)**	[sʊlʲ'dat]

oficial (m)	officer (en)	[ɔfi'se:r]
comandante (m)	befälhavare (en)	[be'fɛl ˌhavarə]

guarda (m) de fronteira	gränsvakt (en)	['grɛnsˌvakt]
operador (m) de rádio	radiooperatör (en)	['radiʊ ɔpera'tør]
explorador (m)	spaningssoldat (en)	['spaniŋs sʊlʲ'dat]
sapador-mineiro (m)	pionjär (en)	[piʊ'njæ:r]
atirador (m)	skytt (en)	['ɧʏt]
navegador (m)	styrman (en)	['styrˌman]

108. Oficiais. Padres

rei (m)	kung (en)	['kuŋ]
rainha (f)	drottning (en)	['drɔtniŋ]

príncipe (m)	prins (en)	['prins]
princesa (f)	prinsessa (en)	[prin'sɛsa]

czar (m)	tsar (en)	['tsar]
czarina (f)	tsarinna (en)	[tsa'rina]

presidente (m)	president (en)	[prɛsi'dɛnt]
ministro (m)	minister (en)	[mi'nistər]
primeiro-ministro (m)	statsminister (en)	['staʦ mi'nistər]
senador (m)	senator (en)	[se'natʊr]

diplomata (m)	diplomat (en)	[diplʲo'mat]
cônsul (m)	konsul (en)	['kɔnsulʲ]
embaixador (m)	ambassadör (en)	[ambasa'dø:r]
conselheiro (m)	rådgivare (en)	['ro:dˌjivarə]

funcionário (m)	tjänsteman (en)	['ɕɛnstəˌman]
prefeito (m)	prefekt (en)	[pre'fɛkt]
Presidente (m) da Câmara	borgmästare (en)	['bɔrjˌmɛstarə]

juiz (m)	domare (en)	['dʊmarə]
procurador (m)	åklagare (en)	[ɔ:'klʲagarə]

missionário (m)	missionär (en)	[miɧʊ'næ:r]
monge (m)	munk (en)	['muŋk]
abade (m)	abbé (en)	[a'be:]
rabino (m)	rabbin (en)	[ra'bin]

vizir (m)	vesir (en)	[ve'syr]
xá (m)	schah (en)	['ʃa:]
xeique (m)	schejk (en)	['ʃɛjk]

109. Profissões agrícolas

abelheiro (m)	biodlare (en)	['biˌʊdlʲarə]
pastor (m)	herde (en)	['hɛːdə]
agrônomo (m)	agronom (en)	[agrʊ'nɔm]

| criador (m) de gado | boskapsskötare (en) | ['bʊskaps͵ɧøːtarə] |
| veterinário (m) | veterinär (en) | [vetəri'næːr] |

agricultor, fazendeiro (m)	lantbrukare, bonde (en)	['lʲant͵brʉːkarə], ['bʊndə]
vinicultor (m)	vinodlare (en)	['vin͵ʊdlʲarə]
zoólogo (m)	zoolog (en)	[sʊɔ'lʲɔg]
vaqueiro (m)	cowboy (en)	['kaʊ͵bɔj]

110. Profissões artísticas

| ator (m) | skådespelare (en) | ['skoːdə͵spelʲarə] |
| atriz (f) | skådespelerska (en) | ['skoːdə͵spelʲeʂka] |

| cantor (m) | sångare (en) | ['sɔŋarə] |
| cantora (f) | sångerska (en) | ['sɔŋɛʂka] |

| bailarino (m) | dansör (en) | [dan'søːr] |
| bailarina (f) | dansös (en) | [dan'søːs] |

| artista (m) | skådespelare (en) | ['skoːdə͵spelʲarə] |
| artista (f) | skådespelerska (en) | ['skoːdə͵spelʲeʂka] |

músico (m)	musiker (en)	['mʉsikər]
pianista (m)	pianist (en)	[pia'nist]
guitarrista (m)	gitarrspelare (en)	[ji'tar͵spelʲarə]

maestro (m)	dirigent (en)	[diri'ɧɛnt]
compositor (m)	komponist (en)	[kɔmpo'nist]
empresário (m)	impressario (en)	[imprɛ'sariʊ]

diretor (m) de cinema	regissör (en)	[reɧi'søːr]
produtor (m)	producent (en)	[prɔdʉ'sɛnt]
roteirista (m)	manusförfattare (en)	['manus͵før'fatarə]
crítico (m)	kritiker (en)	['kritikər]

escritor (m)	författare (en)	[før'fatarə]
poeta (m)	poet (en)	[pʊ'et]
escultor (m)	skulptör (en)	[skʉlʲp'tøːr]
pintor (m)	konstnär (en)	['kɔnstnæːr]

malabarista (m)	jonglör (en)	[jɔng'lʲøːr]
palhaço (m)	clown (en)	['klʲawn]
acrobata (m)	akrobat (en)	[akrʊ'bat]
ilusionista (m)	trollkonstnär (en)	['trɔlʲ͵kɔnstnæːr]

111. Várias profissões

médico (m)	läkare (en)	['lʲɛːkarə]
enfermeira (f)	sjuksköterska (en)	['ɧʉːk͵ɧøːtɛʂka]
psiquiatra (m)	psykiater (en)	[syki'atər]
dentista (m)	tandläkare (en)	['tand͵lʲɛːkarə]
cirurgião (m)	kirurg (en)	[çi'rʉrg]

| astronauta (m) | astronaut (en) | [astrʊ'naʊt] |
| astrônomo (m) | astronom (en) | [astrʊ'nɔm] |

motorista (m)	förare (en)	['fø:rarə]
maquinista (m)	lokförare (en)	['lʲʊkˌfø:rarə]
mecânico (m)	mekaniker (en)	[me'kanikər]

mineiro (m)	gruvarbetare (en)	['grʉ:vˌar'betarə]
operário (m)	arbetare (en)	['arˌbetarə]
serralheiro (m)	låssmed (en)	['lʲɔsˌsmed]
marceneiro (m)	snickare (en)	['snikarə]
torneiro (m)	svarvare (en)	['svarvarə]
construtor (m)	byggarbetare (en)	['bʏgˌar'betarə]
soldador (m)	svetsare (en)	['svɛtsarə]

professor (m)	professor (en)	[prɔ'fɛsʊr]
arquiteto (m)	arkitekt (en)	[arki'tɛkt]
historiador (m)	historiker (en)	[hi'stʊrikər]
cientista (m)	vetenskapsman (en)	['vetənskapsˌman]
físico (m)	fysiker (en)	['fysikər]
químico (m)	kemist (en)	[ɕe'mist]

arqueólogo (m)	arkeolog (en)	[ˌarkeʊ'lʲɔg]
geólogo (m)	geolog (en)	[jeʊ'lʲɔg]
pesquisador (cientista)	forskare (en)	['fɔ:ʂkarə]

| babysitter, babá (f) | barnflicka (en) | ['ba:ɳˌflika] |
| professor (m) | pedagog (en) | [peda'gɔg] |

redator (m)	redaktör (en)	[redak'tø:r]
redator-chefe (m)	chefredaktör (en)	['ɧefˌredak'tø:r]
correspondente (m)	korrespondent (en)	[kɔrɛspɔn'dɛnt]
datilógrafa (f)	maskinskriverska (en)	[ma'ɧi:n 'skrivɛʂka]

| designer (m) | designer (en) | [de'sajnər] |
| especialista (m) em informática | dataexpert (en) | ['data ɛks'pɛ:t̪] |

| programador (m) | programmerare (en) | [prɔgra'merarə] |
| engenheiro (m) | ingenjör (en) | [inɧə'njø:r] |

marujo (m)	sjöman (en)	['ɧø:ˌman]
marinheiro (m)	matros (en)	[ma'trʊs]
socorrista (m)	räddare (en)	['rɛdarə]

bombeiro (m)	brandman (en)	['brandˌman]
polícia (m)	polis (en)	[pʊ'lis]
guarda-noturno (m)	nattvakt, väktare (en)	['natˌvakt], ['vɛktarə]
detetive (m)	detektiv (en)	[detɛk'tiv]

funcionário (m) da alfândega	tulltjänsteman (en)	['tulʲ 'ɕɛnstəˌman]
guarda-costas (m)	livvakt (en)	['li:vˌvakt]
guarda (m) prisional	fångvaktare (en)	['fɔŋˌvaktarə]
inspetor (m)	inspektör (en)	[inspɛk'tø:r]

| esportista (m) | idrottsman (en) | ['idrɔtsˌman] |
| treinador (m) | tränare (en) | ['trɛ:narə] |

açougueiro (m)	slaktare (en)	['slʲaktarə]
sapateiro (m)	skomakare (en)	['skʊˌmakarə]
comerciante (m)	handelsman (en)	['handəlʲsˌman]
carregador (m)	lastare (en)	['lʲastarə]

estilista (m)	modedesigner (en)	['mʊdə de'sajnər]
modelo (f)	modell, mannekäng (en)	[mʊ'dɛlʲ], ['manekɛŋ]

112. Ocupações. Estatuto social

estudante (~ de escola)	skolbarn (ett)	['skʊlʲˌbaːŋ]
estudante (~ universitária)	student (en)	[stu'dɛnt]

filósofo (m)	filosof (en)	[filʲo'sɔf]
economista (m)	ekonom (en)	[ɛkʊ'nɔm]
inventor (m)	uppfinnare (en)	['upˌfinarə]

desempregado (m)	arbetslös (en)	['arbetsˌlʲøːs]
aposentado (m)	pensionär (en)	[panɧʊ'næːr]
espião (m)	spion (en)	[spi'ʊn]

preso, prisioneiro (m)	fånge (en)	['fɔŋə]
grevista (m)	strejkande (en)	['strɛjkandə]
burocrata (m)	byråkrat (en)	['byrɔˌkrat]
viajante (m)	resenär (en)	[rese'næːr]

homossexual (m)	homosexuell (en)	['hɔmɔsɛksuˌɛlʲ]
hacker (m)	hackare (en)	['hakarə]
hippie (m, f)	hippie (en)	['hipi]

bandido (m)	bandit (en)	[ban'dit]
assassino (m)	legomördare (en)	['lʲegʊˌmøːdarə]
drogado (m)	narkoman (en)	[narkʊ'man]
traficante (m)	droglangare (en)	['drʊgˌlʲaŋarə]
prostituta (f)	prostituerad (en)	[prostitʉ'ɛrad]
cafetão (m)	hallik (en)	['halik]

bruxo (m)	trollkarl (en)	['trɔlʲˌkar]
bruxa (f)	trollkvinna (en)	['trɔlʲˌkvina]
pirata (m)	pirat, sjörövare (en)	[pi'rat], ['ɧøːˌrøːvarə]
escravo (m)	slav (en)	['slʲav]
samurai (m)	samuraj (en)	[samu'raj]
selvagem (m)	vilde (en)	['vilʲdə]

Desportos

113. Tipos de desportos. Desportistas

esportista (m)	idrottsman (en)	['idrots‚man]
tipo (m) de esporte	idrottsgren (en)	['idrots‚gren]
basquete (m)	basket (en)	['basket]
jogador (m) de basquete	basketspelare (en)	['basket‚spelʲarə]
beisebol (m)	baseboll (en)	['bɛjsbɔlʲ]
jogador (m) de beisebol	basebollspelare (en)	['bɛjsbɔlʲ‚spelʲarə]
futebol (m)	fotboll (en)	['futbɔlʲ]
jogador (m) de futebol	fotbollsspelare (en)	['futbɔlʲs 'spelʲarə]
goleiro (m)	målvakt (en)	['mo:lʲ‚vakt]
hóquei (m)	ishockey (en)	['is‚hɔki]
jogador (m) de hóquei	ishockeyspelare (en)	['is‚hɔki 'spelʲarə]
vôlei (m)	volleyboll (en)	['vɔli‚bɔlʲ]
jogador (m) de vôlei	volleybollspelare (en)	['vɔlibɔlʲ 'spelʲarə]
boxe (m)	boxning (en)	['buksniŋ]
boxeador (m)	boxare (en)	['buksarə]
luta (f)	brottning (en)	['brɔtniŋ]
lutador (m)	brottare (en)	['brɔtarə]
caratê (m)	karate (en)	[ka'ratə]
carateca (m)	karateutövare (en)	[ka'ratə‚ʉ'tø:varə]
judô (m)	judo (en)	['jʉdɔ]
judoca (m)	judobrottare (en)	['jʉdɔ‚brɔtarə]
tênis (m)	tennis (en)	['tɛnis]
tenista (m)	tennisspelare (en)	['tɛnis‚spelʲarə]
natação (f)	simning (en)	['simniŋ]
nadador (m)	simmare (en)	['simarə]
esgrima (f)	fäktning (en)	['fɛktniŋ]
esgrimista (m)	fäktare (en)	['fɛktarə]
xadrez (m)	schack (ett)	['ʃak]
jogador (m) de xadrez	schackspelare (en)	['ʃak‚spelʲarə]
alpinismo (m)	alpinism (en)	['alʲpi‚nizm]
alpinista (m)	alpinist (en)	['alʲpi‚nist]
corrida (f)	löpning (en)	['lʲœpniŋ]

corredor (m)	löpare (en)	['lɪøːparə]
atletismo (m)	friidrott (en)	['friː 'iˌdrɔt]
atleta (m)	atlet (en)	[at'lɪet]

| hipismo (m) | ridsport (en) | ['ridˌspɔːt] |
| cavaleiro (m) | ryttare (en) | ['rʏtarə] |

patinação (f) artística	konståkning (en)	['kɔnˌstoːkniŋ]
patinador (m)	konståkare (en)	['kɔnˌstoːkarə]
patinadora (f)	konståkerska (en)	['kɔnˌstoːkɛʂka]

halterofilismo (m)	tyngdlyftning (en)	['tʏŋdˌlɪyftniŋ]
halterofilista (m)	tyngdlyftare (en)	['tʏŋdˌlɪyftarə]
corrida (f) de carros	biltävling (en)	['bilɪˌtɛvliŋ]
piloto (m)	racerförare (en)	['rejsˌføːrarə]

| ciclismo (m) | cykelsport (en) | ['sykəlɪˌspɔːt] |
| ciclista (m) | cyklist (en) | [sʏk'list] |

salto (m) em distância	längdhopp (ett)	['lɪɛndˌhɔp]
salto (m) com vara	stavhopp (ett)	['stavˌhɔp]
atleta (m) de saltos	hoppare (en)	['hɔparə]

114. Tipos de desportos. Diversos

futebol (m) americano	amerikansk fotboll (en)	[ameri'kansk 'fʊtbɔlɪ]
badminton (m)	badminton (en)	['bɛdmintɔn]
biatlo (m)	skidskytte (ett)	['ɧidˌɧʏtə]
bilhar (m)	biljard (en)	[bi'ljaːd]

bobsled (m)	bobsleigh (en)	[bɔb'slɪej]
musculação (f)	kroppsbyggande (ett)	['krɔpsˌbʏgandə]
polo (m) aquático	vattenpolo (ett)	['vatənˌpʊlɪʊ]
handebol (m)	handboll (en)	['handˌbɔlɪ]
golfe (m)	golf (en)	['gɔlɪf]

remo (m)	rodd (en)	['rʊd]
mergulho (m)	dykning (en)	['dʏkniŋ]
corrida (f) de esqui	skidåkning (en)	['ɧiːˌdoːkniŋ]
tênis (m) de mesa	bordtennis (en)	['bʊːdˌtɛnis]

vela (f)	segelsport (en)	['segəlɪˌspɔːt]
rali (m)	rally (ett)	['ralɪi]
rúgbi (m)	rugby (en)	['rugbi]
snowboard (m)	snowboard (en)	['snɔwˌbɔːd]
arco-e-flecha (m)	bågskjutning (ett)	['bɔːgˌɧɵːtniŋ]

115. Ginásio

barra (f)	skivstång (en)	['ɧivˌstɔŋ]
halteres (m pl)	hantlar (pl)	['hantˌlɪar]
aparelho (m) de musculação	träningsmaskin (en)	['trɛːniŋs ma'ɧiːn]

| bicicleta (f) ergométrica | motioncykel (en) | [mɔt'fjʊnˌsykəlʲ] |
| esteira (f) de corrida | löpband (ett) | ['lʲøːpˌband] |

barra (f) fixa	räcke (ett)	['rɛkə]
barras (f pl) paralelas	barr (en)	['bar]
cavalo (m)	hoppbord (en)	['hɔpˌbʊːd]
tapete (m) de ginástica	matta (en)	['mata]

corda (f) de saltar	hopprep (ett)	['hɔprep]
aeróbica (f)	aerobics	[aɛ'robiks]
ioga, yoga (f)	yoga (en)	['joga]

116. Desportos. Diversos

Jogos (m pl) Olímpicos	de olympiska spelen	[de ʊ'limpiska 'spelʲən]
vencedor (m)	segrare (en)	['sɛgˌrarə]
vencer (vi)	att vinna, att segra	[at 'vina], [at 'sɛgra]
vencer (vi, vt)	att vinna	[at 'vina]

| líder (m) | ledare (en) | ['lʲedarə] |
| liderar (vt) | att leda | [at 'lʲeda] |

primeiro lugar (m)	förstaplats (en)	['fœːʂta plʲats]
segundo lugar (m)	andraplats (en)	['andraˌplʲats]
terceiro lugar (m)	tredjeplats (en)	['trɛdjəˌplʲats]

medalha (f)	medalj (en)	[me'dalj]
troféu (m)	trofé (en)	['trʊfeː]
taça (f)	pokal (en)	[pɔ'kalʲ]
prêmio (m)	pris (ett)	['pris]
prêmio (m) principal	huvudpris (ett)	['hʉːvʉdˌpris]

| recorde (m) | rekord (ett) | [re'kɔːɖ] |
| estabelecer um recorde | att sätta rekord | [at 'sæta re'kɔːɖ] |

| final (m) | final (en) | [fi'nalʲ] |
| final (adj) | final- | [fi'nalʲ-] |

| campeão (m) | mästare (en) | ['mɛstarə] |
| campeonato (m) | mästerskap (ett) | ['mɛstəˌskap] |

estádio (m)	stadion (ett)	['stadiʊn]
arquibancadas (f pl)	läktare (en)	['lʲɛktarə]
fã, torcedor (m)	fan (ett)	['fan]
adversário (m)	motståndare (en)	['mʊtˌstɔndarə]

| partida (f) | start (en) | ['staːt] |
| linha (f) de chegada | mål (ett), mållinje (en) | ['moːlʲ], ['moːlʲˌlinjə] |

| derrota (f) | nederlag (ett) | ['nedəːˌlʲag] |
| perder (vt) | att förlora | [at fœː'lʲʊra] |

| árbitro, juiz (m) | domare (en) | ['dʊmarə] |
| júri (m) | jury (en) | ['jʉri] |

resultado (m)	resultat (ett)	[resulʲ'tat]
empate (m)	oavgjort (ett)	[ʊːav'jʊːt]
empatar (vi)	att spela oavgjort	[at 'spelʲa uːav'jʊːt]
ponto (m)	poäng (en)	[pʊ'ɛŋ]
resultado (m) final	resultat (ett)	[resulʲ'tat]

tempo (m)	period (en)	[peri'ʊd]
intervalo (m)	halvtid (en)	['halʲvˌtid]
doping (m)	dopning (en)	['dɔpniŋ]
penalizar (vt)	att straffa	[at 'strafa]
desqualificar (vt)	att diskvalificera	[at diskvalifi'sera]

aparelho, aparato (m)	redskap (ett)	['rɛdˌskap]
dardo (m)	spjut (ett)	['spjɵːt]
peso (m)	kula (en)	['kɵːlʲa]
bola (f)	boll (en)	['bɔlʲ]

alvo, objetivo (m)	mål (ett)	['moːlʲ]
alvo (~ de papel)	måltavla (en)	['moːlʲˌtavlʲa]
disparar, atirar (vi)	att skjuta	[at 'ɧɵːta]
preciso (tiro ~)	fullträff	['fulʲˌtrɛf]

treinador (m)	tränare (en)	['trɛːnarə]
treinar (vt)	att träna	[at 'trɛːna]
treinar-se (vr)	att träna	[at 'trɛːna]
treino (m)	träning (en)	['trɛːniŋ]

academia (f) de ginástica	idrottshall (en)	['idrɔtsˌhalʲ]
exercício (m)	övning (en)	['øvniŋ]
aquecimento (m)	uppvärmning (en)	['upˌværmniŋ]

Educação

117. Escola

| escola (f) | skola (en) | ['skʊlʲa] |
| diretor (m) de escola | rektor (en) | ['rɛktʊr] |

aluno (m)	elev (en)	[ɛ'lʲev]
aluna (f)	elev (en)	[ɛ'lʲev]
estudante (m)	skolbarn (ett)	['skʊlʲˌbaːɳ]
estudante (f)	skolflicka (en)	['skʊlʲˌflika]

ensinar (vt)	att undervisa	[at 'undəˌvisa]
aprender (vt)	att lära sig	[at 'lʲæːra sɛj]
decorar (vt)	att lära sig utantill	[at 'læːra sɛj 'ʉːtanˌtilʲ]

estudar (vi)	att lära sig	[at 'lʲæːra sɛj]
estar na escola	att gå i skolan	[at 'goː i 'skʊlʲan]
ir à escola	att gå till skolan	[at 'goː tilʲ 'skʊlʲan]

| alfabeto (m) | alfabet (ett) | ['alʲfabet] |
| disciplina (f) | ämne (ett) | ['ɛmnə] |

sala (f) de aula	klassrum (ett)	['klʲasˌruːm]
lição, aula (f)	timme (en)	['timə]
recreio (m)	rast (en)	['rast]
toque (m)	skolklocka (en)	['skʊlʲˌklʲɔka]
classe (f)	skolbänk (en)	['skʊlʲˌbɛŋk]
quadro (m) negro	tavla (en)	['tavlʲa]

nota (f)	betyg (ett)	[be'tyg]
boa nota (f)	bra betyg (ett)	[bra be'tyg]
nota (f) baixa	dåligt betyg (ett)	['doːlit be'tyg]
dar uma nota	att betygsätta	[at be'tygsæta]

erro (m)	fel (ett)	['felʲ]
errar (vi)	att göra misstag	[at 'jøːra 'mistag]
corrigir (~ um erro)	att rätta	[at 'ræta]
cola (f)	fusklapp (en)	['fuskˌlʲap]

| dever (m) de casa | läxor (pl) | ['lʲɛːksʊr] |
| exercício (m) | övning (en) | ['øvniŋ] |

estar presente	att vara närvarande	[at 'vara 'næːrˌvarandə]
estar ausente	att vara frånvarande	[at 'vara 'froːnˌvarandə]
faltar às aulas	att missa skolan	[at 'misa 'skʊlʲan]

punir (vt)	att straffa	[at 'strafa]
punição (f)	straff (ett)	['straf]
comportamento (m)	uppförande (ett)	['upˌførandə]

boletim (m) escolar	betyg, omdöme (ett)	[be'tyg], ['ɔm‚dø:mə]
lápis (m)	blyertspenna (en)	['blʲyɛ:ʈs‚pɛna]
borracha (f)	suddgummi (ett)	['sʊd‚gumi]
giz (m)	krita (en)	['krita]
porta-lápis (m)	pennfodral (ett)	['pɛnfʊd‚ralʲ]
mala, pasta, mochila (f)	skolväska (en)	['skʊlʲ‚vɛska]
caneta (f)	penna (en)	['pɛna]
caderno (m)	övningsbok (en)	['øvniŋs‚bʊk]
livro (m) didático	lärobok (en)	['lʲæ:rʊ‚bʊk]
compasso (m)	passare (en)	['pasarə]
traçar (vt)	att rita	[at 'rita]
desenho (m) técnico	teknisk ritning (en)	['tɛknisk 'ritniŋ]
poesia (f)	dikt (en)	['dikt]
de cor	utantill	['u:tan‚tilʲ]
decorar (vt)	att lära sig utantill	[at 'læ:ra sɛj 'ɤ:tan‚tilʲ]
férias (f pl)	skollov (ett)	['skʊl‚lʲov]
estar de férias	att ha lov	[at ha 'lʲov]
passar as férias	att tillbringa skollovet	[at 'tilʲ‚briŋa 'skʊ‚lʲovet]
teste (m), prova (f)	prov (ett)	['prʊv]
redação (f)	uppsats (en)	['upsats]
ditado (m)	diktamen (en)	[dik'tamən]
exame (m), prova (f)	examen (en)	[ɛk'samən]
fazer prova	att ta en examen	[at ta en ɛk'samən]
experiência (~ química)	försök (ett)	['fœ:‚ʂø:k]

118. Colégio. Universidade

academia (f)	akademi (en)	[akade'mi:]
universidade (f)	universitet (ett)	[univɛʂi'tet]
faculdade (f)	fakultet (en)	[fakulʲ'tet]
estudante (m)	student (en)	[stu'dɛnt]
estudante (f)	kvinnlig student (en)	['kvinlig stu'dɛnt]
professor (m)	lärare, föreläsare (en)	['lʲæ:rarə], ['førə‚lʲɛ:sarə]
auditório (m)	föreläsningssal (en)	[føre'lʲɛsniŋ‚salʲ]
graduado (m)	alumn (en)	[a'lʉmn]
diploma (m)	diplom (ett)	[dip'lʲɔm]
tese (f)	avhandling (en)	['av‚handliŋ]
estudo (obra)	studie (en)	['studiə]
laboratório (m)	laboratorium (ett)	[lʲabɔra'tɔrium]
palestra (f)	föreläsning (en)	['førə‚lʲɛsniŋ]
colega (m) de curso	studiekompis (en)	['studiə‚kompis]
bolsa (f) de estudos	stipendium (ett)	[sti'pɛndium]
grau (m) acadêmico	akademisk grad (en)	[aka'demisk grad]

119. Ciências. Disciplinas

matemática (f)	matematik (en)	[matema'tik]
álgebra (f)	algebra (en)	['alˡgebra]
geometria (f)	geometri (en)	[jeʊmə'tri:]
astronomia (f)	astronomi (en)	[astrʊnɔ'mi:]
biologia (f)	biologi (en)	[biʊlˡɔ'gi:]
geografia (f)	geografi (en)	[jeʊgra'fi:]
geologia (f)	geologi (en)	[jeʊlˡɔ'gi:]
história (f)	historia (en)	[hi'stʊria]
medicina (f)	medicin (en)	[medi'sin]
pedagogia (f)	pedagogik (en)	[pedagɔ'gik]
direito (m)	rätt (en)	['ræt]
física (f)	fysik (en)	[fy'zik]
química (f)	kemi (en)	[ɕe'mi:]
filosofia (f)	filosofi (en)	[filˡɔsɔ'fi:]
psicologia (f)	psykologi (en)	[sykʊlˡɔ'gi:]

120. Sistema de escrita. Ortografia

gramática (f)	grammatik (en)	[grama'tik]
vocabulário (m)	ordförråd (ett)	['ʊːdfœːˌrɔːd]
fonética (f)	fonetik (en)	[fɔne'tik]
substantivo (m)	substantiv (ett)	['substanˌtiv]
adjetivo (m)	adjektiv (ett)	['adjɛkˌtiv]
verbo (m)	verb (ett)	['vɛrb]
advérbio (m)	adverb (ett)	[ad'vɛrb]
pronome (m)	pronomen (ett)	[prʊ'nʊmən]
interjeição (f)	interjektion (en)	[intɛrjɛk'ɧʊn]
preposição (f)	preposition (en)	[prepʊsi'ɧʊn]
raiz (f)	rot (en)	['rʊt]
terminação (f)	ändelse (en)	['ɛndəlˡsə]
prefixo (m)	prefix (ett)	[prɛ'fiks]
sílaba (f)	stavelse (en)	['stavəlˡsə]
sufixo (m)	suffix (ett)	[su'fi:ks]
acento (m)	betoning (en)	[be'tʊniŋ]
apóstrofo (f)	apostrof (en)	[apʊ'strɔf]
ponto (m)	punkt (en)	['puŋkt]
vírgula (f)	komma (ett)	['kɔma]
ponto e vírgula (m)	semikolon (ett)	['semikʊˌlˡɔn]
dois pontos (m pl)	kolon (ett)	[kʊ'lˡɔn]
reticências (f pl)	tre punkter (pl)	[trɛ 'puŋktər]
ponto (m) de interrogação	frågetecken (ett)	['froːgəˌtɛkən]
ponto (m) de exclamação	utropstecken (ett)	['ʉtrʊpsˌtɛkən]

aspas (f pl)	anföringstecken (pl)	[ɑn'fœriŋsˌtɛkən]
entre aspas	inom anföringstecken	['inɔm ɑn'fœriŋsˌtɛkən]
parênteses (m pl)	parentes (en)	[parɛn'tes]
entre parênteses	inom parentes	['inɔm parɛn'tes]

hífen (m)	bindestreck (ett)	['bindəˌstrɛk]
travessão (m)	tankstreck (ett)	['taŋkˌstrɛk]
espaço (m)	mellanrum (ett)	['mɛlʲanˌruːm]

| letra (f) | bokstav (en) | ['bʊkstav] |
| letra (f) maiúscula | stor bokstav (en) | ['stʊr 'bʊkstav] |

| vogal (f) | vokal (en) | [vʊ'kalʲ] |
| consoante (f) | konsonant (en) | [kɔnsɔ'nant] |

frase (f)	mening, sats (en)	['meniŋ], ['sats]
sujeito (m)	subjekt (ett)	[sub'jɛːkt]
predicado (m)	predikat (ett)	[predi'kat]

linha (f)	rad (en)	['rad]
em uma nova linha	på ny rad	[pɔ ny 'rad]
parágrafo (m)	stycke (ett)	['stʏkə]

palavra (f)	ord (ett)	['ʊːd]
grupo (m) de palavras	ordkombination (en)	['ʊːdˌkɔmbina'ɧʊn]
expressão (f)	uttryck (ett)	['ʉtˌtrʏk]
sinônimo (m)	synonym (en)	[synɔ'nym]
antônimo (m)	antonym, motsats (en)	[antɔ'nʏm], ['mʊtsats]

regra (f)	regel (en)	['regəlʲ]
exceção (f)	undantag (ett)	['undanˌtaːg]
correto (adj)	riktig	['riktig]

conjugação (f)	böjning (en)	['bœjniŋ]
declinação (f)	böjning (en)	['bœjniŋ]
caso (m)	kasus (ett)	['kasus]
pergunta (f)	fråga (en)	['froːga]
sublinhar (vt)	att understryka	[at 'undəˌstryka]
linha (f) pontilhada	pricklinje (en)	['prikˌlinjə]

121. Línguas estrangeiras

língua (f)	språk (ett)	['sproːk]
estrangeiro (adj)	främmande	['frɛmandə]
língua (f) estrangeira	främmande språk (ett)	['frɛmandə sproːk]
estudar (vt)	att studera	[at stu'dera]
aprender (vt)	att lära sig	[at 'lʲæːra sɛj]

ler (vt)	att läsa	[at 'lʲɛːsa]
falar (vi)	att tala	[at 'talʲa]
entender (vt)	att förstå	[at fœː'ʂtoː]
escrever (vt)	att skriva	[at 'skriva]
rapidamente	snabbt	['snabt]
devagar, lentamente	långsamt	['lʲɔŋˌsamt]

fluentemente	flytande	['flʲytandə]
regras (f pl)	regler (pl)	['rɛglʲər]
gramática (f)	grammatik (en)	[grama'tik]
vocabulário (m)	ordförråd (ett)	['ʊːdfœːˌroːd]
fonética (f)	fonetik (en)	[fone'tik]

livro (m) didático	lärobok (en)	['lʲæːrʊˌbʊk]
dicionário (m)	ordbok (en)	['ʊːdˌbʊk]
manual (m) autodidático	självinstruerande lärobok (en)	['ɦɛlʲv instrʉ'ɛrandə 'lʲæːrʊˌbʊk]
guia (m) de conversação	parlör (en)	[pa:'lʲøːr]

fita (f) cassete	kassett (en)	[ka'sɛt]
videoteipe (m)	videokassett (en)	['videʊ ka'sɛt]
CD (m)	cd-skiva (en)	['sede ˌɧiva]
DVD (m)	dvd (en)	[deve'deː]

alfabeto (m)	alfabet (ett)	['alʲfabet]
soletrar (vt)	att stava	[at 'stava]
pronúncia (f)	uttal (ett)	['ʉtˌtalʲ]

sotaque (m)	brytning (en)	['brytniŋ]
com sotaque	med brytning	[me 'brytniŋ]
sem sotaque	utan brytning	['ʉtan 'brytniŋ]

palavra (f)	ord (ett)	['ʊːd]
sentido (m)	betydelse (en)	[be'tydəlʲsə]

curso (m)	kurs (en)	['kuːʂ]
inscrever-se (vr)	att anmäla sig	[at 'anˌmɛːlʲa sɛj]
professor (m)	lärare (en)	['lʲæːrarə]

tradução (processo)	översättning (en)	['øːvəˌsætniŋ]
tradução (texto)	översättning (en)	['øːvəˌsætniŋ]
tradutor (m)	översättare (en)	['øːvəˌsætarə]
intérprete (m)	tolk (en)	['tɔlʲk]

poliglota (m)	polyglott (en)	[pʊlʸ'glʲɔt]
memória (f)	minne (ett)	['minə]

122. Personagens de contos de fadas

Papai Noel (m)	Jultomten	['julʲˌtɔmtən]
Cinderela (f)	Askungen	['askuŋən]
sereia (f)	havsfru (en)	['havsˌfrʉː]
Netuno (m)	Neptunus	[nep'tʉnus]

bruxo, feiticeiro (m)	trollkarl (en)	['trɔlʲˌkar]
fada (f)	fe (en)	['fe]
mágico (adj)	troll-, magisk	['trɔlʲ-], ['magisk]
varinha (f) mágica	trollspö (ett)	['trɔlʲˌspøː]

conto (m) de fadas	saga (en)	['saga]
milagre (m)	mirakel (ett)	[mi'rakəlʲ]

| anão (m) | gnom, dvärg (en) | [gnʊm], ['dværj] |
| transformar-se em … | att förvandlas till … | [at før'vandlas tilʲ …] |

fantasma (m)	fantom, vålnad (ett)	[fan'to:m], ['vɔlʲnad]
fantasma (m)	spöke (ett)	['spø:kə]
monstro (m)	monster (ett)	['mɔnstər]
dragão (m)	drake (en)	['drakə]
gigante (m)	jätte (en)	['jætə]

123. Signos do Zodíaco

Áries (f)	Väduren	['vɛdɵrən]
Touro (m)	Oxen	['ʊksən]
Gêmeos (m pl)	Tvillingarna	['tviliŋa:ŋa]
Câncer (m)	Kräftan	['krɛftan]
Leão (m)	Lejonet	['lʲejɔnet]
Virgem (f)	Jungfrun	['juŋfrɵn]

Libra (f)	Vågen	['vo:gən]
Escorpião (m)	Skorpionen	[skɔrpi'ʊnən]
Sagitário (m)	Skytten	['ʃʏtən]
Capricórnio (m)	Stenbocken	['sten,bʊkən]
Aquário (m)	Vattumannen	['vatɵ,manən]
Peixes (pl)	Fiskarna	['fiska:ŋa]

caráter (m)	karaktär (en)	[karak'tæ:r]
traços (m pl) do caráter	karaktärsdrag (ett)	[karak'tæ:ʂ,drag]
comportamento (m)	uppförande (ett)	['up,førandə]
prever a sorte	att spå	[at spɔ]
adivinha (f)	spåkvinna (en)	['spo:,kvina]
horóscopo (m)	horoskop (ett)	[hʊrʊ'skɔp]

Artes

124. Teatro

teatro (m)	teater (en)	[te'atər]
ópera (f)	opera (en)	['ʊpera]
opereta (f)	operett (en)	[ʊpe'rɛt]
balé (m)	balett (en)	[ba'lʲet]
cartaz (m)	affisch (en)	[a'fi:ʃ]
companhia (f) de teatro	teatertrupp (en)	[te'atər͵trup]
turnê (f)	turné (en)	[tur'ne:]
estar em turnê	att vara på turné	[at 'vara pɔ tur'ne:]
ensaiar (vt)	att repetera	[at repe'tera]
ensaio (m)	repetition (en)	[repeti'ɧʊn]
repertório (m)	repertoar (en)	[rɛpɛ:tʊ'a:r]
apresentação (f)	föreställning (en)	['førə͵stɛlʲniŋ]
espetáculo (m)	teaterstycke (ett)	[te'atər͵stʏkə]
peça (f)	skådespel (ett), pjäs (en)	['sko:də͵spelʲ], [pjæ:s]
entrada (m)	biljett (en)	[bi'lʲet]
bilheteira (f)	biljettkassa (en)	[bi'lʲet͵kasa]
hall (m)	lobby (en)	['lʲɔbi]
vestiário (m)	garderob (en)	[ga:ɖə'rɔ:b]
senha (f) numerada	nummerbricka (en)	['numər͵brika]
binóculo (m)	kikare (en)	['ɕikarə]
lanterninha (m)	platsanvisare (en)	['plʲats͵an'visarə]
plateia (f)	parkett (en)	[par'ket]
balcão (m)	balkong (en)	[balʲ'kɔŋ]
primeiro balcão (m)	första raden (en)	['fœ:ʂta 'radən]
camarote (m)	loge (en)	['lʲɔgə]
fila (f)	rad (en)	['rad]
assento (m)	plats (en)	['plʲats]
público (m)	publik (en)	[pub'lik]
espectador (m)	åskådare (en)	['ɔs͵ko:darə]
aplaudir (vt)	att klappa	[at 'klʲapa]
aplauso (m)	applåd (en)	[ap'lʲo:d]
ovação (f)	bifall (ett)	['bi͵falʲ]
palco (m)	scen (en)	['se:n]
cortina (f)	ridå (en)	[ri'do:]
cenário (m)	dekoration (en)	[dekɔra'ɧʊn]
bastidores (m pl)	kulisser (pl)	[kʉ'lisər]
cena (f)	scen (en)	['se:n]
ato (m)	akt (en)	['akt]
intervalo (m)	mellanakt (en)	['mɛlʲan͵akt]

125. Cinema

ator (m)	skådespelare (en)	['sko:də‚spelʲarə]
atriz (f)	skådespelerska (en)	['sko:də‚spelʲeʂka]
cinema (m)	filmindustri (en)	['filʲm‚indu'stri:]
filme (m)	film (en)	['filʲm]
episódio (m)	del (en)	['delʲ]
filme (m) policial	kriminalfilm (en)	[krimi'nalʲ‚filʲm]
filme (m) de ação	actionfilm (en)	['ɛkʃən‚filʲm]
filme (m) de aventuras	äventyrsfilm (en)	['ɛ:vɛn‚tyʂ 'filʲm]
filme (m) de ficção científica	science fiction film (en)	['sajəns ‚fikʃən 'filʲm]
filme (m) de horror	skräckfilm (en)	['skrɛk‚filʲm]
comédia (f)	komedi (en), lustspel (ett)	[kɔme'di:], [lʉ:st‚spel]
melodrama (m)	melodram (en)	[melʲɔ'dram]
drama (m)	drama (ett)	['drama]
filme (m) de ficção	spelfilm (en)	['spelʲ‚filʲm]
documentário (m)	dokumentärfilm (en)	[dɔkumən'tæ:r‚filʲm]
desenho (m) animado	tecknad film (en)	['tɛknad 'filʲm]
cinema (m) mudo	stumfilm (en)	['stum‚filʲm]
papel (m)	roll (en)	['rɔlʲ]
papel (m) principal	huvudroll (en)	['hʉ:vʉd‚rɔlʲ]
representar (vt)	att spela	[at 'spelʲa]
estrela (f) de cinema	filmstjärna (en)	['filʲm‚ɧæ:ɳa]
conhecido (adj)	välkänd	[vɛlʲ'ɕɛnd]
famoso (adj)	berömd	[be'rœmd]
popular (adj)	populär	[pɔpʉ'lʲæ:r]
roteiro (m)	manus (ett)	['manus]
roteirista (m)	manusförfattare (en)	['manus‚før'fatarə]
diretor (m) de cinema	regissör (en)	[reɧi'sø:r]
produtor (m)	producent (en)	[prɔdʉ'sɛnt]
assistente (m)	assistent (en)	[asi'stɛnt]
diretor (m) de fotografia	kameraman (en)	['kamera‚man]
dublê (m)	stuntman (en)	['stunt‚man]
dublê (m) de corpo	ersättare (en)	[æ:'ʂætarə]
filmar (vt)	att spela in en film	[at 'spelʲa in en 'filʲm]
audição (f)	provspelning (en)	['prʊv‚spɛlʲniŋ]
filmagem (f)	inspelning (en)	['in‚spɛlʲniŋ]
equipe (f) de filmagem	filmteam (ett)	['filʲm‚tim]
set (m) de filmagem	inspelningsplats (en)	['inspɛlʲniŋ‚plʲats]
câmera (f)	filmkamera (en)	['filʲm‚kamera]
cinema (m)	biograf (en)	[biʊ'graf]
tela (f)	filmduk (en)	['filʲm‚dʉ:k]
exibir um filme	att visa en film	[at 'visa en filʲm]
trilha (f) sonora	ljudspår (ett)	['jʉ:d‚spo:r]
efeitos (m pl) especiais	specialeffekter (pl)	[spesi'alʲ ɛ'fɛktər]

legendas (f pl)	undertexter (pl)	['undə‚tɛkstər]
crédito (m)	eftertext (ett)	['ɛftə‚tɛkst]
tradução (f)	översättning (en)	['øːvə‚sættnin]

126. Pintura

arte (f)	konst (en)	['kɔnst]
belas-artes (f pl)	de sköna konsterna	[de 'ɧøːna 'kɔnstɛːŋa]
galeria (f) de arte	konstgalleri (ett)	['kɔnst galˡeˈriː]
exibição (f) de arte	konst utställning (en)	['kɔnst 'ʉt‚stɛlˡnin]

pintura (f)	måleri (ett)	[moːlˡeˈriː]
arte (f) gráfica	grafik (en)	[graˈfik]
arte (f) abstrata	abstrakt konst (en)	[abˈstrakt 'kɔnst]
impressionismo (m)	impressionism (en)	[imprɛɧʉˈnism]

pintura (f), quadro (m)	tavla (en)	['tavlˡa]
desenho (m)	teckning (en)	['tɛknin]
cartaz, pôster (m)	poster, löpsedel (en)	['pɔstər], ['løp‚sedəlˡ]

ilustração (f)	illustration (en)	[ilʉstraˈɧʊn]
miniatura (f)	miniatyr (en)	[miniaˈtyr]
cópia (f)	kopia (en)	[kʊˈpia]
reprodução (f)	reproduktion (en)	[rɛprɔdukˈɧʊn]

mosaico (m)	mosaik (en)	[mʊsaˈik]
vitral (m)	glasmålning (en)	['glˡas‚moːlˡnin]
afresco (m)	fresk (en)	['frɛsk]
gravura (f)	gravyr (en)	[graˈvyr]

busto (m)	byst (en)	['byst]
escultura (f)	skulptur (en)	[skʉlˡpˈtuːr]
estátua (f)	staty (en)	[staˈty]
gesso (m)	gips (en)	['jips]
em gesso (adj)	gips-	['jips-]

retrato (m)	porträtt (en)	[pɔːˈʈræt]
autorretrato (m)	självporträtt (en)	['ɧɛlˡv‚pɔːˈʈræt]
paisagem (f)	landskapsmålning (en)	['lˡaŋ‚skaps 'moːlˡnin]
natureza (f) morta	stilleben (ett)	['stil‚lˡebən]
caricatura (f)	karikatyr (en)	[karikaˈtyr]
esboço (m)	skiss (en)	['skis]

tinta (f)	färg (en)	['fæːrj]
aquarela (f)	akvarell (en)	[akvaˈrɛlˡ]
tinta (f) a óleo	olja (en)	['ɔlja]
lápis (m)	blyertspenna (en)	['blˡyɛːʦ‚pɛna]
tinta (f) nanquim	tusch (en)	['tuːʃ]
carvão (m)	kol (ett)	['kɔlˡ]

desenhar (vt)	att teckna	[at 'tɛkna]
pintar (vt)	att måla	[at 'moːlˡa]
posar (vi)	att posera	[at pʊˈsera]
modelo (m)	modell (en)	[mʊˈdɛlˡ]

modelo (f)	modell (en)	['mʊ'dɛlʲ]
pintor (m)	konstnär (en)	['kɔnstnæːr]
obra (f)	konstverk (ett)	['kɔnst‚vɛrk]
obra-prima (f)	mästerverk (ett)	['mɛstər‚vɛrk]
estúdio (m)	ateljé (en)	[ate'ljeː]

tela (f)	kanvas, duk (en)	['kanvas], [dʉːk]
cavalete (m)	staffli (ett)	[staf'liː]
paleta (f)	palett (en)	[pa'lʲet]

moldura (f)	ram (en)	['ram]
restauração (f)	restaurering (en)	[rɛstɔ'reriŋ]
restaurar (vt)	att restaurera	[at rɛstɔ'rera]

127. Literatura & Poesia

literatura (f)	litteratur (en)	[litera'tʉːr]
autor (m)	författare (en)	[før'fatarə]
pseudônimo (m)	pseudonym (en)	[sydɔ'nym]

livro (m)	bok (en)	['bʊk]
volume (m)	volym (en)	[vɔ'lʲym]
índice (m)	innehållsförteckning (en)	['inəhoːlʲs fœː'ʈɛkniŋ]
página (f)	sida (en)	['sida]
protagonista (m)	huvudperson (en)	['hʉːvʉd‚pɛ'ʂʊn]
autógrafo (m)	autograf (en)	[atɔ'graf]

conto (m)	novell (en)	[nʊ'vɛlʲ]
novela (f)	kortroman (en)	['kɔːʈ rʊ'man]
romance (m)	roman (en)	[rʊ'man]
obra (f)	verk (ett)	['vɛrk]
fábula (m)	fabel (en)	['fabəlʲ]
romance (m) policial	kriminalroman (en)	[krimi'nalʲ rʊ'man]

verso (m)	dikt (en)	['dikt]
poesia (f)	poesi (en)	[pʊe'siː]
poema (m)	epos (ett)	['ɛpɔs]
poeta (m)	poet (en)	[pʊ'et]

ficção (f)	skönlitteratur (en)	['ɧøːn litera'tʉːr]
ficção (f) científica	science fiction	['sajəns ‚fikʃən]
aventuras (f pl)	äventyr (pl)	['ɛːvɛn‚tyr]
literatura (f) didática	undervisningslitteratur (en)	['undə‚visniŋ litera'tʉːr]
literatura (f) infantil	barnlitteratur (en)	['baːrʟ litera'tʉːr]

128. Circo

circo (m)	cirkus (en)	['sirkʉs]
circo (m) ambulante	ambulerande cirkus (en)	['ambu‚lerandə 'sirkʉs]
programa (m)	program (ett)	[prɔ'gram]
apresentação (f)	föreställning (en)	['førə‚stɛlʲniŋ]
número (m)	nummer (ett)	['numər]

picadeiro (f)	arena (en)	[a'rena]
pantomima (f)	pantomim (en)	[pantɔ'mim]
palhaço (m)	clown (en)	['klʲawn]

acrobata (m)	akrobat (en)	[akrʊ'bat]
acrobacia (f)	akrobatik (en)	[akrʊba'tik]
ginasta (m)	gymnast (en)	[jym'nast]
ginástica (f)	gymnastik (en)	[jymna'stik]
salto (m) mortal	salto (en)	['salʲtʊ]

homem (m) forte	atlet (en)	[at'lʲet]
domador (m)	djur-tämjare (en)	['jɵːr ˌtɛmjarə]
cavaleiro (m) equilibrista	ryttare (en)	['rʏtarə]
assistente (m)	assistent (en)	[asi'stɛnt]

truque (m)	trick (ett)	['trik]
truque (m) de mágica	magitrick (ett)	[ma'giˌtrik]
ilusionista (m)	trollkarl (en)	['trɔlʲˌkar]

malabarista (m)	jonglör (en)	[jong'lʲøːr]
fazer malabarismos	att jonglera	[at jong'lʲera]
adestrador (m)	dressör (en)	[drɛ'søːr]
adestramento (m)	dressyr (en)	[drɛ'syr]
adestrar (vt)	att dressera	[at drɛ'sera]

129. Música. Música popular

música (f)	musik (en)	[mɵ'siːk]
músico (m)	musiker (en)	['mɵsikər]
instrumento (m) musical	musikinstrument (ett)	[mɵ'siːk instru'mɛnt]
tocar ...	att spela ...	[at 'spelʲa ...]

guitarra (f)	gitarr (en)	[ji'tar]
violino (m)	fiol, violin (en)	[fi'ʊlʲ], [viɔ'lin]
violoncelo (m)	cello (en)	['sɛlʲʊ]
contrabaixo (m)	kontrabas (en)	['kɔntraˌbas]
harpa (f)	harpa (en)	['harpa]

piano (m)	piano (ett)	[pi'anʊ]
piano (m) de cauda	flygel (en)	['flʲygelʲ]
órgão (m)	orgel (en)	['ɔrjəlʲ]

instrumentos (m pl) de sopro	blåsinstrumenter (pl)	['blʲoːsˌinstru'mɛntər]
oboé (m)	oboe (en)	[ɔb'ɔː]
saxofone (m)	saxofon (en)	[saksʊ'fɔn]
clarinete (m)	klarinett (en)	[klʲari'net]
flauta (f)	flöjt (en)	['flʲøjt]
trompete (m)	trumpet (en)	[trum'pet]

| acordeão (m) | dragspel (ett) | ['dragˌspelʲ] |
| tambor (m) | trumma (en) | ['truma] |

| dueto (m) | duo (en) | ['dɵːɔ] |
| trio (m) | trio (en) | ['triːɔ] |

quarteto (m)	**kvartett (en)**	[kva'tɛt]
coro (m)	**kör (en)**	['ɕø:r]
orquestra (f)	**orkester (en)**	[ɔr'kɛstər]
música (f) pop	**popmusik (en)**	['pɔp mʉ'si:k]
música (f) rock	**rockmusik (en)**	['rɔk mʉ'si:k]
grupo (m) de rock	**rockband (ett)**	['rɔk,band]
jazz (m)	**jazz (en)**	['jas]
ídolo (m)	**idol (en)**	[i'dɔlʲ]
fã, admirador (m)	**beundrare (en)**	[be'undrarə]
concerto (m)	**konsert (en)**	[kɔn'sɛ:r]
sinfonia (f)	**symfoni (en)**	[sʏmfʉ'ni:]
composição (f)	**komposition (en)**	[kɔmpʉsi'ɧʉn]
compor (vt)	**att komponera**	[at kɔmpʉ'nera]
canto (m)	**sång (en)**	['sɔŋ]
canção (f)	**sång (en)**	['sɔŋ]
melodia (f)	**melodi (en)**	[melʲɔ'di:]
ritmo (m)	**rytm (en)**	['rʏtm]
blues (m)	**blues (en)**	['blʉs]
notas (f pl)	**noter (pl)**	['nʉtər]
batuta (f)	**taktpinne (en)**	['takt,pinə]
arco (m)	**stråke (en)**	['strɔ:kə]
corda (f)	**sträng (en)**	['strɛŋ]
estojo (m)	**fodral (ett)**	[fʊd'ralʲ]

Descanso. Entretenimento. Viagens

130. Viagens

turismo (m)	turism (en)	[tu'rism]
turista (m)	turist (en)	[tu'rist]
viagem (f)	resa (en)	['resa]
aventura (f)	äventyr (ett)	['ɛ:vɛn,tyr]
percurso (curta viagem)	tripp (en)	['trip]
férias (f pl)	semester (en)	[se'mɛstər]
estar de férias	att ha semester	[at ha se'mɛstər]
descanso (m)	uppehåll (ett), vila (en)	['upə'ho:lʲ], ['vilʲa]
trem (m)	tåg (ett)	['to:g]
de trem (chegar ~)	med tåg	[me 'to:g]
avião (m)	flygplan (ett)	['flʲygplʲan]
de avião	med flygplan	[me 'flʲygplʲan]
de carro	med bil	[me 'bilʲ]
de navio	med båt	[me 'bo:t]
bagagem (f)	bagage (ett)	[ba'ga:ʃ]
mala (f)	resväska (en)	['rɛs,vɛska]
carrinho (m)	bagagevagn (en)	[ba'ga:ʃ,vagn]
passaporte (m)	pass (ett)	['pas]
visto (m)	visum (ett)	['vi:sum]
passagem (f)	biljett (en)	[bi'lʲet]
passagem (f) aérea	flygbiljett (en)	['flʲyg bi,lʲet]
guia (m) de viagem	reseguidebok (en)	['rese,gajdbʊk]
mapa (m)	karta (en)	['ka:ʈa]
área (f)	område (ett)	['ɔm,ro:də]
lugar (m)	plats (en)	['plʲats]
exotismo (m)	(det) exotiska	[ɛ'ksɔtiska]
exótico (adj)	exotisk	[ɛk'sɔtisk]
surpreendente (adj)	förunderlig	[fø'rundelig]
grupo (m)	grupp (en)	['grup]
excursão (f)	utflykt (en)	['ʊt,flʲykt]
guia (m)	guide (en)	['gajd]

131. Hotel

hotel (m)	hotell (ett)	[hʊ'tɛlʲ]
motel (m)	motell (ett)	[mʊ'tɛlʲ]
três estrelas	trestjärnigt	['tre,ɦæ:nʲit]

cinco estrelas	femstjärnigt	[fɛmˌɧæːɳit]
ficar (vi, vt)	att bo	[at 'buː]

quarto (m)	rum (ett)	['ruːm]
quarto (m) individual	enkelrum (ett)	['ɛŋkəlⁱˌruːm]
quarto (m) duplo	dubbelrum (ett)	['dubəlⁱˌruːm]
reservar um quarto	att boka rum	[at 'buka 'ruːm]

meia pensão (f)	halvpension (en)	['halⁱvˌpan'ɧʊn]
pensão (f) completa	helpension (en)	['helⁱˌpan'ɧʊn]

com banheira	med badkar	[me 'badˌkar]
com chuveiro	med dusch	[me 'duʃ]
televisão (m) por satélite	satellit-TV (en)	[satɛ'liːt 'teve]
ar (m) condicionado	luftkonditionerare (en)	['lʉftˌkɔndiɳʉ'nerarə]
toalha (f)	handduk (en)	['handˌdʉːk]
chave (f)	nyckel (en)	['nʏkəlⁱ]

administrador (m)	administratör (en)	[administra'tør]
camareira (f)	städerska (en)	['stɛːdɛʂka]
bagageiro (m)	bärare (en)	['bæːrarə]
porteiro (m)	portier (en)	[pɔː'ʈⁱeː]

restaurante (m)	restaurang (en)	[rɛstɔ'raŋ]
bar (m)	bar (en)	['bar]
café (m) da manhã	frukost (en)	['fruːkɔst]
jantar (m)	kvällsmat (en)	['kvɛlⁱsˌmat]
bufê (m)	buffet (en)	[bu'fet]

saguão (m)	lobby (en)	['lⁱɔbi]
elevador (m)	hiss (en)	['his]

NÃO PERTURBE	STÖR EJ!	['støːr ɛj]
PROIBIDO FUMAR!	RÖKNING FÖRBJUDEN	['rœkniŋ før'bjʉːdən]

132. Livros. Leitura

livro (m)	bok (en)	['buk]
autor (m)	författare (en)	[før'fatarə]
escritor (m)	författare (en)	[før'fatarə]
escrever (~ um livro)	att skriva	[at 'skriva]

leitor (m)	läsare (en)	['lⁱɛːsarə]
ler (vt)	att läsa	[at 'lⁱɛːsa]
leitura (f)	läsning (en)	['lⁱɛsniŋ]

para si	för sig själv	[før ˌsɛj 'ɧɛlⁱv]
em voz alta	högt	['hœgt]

publicar (vt)	att publicera	[at publi'sera]
publicação (f)	publicering (en)	[publi'seriŋ]
editor (m)	förläggare (en)	['fœːˌlⁱɛgarə]
editora (f)	förlag (ett)	[fœː'lⁱag]
sair (vi)	att komma ut	[at 'kɔma ʉt]

| lançamento (m) | utgåva (en) | ['ʉt,goːva] |
| tiragem (f) | upplaga (en) | ['up,lʲaga] |

| livraria (f) | bokhandel (en) | ['bʊk,handəlʲ] |
| biblioteca (f) | bibliotek (ett) | [bibliʊ'tek] |

novela (f)	kortroman (en)	['kɔːʈ rʊ'man]
conto (m)	novell (en)	[nʊ'vɛlʲ]
romance (m)	roman (en)	[rʊ'man]
romance (m) policial	kriminalroman (en)	[krimi'nalʲ rʊ'man]

memórias (f pl)	memoarer (pl)	[memʊ'arər]
lenda (f)	legend (en)	[lʲe'gɛnd]
mito (m)	myt (en)	['myt]

poesia (f)	dikter (pl)	['diktər]
autobiografia (f)	självbiografi (en)	['ʃɛlʲv biʊgra'fiː]
obras (f pl) escolhidas	utvalda verk (pl)	['ʉt,valʲda vɛrk]
ficção (f) científica	science fiction	['sajəns ,fikʃən]

título (m)	titel (en)	['titəlʲ]
introdução (f)	inledning (en)	['in,lʲedniŋ]
folha (f) de rosto	titelsida (en)	['titəlʲ,sida]

capítulo (m)	kapitel (ett)	[ka'pitəlʲ]
excerto (m)	utdrag (ett)	['ʉt,drag]
episódio (m)	episod (en)	[ɛpi'sʊd]

enredo (m)	handling (en)	['handliŋ]
conteúdo (m)	innehåll (ett)	['ine,hoːlʲ]
índice (m)	innehållsförteckning (en)	['ineho:lʲs fœː'tɛkniŋ]
protagonista (m)	huvudperson (en)	['hʉːvʉd,pɛ'ʂʊn]

volume (m)	volym (en)	[vɔ'lʲym]
capa (f)	omslag (ett)	['ɔm,slʲag]
encadernação (f)	bokband (ett)	['bʊk,band]
marcador (m) de página	bokmärke (ett)	['bʊk,mæːrkə]

página (f)	sida (en)	['sida]
folhear (vt)	att bläddra	[at 'blʲɛdra]
margem (f)	marginaler (pl)	[margi'nalʲer]
anotação (f)	annotering (ett)	[anɔ'tɛriŋ]
nota (f) de rodapé	anmärkning (en)	['an,mæːrkniŋ]

texto (m)	text (en)	['tɛkst]
fonte (f)	typsnitt (ett)	['typsnit]
falha (f) de impressão	tryckfel (ett)	['trʏk,felʲ]

tradução (f)	översättning (en)	['øːvə,sætniŋ]
traduzir (vt)	att översätta	[at 'øːvə,sæta]
original (m)	original (ett)	[ɔrigi'nalʲ]

famoso (adj)	berömd	[be'rœmd]
desconhecido (adj)	okänd	[ʊ'ɕɛnd]
interessante (adj)	intressant	[intrɛ'sant]
best-seller (m)	bestseller (en)	['bɛst,sɛːlʲər]

dicionário (m)	ordbok (en)	['uːdˌbʊk]
livro (m) didático	lärobok (en)	['lʲæːrʊˌbʊk]
enciclopédia (f)	encyklopedi (en)	[ɛnsʏklʲɔpe'diː]

133. Caça. Pesca

caça (f)	jakt (en)	['jakt]
caçar (vi)	att jaga	[at 'jaga]
caçador (m)	jägare (en)	['jɛːgarə]

disparar, atirar (vi)	att skjuta	[at 'ɧʉːta]
rifle (m)	gevär (ett)	[je'væːr]
cartucho (m)	patron (en)	[pa'trʊn]
chumbo (m) de caça	hagel (ett)	['hagəlʲ]

armadilha (f)	sax (en)	['saks]
armadilha (com corda)	fälla (en)	['fɛlʲa]
cair na armadilha	att fångas i fälla	[at 'fɔŋas i 'fɛlʲa]
pôr a armadilha	att gillra en fälla	[at 'jilʲra en 'fɛlʲa]

caçador (m) furtivo	tjuvskytt (en)	['ɕʉːvˌɧʏt]
caça (animais)	vilt (ett)	['vilʲt]
cão (m) de caça	jakthund (en)	['jaktˌhund]
safári (m)	safari (en)	[sa'fari]
animal (m) empalhado	uppstoppat djur (ett)	['upˌstɔpat jʉːr]

pescador (m)	fiskare (en)	['fiskarə]
pesca (f)	fiske (ett)	['fiskə]
pescar (vt)	att fiska	[at 'fiska]

vara (f) de pesca	fiskespö (ett)	['fiskəˌspøː]
linha (f) de pesca	fiskelina (en)	['fiskəˌlina]
anzol (m)	krok (en)	['krʊk]

| boia (f), flutuador (m) | flöte (ett) | ['flʲøːtə] |
| isca (f) | agn (en) | ['agn] |

| lançar a linha | att kasta ut | [at 'kasta ʉt] |
| morder (peixe) | att nappa | [at 'napa] |

| pesca (f) | fångst (en) | ['fɔŋst] |
| buraco (m) no gelo | hål (ett) i isen | ['hoːlʲ i 'isən] |

| rede (f) | nät (ett) | ['nɛːt] |
| barco (m) | båt (en) | ['boːt] |

pescar com rede	att fiska med nät	[at 'fiska me 'nɛːt]
lançar a rede	att kasta nätet	[at 'kasta 'nɛːtət]
puxar a rede	att dra upp nätet	[at 'dra up 'nɛːtət]
cair na rede	att bli fångad i nätet	[at bli foːŋad i 'nɛːtət]

baleeiro (m)	valfångare (en)	['valʲˌfɔŋarə]
baleeira (f)	valfångstbåt (ett)	['valʲfɔŋstˌboːt]
arpão (m)	harpun (en)	[har'pʉːn]

134. Jogos. Bilhar

bilhar (m)	biljard (en)	[bi'lja:ɖ]
sala (f) de bilhar	biljardsalong (en)	[bi'lja:ɖ sa'lɔŋ]
bola (f) de bilhar	biljardboll (en)	[bi'lja:ɖˌbɔlʲ]
embolsar uma bola	att sänka en boll	[at 'sɛŋka en 'bɔlʲ]
taco (m)	kö (en)	['kø:]
caçapa (f)	hål (ett)	['ho:lʲ]

135. Jogos. Jogar cartas

ouros (m pl)	ruter (pl)	['rʉ:tər]
espadas (f pl)	spader (pl)	['spadər]
copas (f pl)	hjärter	['jæ:tər]
paus (m pl)	klöver (pl)	['klʲø:vər]
ás (m)	äss (ett)	['ɛs]
rei (m)	kung (en)	['kuŋ]
dama (f), rainha (f)	dam (en)	['dam]
valete (m)	knekt (en)	['knɛkt]
carta (f) de jogar	kort (ett)	['kɔ:t̪]
cartas (f pl)	kort (pl)	['kɔ:t̪]
trunfo (m)	trumf (en)	['trumf]
baralho (m)	kortlek (en)	['kɔ:t̪ˌlʲek]
ponto (m)	poäng (en)	[pʊ'ɛŋ]
dar, distribuir (vt)	att ge, att dela ut	[at je:], [at 'delʲa ʉt]
embaralhar (vt)	att blanda	[at 'blʲanda]
vez, jogada (f)	utspel (ett)	['ʉtspelʲ]
trapaceiro (m)	falskspelare (en)	['falʲskˌspelʲarə]

136. Descanso. Jogos. Diversos

passear (vi)	att promenera, att ströva	[at prʊme'nera], [at 'strø:va]
passeio (m)	promenad (en)	[prʊme'nad]
viagem (f) de carro	utflykt, biltur (en)	['ʉtˌflʲykt], ['bilʲˌtʉr]
aventura (f)	äventyr (ett)	['ɛ:vɛnˌtyr]
piquenique (m)	picknick (en)	['piknik]
jogo (m)	spel (ett)	['spelʲ]
jogador (m)	spelare (en)	['spelʲarə]
partida (f)	parti (ett)	[pa:'ʈi:]
colecionador (m)	samlare (en)	['samlʲarə]
colecionar (vt)	att samla	[at 'samlʲa]
coleção (f)	samling (en)	['samliŋ]
palavras (f pl) cruzadas	korsord (ett)	['kɔ:ʂˌʊ:ɖ]
hipódromo (m)	galoppbana (en)	[ga'lʲɔpˌbana]

discoteca (f)	diskotek (ett)	[disko'tek]
sauna (f)	sauna (en)	['sauna]
loteria (f)	lotteri (ett)	[lʲote'ri:]

campismo (m)	campingresa (en)	['kampiŋˌresa]
acampamento (m)	läger (ett)	['lʲɛ:gər]
barraca (f)	tält (ett)	['tɛlʲt]
bússola (f)	kompass (en)	[kɔm'pas]
campista (m)	campare (en)	['kamparə]

ver (vt), assistir à ...	att se på	[at 'se: pɔ]
telespectador (m)	tv-tittare (en)	['teveˌtitarə]
programa (m) de TV	tv-show (ett)	['teveˌʃɔw]

137. Fotografia

| máquina (f) fotográfica | kamera (en) | ['kamera] |
| foto, fotografia (f) | foto, fotografi (ett) | ['fʊtʊ], [fʊtʊgra'fi:] |

fotógrafo (m)	fotograf (en)	[fʊtʊ'graf]
estúdio (m) fotográfico	fotoateljé (en)	['fʊtʊ atəˌlje:]
álbum (m) de fotografias	fotoalbum (ett)	['fʊtʊ ˌalʲbum]

lente (f) fotográfica	objektiv (ett)	[ɔbjɛk'tiv]
lente (f) teleobjetiva	teleobjektiv (ett)	['telʲe ɔbjɛk'tiv]
filtro (m)	filter (ett)	['filʲtər]
lente (f)	lins (en)	['lins]

ótica (f)	optik (en)	[ɔp'tik]
abertura (f)	bländare (en)	['blʲɛndarə]
exposição (f)	exponeringstid (en)	[ɛkspʊ'neriŋsˌtid]
visor (m)	sökare (en)	['sø:karə]

câmera (f) digital	digitalkamera (en)	[digi'talʲ ˌkamera]
tripé (m)	stativ (ett)	[sta'tiv]
flash (m)	blixt (en)	['blikst]

fotografar (vt)	att fotografera	[at fʊtʊgra'fera]
tirar fotos	att ta bilder	[at ta 'bilʲdər]
fotografar-se (vr)	att bli fotograferad	[at bli fʊtʊgra'ferad]

foco (m)	skärpa (en)	['ɧærpa]
focar (vt)	att ställa in skärpan	[at 'stɛlʲa in 'ɧærpan]
nítido (adj)	skarp	['skarp]
nitidez (f)	skärpa (en)	['ɧærpa]

| contraste (m) | kontrast (en) | [kɔn'trast] |
| contrastante (adj) | kontrast- | [kɔn'trast-] |

retrato (m)	bild (en)	['bilʲd]
negativo (m)	negativ (ett)	['negaˌtiv]
filme (m)	film (en)	['filʲm]
fotograma (m)	bild, kort (en)	['bilʲd], ['kɔ:t]
imprimir (vt)	att skriva ut	[at 'skriva ʉt]

138. Praia. Natação

praia (f)	badstrand (en)	['bad,strand]
areia (f)	sand (en)	['sand]
deserto (adj)	öde	['ø:də]

bronzeado (m)	solbränna (en)	['sʊlʲ,brɛna]
bronzear-se (vr)	att sola sig	[at 'sʊlʲa: sɛj]
bronzeado (adj)	solbränd	['sʊlʲ,brɛnd]
protetor (m) solar	solkräm (en)	['sʊlʲ,krɛm]

biquíni (m)	bikini (en)	[bi'kini]
maiô (m)	baddräkt (en)	['bad,drɛkt]
calção (m) de banho	simbyxor (pl)	['sim,byksʊr]

piscina (f)	simbassäng (en)	['simba,sɛŋ]
nadar (vi)	att simma	[at 'sima]
chuveiro (m), ducha (f)	dusch (en)	['duʃ]
mudar, trocar (vt)	att klä om sig	[at 'klʲɛ ɔm sɛj]
toalha (f)	handduk (en)	['hand,dʉ:k]

barco (m)	båt (en)	['bo:t]
lancha (f)	motorbåt (en)	['mʊtʊr,bo:t]
esqui (m) aquático	vattenskidor (pl)	['vatən,ɧidʊr]
barco (m) de pedais	vattencykel (en)	['vatən,sykəlʲ]
surf, surfe (m)	surfing (en)	['su:rfiŋ]
surfista (m)	surfare (en)	['su:rfarə]

equipamento (m) de mergulho	dykapparat (en)	['dyk,apa'rat]
pé (m pl) de pato	simfenor (pl)	['sim,fœnʊr]
máscara (f)	mask (en)	['mask]
mergulhador (m)	dykare (en)	['dykarə]
mergulhar (vi)	att dyka	[at 'dyka]
debaixo d'água	under vatten	['undə,vatən]

guarda-sol (m)	parasoll (en)	[para'solʲ]
espreguiçadeira (f)	liggstol (en)	['lig,stʊlʲ]
óculos (m pl) de sol	solglasögon (pl)	['sʊlʲglʲas,ø:gɔn]
colchão (m) de ar	luftmadrass (en)	['lʉft,mad'ras]

| brincar (vi) | att leka | [at 'lʲeka] |
| ir nadar | att bada | [at 'bada] |

bola (f) de praia	boll (en)	['bɔlʲ]
encher (vt)	att blåsa upp	[at 'blʲo:sa up]
inflável (adj)	uppblåsbar	['up,blʲo:sbar]

onda (f)	våg (en)	['vo:g]
boia (f)	boj (en)	['bɔj]
afogar-se (vr)	att drunkna	[at 'drʊŋkna]

salvar (vt)	att rädda	[at 'rɛda]
colete (m) salva-vidas	räddningsväst (en)	['rɛdniŋ,vɛst]
observar (vt)	att observera	[at ɔbsɛr'vera]
salva-vidas (pessoa)	badvakt (en)	['bad,vakt]

EQUIPAMENTO TÉCNICO. TRANSPORTES

Equipamento técnico. Transportes

139. Computador

computador (m)	dator (en)	['datʊr]
computador (m) portátil	bärbar dator (en)	['bærbar 'datʊr]
ligar (vt)	att slå på	[at 'slʲo: pɔ]
desligar (vt)	att slå av	[at 'slʲo: 'av]
teclado (m)	tangentbord (ett)	[tan'jent͡bʊːɖ]
tecla (f)	tangent (en)	[tan'jent]
mouse (m)	mus (en)	['mʉːs]
tapete (m) para mouse	musmatta (en)	['mʉːsˌmata]
botão (m)	knapp (en)	['knap]
cursor (m)	markör (en)	[mar'køːr]
monitor (m)	monitor, bildskärm (en)	[mɔni'tor], ['bilʲdɧæːrm]
tela (f)	skärm (en)	['ɧæːrm]
disco (m) rígido	hårddisk (en)	['hoːɖˌdisk]
capacidade (f) do disco rígido	hårddisk kapacitet (en)	['hoːɖˌdisk kapasi'tet]
memória (f)	minne (ett)	['minə]
memória RAM (f)	operativminne (ett)	[ɔpera'tivˌminə]
arquivo (m)	fil (en)	['filʲ]
pasta (f)	mapp (en)	['map]
abrir (vt)	att öppna	[at 'øpna]
fechar (vt)	att stänga	[at 'stɛŋa]
salvar (vt)	att bevara	[at be'vara]
deletar (vt)	att ta bort, att radera	[at ta 'bɔːt], [at ra'dera]
copiar (vt)	att kopiera	[at kɔ'pjera]
ordenar (vt)	att sortera	[at sɔː'ʈera]
copiar (vt)	att överföra	[at øːvəˌføra]
programa (m)	program (ett)	[prɔ'gram]
software (m)	programvara (en)	[prɔ'gramˌvara]
programador (m)	programmerare (en)	[prɔgra'merarə]
programar (vt)	att programmera	[at prɔgra'mera]
hacker (m)	hackare (en)	['hakarə]
senha (f)	lösenord (ett)	['lʲøːsənˌʊːɖ]
vírus (m)	virus (ett)	['viːrʉs]
detectar (vt)	att upptäcka	[at 'upˌtɛka]
byte (m)	byte (ett)	['bajt]

megabyte (m)	megabyte (en)	['mega,bajt]
dados (m pl)	data (pl)	['data]
base (f) de dados	databas (en)	['data,bas]

cabo (m)	kabel (en)	['kabəlʲ]
desconectar (vt)	att koppla från	[at 'koplʲa frɔn]
conectar (vt)	att koppla	[at 'koplʲa]

140. Internet. E-mail

internet (f)	Internet	['intɛ:ˌɳɛt]
browser (m)	webbläsare (en)	['vɛbˌlʲɛ:sarə]
motor (m) de busca	sökmotor (en)	['sø:kˌmʊtʊr]
provedor (m)	leverantör (en)	[lʲevəran'tø:r]

webmaster (m)	webbmästare (en)	['vɛbˌmɛstarə]
website (m)	webbplats (en)	['vɛbˌplʲats]
web page (f)	webbsida (en)	['vɛbˌsida]

| endereço (m) | adress (en) | [a'drɛs] |
| livro (m) de endereços | adressbok (en) | [a'drɛsˌbʊk] |

caixa (f) de correio	brevlåda (en)	['brevˌlʲo:da]
correio (m)	post (en)	['pɔst]
cheia (caixa de correio)	full	['fulʲ]

mensagem (f)	meddelande (ett)	[me'delʲandə]
mensagens (f pl) recebidas	inkommande meddelanden	[in'kɔmandə me'delʲandən]
mensagens (f pl) enviadas	utgående meddelanden	['ʉtˌgo:əndə me'delʲandən]
remetente (m)	avsändare (en)	['avˌsɛndarə]
enviar (vt)	att skicka	[at 'ɧika]
envio (m)	avsändning (en)	['avˌsɛndniŋ]
destinatário (m)	mottagare (en)	['mɔtˌtagarə]
receber (vt)	att ta emot	[at ta ɛmo:t]

| correspondência (f) | korrespondens (en) | [kɔrɛspɔn'dɛns] |
| corresponder-se (vr) | att brevväxla | [at 'brevˌvɛkslʲa] |

arquivo (m)	fil (en)	['filʲ]
fazer download, baixar (vt)	att ladda ner	[at 'lʲada ner]
criar (vt)	att skapa	[at 'skapa]
deletar (vt)	att ta bort, att radera	[at ta 'bɔ:t], [at ra'dera]
deletado (adj)	borttagen	['bɔ:tˌta:gən]

conexão (f)	förbindelse (en)	[før'bindelʲsə]
velocidade (f)	hastighet (en)	['hastigˌhet]
modem (m)	modem (ett)	[mʊ'dem]
acesso (m)	tillträde (ett)	['tilʲtrɛ:də]
porta (f)	port (en)	['pɔ:t]

conexão (f)	uppkoppling (en)	['upˌkoplʲiŋ]
conectar (vi)	att ansluta	[at 'anˌslʉ:ta]
escolher (vt)	att välja	[at 'vɛlja]
buscar (vt)	att söka efter ...	[at 'sø:ka ˌɛftər ...]

Transportes

141. Avião

avião (m)	flygplan (ett)	['flʲygplʲan]
passagem (f) aérea	flygbiljett (en)	['flʲyg biˌlʲet]
companhia (f) aérea	flygbolag (ett)	['flʲyg‚bulʲag]
aeroporto (m)	flygplats (en)	['flʲygˌplʲats]
supersônico (adj)	överljuds-	['øːverjʉːds-]

comandante (m) do avião	kapten (en)	[kap'ten]
tripulação (f)	besättning (en)	[be'sætniŋ]
piloto (m)	pilot (en)	[pi'lʲut]
aeromoça (f)	flygvärdinna (en)	['flʲygˌvæːɖina]
copiloto (m)	styrman (en)	['styrˌman]

asas (f pl)	vingar (pl)	['viŋar]
cauda (f)	stjärtfena (en)	['ɧæːʈ feːna]
cabine (f)	cockpit, förarkabin (en)	['kɔkpit], ['føːrarˌkaˈbin]
motor (m)	motor (en)	['mutur]
trem (m) de pouso	landningsställ (ett)	['landniŋsˌstɛlʲ]
turbina (f)	turbin (en)	[tur'bin]

hélice (f)	propeller (en)	[pru'pɛlʲər]
caixa-preta (f)	svart låda (en)	['svaːʈ 'lʲoːda]
coluna (f) de controle	styrspak (ett)	['styːˌʂpak]
combustível (m)	bränsle (ett)	['brɛnslʲe]

instruções (f pl) de segurança	säkerhetsinstruktion (en)	['sɛːkərhets instruk'ɧun]
máscara (f) de oxigênio	syremask (en)	['syreˌmask]
uniforme (m)	uniform (en)	[uni'fɔrm]

colete (m) salva-vidas	räddningsväst (en)	['rɛdniŋˌvɛst]
paraquedas (m)	fallskärm (en)	['falʲˌɧæːrm]

decolagem (f)	start (en)	['staːʈ]
descolar (vi)	att lyfta	[at 'lʲyfta]
pista (f) de decolagem	startbana (en)	['staːʈˌbaːna]

visibilidade (f)	siktbarhet (en)	['siktbarˌhet]
voo (m)	flygning (en)	['flʲygniŋ]

altura (f)	höjd (en)	['hœjd]
poço (m) de ar	luftgrop (en)	['lʉftˌgrup]

assento (m)	plats (en)	['plʲats]
fone (m) de ouvido	hörlurar (pl)	['hœːˌlʲʉːrar]
mesa (f) retrátil	utfällbart bord (ett)	['ʉtfɛlʲˌbart 'buːd]
janela (f)	fönster (ett)	['fœnstər]
corredor (m)	mittgång (en)	['mitˌgɔŋ]

142. Comboio

trem (m)	tåg (ett)	['to:g]
trem (m) elétrico	lokaltåg, pendeltåg (ett)	[lʲɔ'kalʲˌto:g], ['pendəlˌto:g],
trem (m)	expresståg (ett)	[ɛks'prɛsˌto:g]
locomotiva (f) diesel	diesellokomotiv (ett)	['disəlʲ lʲɔkɔmɔ'tiv]
locomotiva (f) a vapor	ånglokomotiv (en)	['ɔŋˌlʲɔkɔmɔ'tiv]
vagão (f) de passageiros	vagn (en)	['vagn]
vagão-restaurante (m)	restaurangvagn (en)	[rɛstɔ'raŋˌvagn]
carris (m pl)	räls, rälsar (pl)	['rɛlʲs], ['rɛlʲsar]
estrada (f) de ferro	järnväg (en)	['jæːnˌvɛ:g]
travessa (f)	sliper (en)	['slipər]
plataforma (f)	perrong (en)	[pɛ'rɔŋ]
linha (f)	spår (ett)	['spo:r]
semáforo (m)	semafor (en)	[sema'fɔr]
estação (f)	station (en)	[sta'ʄʊn]
maquinista (m)	lokförare (en)	['lʲʊkˌfø:rarə]
bagageiro (m)	bärare (en)	['bæːrarə]
hospedeiro, -a (m, f)	tågvärd (en)	['to:gˌvæ:d̪]
passageiro (m)	passagerare (en)	[pasa'ʄerarə]
revisor (m)	kontrollant (en)	[kɔntrɔ'lʲant]
corredor (m)	korridor (en)	[kɔri'dɔ:r]
freio (m) de emergência	nödbroms (en)	['nø:d̪ˌbrɔms]
compartimento (m)	kupé (en)	[kʉ'pe:]
cama (f)	slaf, säng (en)	['slaf], ['sɛŋ]
cama (f) de cima	överslaf (en)	['øvəˌşslaf]
cama (f) de baixo	underslaf (en)	['undəˌşslaf]
roupa (f) de cama	sängkläder (pl)	['sɛŋˌklʲɛ:dər]
passagem (f)	biljett (en)	[bi'lʲet]
horário (m)	tidtabell (en)	['tid ta'bɛlʲ]
painel (m) de informação	informationstavla (en)	[informa'ʄʊnsˌtavlʲa]
partir (vt)	att avgå	[at 'avˌgo:]
partida (f)	avgång (en)	['avˌgɔŋ]
chegar (vi)	att ankomma	[at 'aŋˌkɔma]
chegada (f)	ankomst (en)	['aŋˌkɔmst]
chegar de trem	att ankomma med tåget	[at 'aŋˌkɔma me 'to:gət]
pegar o trem	att stiga på tåget	[at 'stiga pɔ 'to:gət]
descer de trem	att stiga av tåget	[at 'stiga av 'to:gət]
acidente (m) ferroviário	tågolycka (en)	['to:g ʊ:'lʲyka]
descarrilar (vi)	att spåra ur	[at 'spo:ra ʉ:r]
locomotiva (f) a vapor	ånglokomotiv (en)	['ɔŋˌlʲɔkɔmɔ'tiv]
foguista (m)	eldare (en)	['ɛlʲdarə]
fornalha (f)	eldstad (en)	['ɛlʲd̪ˌstad]
carvão (m)	kol (ett)	['kɔlʲ]

143. Barco

| navio (m) | skepp (ett) | ['ɧɛp] |
| embarcação (f) | fartyg (ett) | ['fɑ:ˌtyg] |

barco (m) a vapor	ångbåt (en)	['ɔŋˌbo:t]
barco (m) fluvial	flodbåt (en)	['flʲʊdˌbo:t]
transatlântico (m)	kryssningfartyg (ett)	['krysniŋˌfa:'tyg]
cruzeiro (m)	kryssare (en)	['krʏsarə]

iate (m)	jakt (en)	['jakt]
rebocador (m)	bogserbåt (en)	['bʊksɛːrˌbo:t]
barcaça (f)	pråm (en)	['pro:m]
ferry (m)	färja (en)	['fæ:rja]

| veleiro (m) | segelbåt (en) | ['segəlʲˌbo:t] |
| bergantim (m) | brigantin (en) | [brigan'tin] |

| quebra-gelo (m) | isbrytare (en) | ['isˌbrytarə] |
| submarino (m) | ubåt (en) | [ʉˈbo:t] |

bote, barco (m)	båt (en)	['bo:t]
baleeira (bote salva-vidas)	jolle (en)	['jɔlʲe]
bote (m) salva-vidas	livbåt (en)	['livˌbo:t]
lancha (f)	motorbåt (en)	['mʊtʊrˌbo:t]

capitão (m)	kapten (en)	[kap'ten]
marinheiro (m)	matros (en)	[ma'trʊs]
marujo (m)	sjöman (en)	['ɧø:ˌman]
tripulação (f)	besättning (en)	[be'sætniŋ]

contramestre (m)	båtsman (en)	['bɔtsman]
grumete (m)	jungman (en)	['jʉŋˌman]
cozinheiro (m) de bordo	kock (en)	['kɔk]
médico (m) de bordo	skeppsläkare (en)	['ɧɛpˌlʲɛ:karə]

convés (m)	däck (ett)	['dɛk]
mastro (m)	mast (en)	['mast]
vela (f)	segel (ett)	['segəlʲ]

porão (m)	lastrum (ett)	['lʲastˌru:m]
proa (f)	bog (en)	['bʊg]
popa (f)	akter (en)	['aktər]
remo (m)	åra (en)	['o:ra]
hélice (f)	propeller (en)	[prʊ'pɛlʲər]

cabine (m)	hytt (en)	['hʏt]
sala (f) dos oficiais	officersmäss (en)	[ɔfi'se:rsˌmɛs]
sala (f) das máquinas	maskinrum (ett)	[ma'ɧi:nˌru:m]
ponte (m) de comando	kommandobrygga (en)	[kɔm'andʊˌbrʏga]
sala (f) de comunicações	radiohytt (en)	['radiʊˌhʏt]
onda (f)	våg (en)	['vo:g]
diário (m) de bordo	loggbok (en)	['lʲɔgˌbʊk]
luneta (f)	tubkikare (en)	['tʉbˌɕikarə]
sino (m)	klocka (en)	['klʲɔka]

bandeira (f)	**flagga (en)**	['flˡaga]
cabo (m)	**tross (en)**	['trɔs]
nó (m)	**knop, knut (en)**	['knʊp], ['knʉt]

corrimão (m)	**räcken (pl)**	['rɛkən]
prancha (f) de embarque	**landgång (en)**	['lˡand‚gɔŋ]

âncora (f)	**ankar (ett)**	['aŋkar]
recolher a âncora	**att lätta ankar**	[at 'lˡæta 'aŋkar]
jogar a âncora	**att kasta ankar**	[at 'kasta 'aŋkar]
amarra (corrente de âncora)	**ankarkätting (en)**	['aŋkar‚çætiŋ]

porto (m)	**hamn (en)**	['hamn]
cais, amarradouro (m)	**kaj (en)**	['kaj]
atracar (vi)	**att förtöja**	[at fœ:'tœ:ja]
desatracar (vi)	**att kasta loss**	[at 'kasta 'lˡɔs]

viagem (f)	**resa (en)**	['resa]
cruzeiro (m)	**kryssning (en)**	['krʏsniŋ]
rumo (m)	**kurs (en)**	['ku:ʂ]
itinerário (m)	**rutt (en)**	['rut]

canal (m) de navegação	**farled, segelled (en)**	['fa:[led], ['segəl‚led]
banco (m) de areia	**grund (ett)**	['grʉnd]
encalhar (vt)	**att gå på grund**	[at 'go: pɔ 'grʉnd]

tempestade (f)	**storm (en)**	['stɔrm]
sinal (m)	**signal (en)**	[sig'nalˡ]
afundar-se (vr)	**att sjunka**	[at 'ɧuŋka]
Homem ao mar!	**Man överbord!**	['man 'ø:və‚bu:d]
SOS	**SOS**	[ɛso'ɛs]
boia (f) salva-vidas	**livboj (en)**	['liv‚bɔj]

144. Aeroporto

aeroporto (m)	**flygplats (en)**	['flˡyg‚plˡats]
avião (m)	**flygplan (ett)**	['flˡygplˡan]
companhia (f) aérea	**flygbolag (ett)**	['flˡyg‚bulˡag]
controlador (m) de tráfego aéreo	**flygledare (en)**	['flˡyg‚lˡedarə]

partida (f)	**avgång (en)**	['av‚gɔŋ]
chegada (f)	**ankomst (en)**	['aŋ‚kɔmst]
chegar (vi)	**att ankomma**	[at 'aŋ‚kɔma]

hora (f) de partida	**avgångstid (en)**	['avgɔŋs‚tid]
hora (f) de chegada	**ankomsttid (en)**	['aŋkɔmst‚tid]

estar atrasado	**att bli försenad**	[at bli fœ:'ʂɛnad]
atraso (m) de voo	**avgångsförsening (en)**	['avgɔŋs‚fœ:'ʂɛniŋ]

painel (m) de informação	**informationstavla (en)**	[informa'ɧʉns‚tavlˡa]
informação (f)	**information (en)**	[informa'ɧʉn]
anunciar (vt)	**att meddela**	[at 'me‚delˡa]

voo (m)	flyg (ett)	['flʲyg]
alfândega (f)	tull (en)	['tulʲ]
funcionário (m) da alfândega	tulltjänsteman (en)	['tulʲ 'ɕɛnstə‚man]

declaração (f) alfandegária	tulldeklaration (en)	['tulʲ‚dɛklʲara'ɦʊn]
preencher (vt)	att fylla i	[at 'fylʲa 'i]
preencher a declaração	att fylla i en tulldeklaration	[at 'fylʲa i en 'tulʲ‚dɛklʲara'ɦʊn]
controle (m) de passaporte	passkontroll (en)	['paskɔn‚trolʲ]

bagagem (f)	bagage (ett)	[ba'ga:ʃ]
bagagem (f) de mão	handbagage (ett)	['hand ba‚ga:ʃ]
carrinho (m)	bagagevagn (en)	[ba'ga:ʃ ‚vagn]

pouso (m)	landning (en)	['lʲandniŋ]
pista (f) de pouso	landningsbana (en)	['lʲandniŋs‚bana]
aterrissar (vi)	att landa	[at 'lʲanda]
escada (f) de avião	trappa (en)	['trapa]

check-in (m)	incheckning (en)	['in‚ɕɛkniŋ]
balcão (m) do check-in	incheckningsdisk (en)	['in‚ɕɛkniŋs 'disk]
fazer o check-in	att checka in	[at 'ɕɛka in]
cartão (m) de embarque	boardingkort (ett)	['bɔ:dɪŋ‚kɔ:t]
portão (m) de embarque	gate (en)	['gejt]

trânsito (m)	transit (en)	['transit]
esperar (vi, vt)	att vänta	[at 'vɛnta]
sala (f) de espera	väntsal (en)	['vɛnt‚salʲ]
despedir-se (acompanhar)	att vinka av	[at 'viŋka av]
despedir-se (dizer adeus)	att säga adjö	[at 'sɛ:ja a'jø:]

145. Bicicleta. Motocicleta

bicicleta (f)	cykel (en)	['sykəlʲ]
lambreta (f)	scooter (en)	['sku:tər]
moto (f)	motorcykel (en)	['mʊtʊr‚sykəlʲ]

ir de bicicleta	att cykla	[at 'sʏklʲa]
guidão (m)	styre (ett)	['styrə]
pedal (m)	pedal (en)	[pe'dalʲ]
freios (m pl)	bromsar (pl)	['brɔmsar]
banco, selim (m)	sadel (en)	['sadəlʲ]

bomba (f)	pump (en)	['pump]
bagageiro (m) de teto	bagagehållare (en)	[ba'ga:ʃ ‚ho:lʲarə]
lanterna (f)	lykta (en)	['lʲykta]
capacete (m)	hjälm (en)	['jɛlʲm]

roda (f)	hjul (ett)	['ju:lʲ]
para-choque (m)	stänkskärm (en)	['stɛŋk‚ɦæ:rm]
aro (m)	fälg (en)	['fɛlj]
raio (m)	eker (en)	['ɛkər]

Carros

146. Tipos de carros

carro, automóvel (m)	bil (en)	['bilʲ]
carro (m) esportivo	sportbil (en)	['spɔːtˌbilʲ]
limusine (f)	limousine (en)	[limu'siːn]
todo o terreno (m)	terrängbil (en)	[tɛ'rɛŋˌbilʲ]
conversível (m)	cabriolet (en)	[kabriɔ'lʲeː]
minibus (m)	minibuss (en)	['miniˌbus]
ambulância (f)	ambulans (en)	[ambʉ'lʲans]
limpa-neve (m)	snöplog (en)	['snøːˌplʲʊg]
caminhão (m)	lastbil (en)	['lʲastˌbilʲ]
caminhão-tanque (m)	tankbil (en)	['taŋkˌbilʲ]
perua, van (f)	skåpbil (en)	['skoːpˌbilʲ]
caminhão-trator (m)	dragbil (en)	['dragˌbilʲ]
reboque (m)	släpvagn (en)	['slʲɛpˌvagn]
confortável (adj)	komfortabel	[kɔmfo'ʈabəlʲ]
usado (adj)	begagnad	[be'gagnad]

147. Carros. Carroçaria

capô (m)	motorhuv (en)	['mʊtʊr hʉːv]
para-choque (m)	stänkskärm (en)	['stɛŋkˌʃæːrm]
teto (m)	tak (ett)	['tak]
para-brisa (m)	vindruta (en)	['vindˌrʉta]
retrovisor (m)	backspegel (en)	['bakˌspegəlʲ]
esguicho (m)	vindrutespolar (en)	['vindrʉtəˌspʊlʲar]
limpadores (m) de para-brisas	vindrutetorkare (en)	['vindrʉtəˌtɔrkarə]
vidro (m) lateral	sidoruta (en)	['sidʊˌrʉːta]
elevador (m) do vidro	fönsterhiss (en)	['fœnsterˌhis]
antena (f)	antenn (en)	[an'tɛn]
teto (m) solar	taklucka (en), soltak (ett)	['takˌlʉka], ['solʲˌtak]
para-choque (m)	stötfångare (en)	['støːtˌfɔŋarə]
porta-malas (f)	bagageutrymme (ett)	[ba'gaːʃ 'ʉtˌrʏmə]
bagageira (f)	takräcke (ett)	['takˌrɛkə]
porta (f)	dörr (en)	['dœr]
maçaneta (f)	dörrhandtag (ett)	['dœrˌhantag]
fechadura (f)	dörrlås (ett)	['dœrˌlʲoːs]
placa (f)	nummerplåt (en)	['numərˌplʲoːt]
silenciador (m)	ljuddämpare (en)	['jʉːdˌdɛmparə]

| tanque (m) de gasolina | bensintank (en) | [bɛn'sin‚taŋk] |
| tubo (m) de exaustão | avgasrör (ett) | ['avgas‚rø:r] |

acelerador (m)	gas (en)	['gas]
pedal (m)	pedal (en)	[pe'dalʲ]
pedal (m) do acelerador	gaspedal (en)	['gas pe'dalʲ]

freio (m)	broms (en)	['brɔms]
pedal (m) do freio	bromspedal (en)	['brɔms pe'dalʲ]
frear (vt)	att bromsa	[at 'brɔmsa]
freio (m) de mão	handbroms (en)	['hand‚brɔms]

embreagem (f)	koppling (en)	['kopliŋ]
pedal (m) da embreagem	kopplingspedal (en)	['kopliŋs pe'dalʲ]
disco (m) de embreagem	kopplingslamell (en)	['kopliŋs la'mɛlʲ]
amortecedor (m)	stötdämpare (en)	['stø:t‚dɛmparə]

roda (f)	hjul (ett)	['jʉ:lʲ]
pneu (m) estepe	reservhjul (ett)	[re'sɛrv‚jʉ:lʲ]
pneu (m)	däck (ett)	['dɛk]
calota (f)	navkapsel (en)	['nav‚kapsəlʲ]

rodas (f pl) motrizes	drivhjul (pl)	['driv‚jʉ:lʲ]
de tração dianteira	framhjulsdriven	['framjʉ:lʲs‚drivən]
de tração traseira	bakhjulsdriven	['bakjʉ:lʲs‚drivən]
de tração às 4 rodas	fyrahjulsdriven	['fyrajʉ:lʲs‚drivən]

caixa (f) de mudanças	växellåda (en)	['vɛksəl‚lʲo:da]
automático (adj)	automatisk	[autʉ'matisk]
mecânico (adj)	mekanisk	[me'kanisk]
alavanca (f) de câmbio	växelspak (en)	['vɛksəlʲ‚spak]

| farol (m) | strålkastare (en) | ['stro:lʲ‚kastarə] |
| faróis (m pl) | strålkastare (pl) | ['stro:lʲ‚kastarə] |

farol (m) baixo	halvljus (ett)	[halʲv‚jʉ:s]
farol (m) alto	helljus (ett)	['hɛlʲ:‚jʉ:s]
luzes (f pl) de parada	stoppljus (ett)	['stɔp‚jʉ:s]

luzes (f pl) de posição	positionsljus (ett)	[pʊsi'ɧʊns‚jʉ:s]
luzes (f pl) de emergência	nödljus (ett)	['nø:d‚jʉ:s]
faróis (m pl) de neblina	dimlykta (en)	['dim‚lʲykta]
pisca-pisca (m)	blinker (en)	['bliŋkər]
luz (f) de marcha ré	backljus (ett)	['bak‚jʉ:s]

148. Carros. Habitáculo

interior (do carro)	interiör, inredning (en)	[intɛ'rjø:r], ['in‚redniŋ]
de couro	läder-	['lʲɛ:dər-]
de veludo	velour-	[ve'lʉ:r‚]
estofamento (m)	klädsel (en)	['klʲɛdsəlʲ]

| indicador (m) | instrument (ett) | [instru'mɛnt] |
| painel (m) | instrumentpanel (en) | [instru'mɛnt pa'nəlʲ] |

velocímetro (m)	hastighetsmätare (en)	['hastighets̩mɛ:tarə]
ponteiro (m)	visare (en)	['visarə]
hodômetro, odômetro (m)	vägmätare (en)	['vɛ:g̩mɛ:tarə]
indicador (m)	indikator (en)	[indi'katʊr]
nível (m)	nivå (en)	[ni'vo:]
luz (f) de aviso	varningslampa (en)	['va:nɪŋs ̩lʲampa]
volante (m)	ratt (en)	['rat]
buzina (f)	horn (ett)	['hʊ:ɳ]
botão (m)	knapp (en)	['knap]
interruptor (m)	omskiftare (en)	['ɔm̩ɧiftarə]
assento (m)	säte (ett)	['sɛtə]
costas (f pl) do assento	ryggstöd (ett)	['rʏg̩stø:d]
cabeceira (f)	nackstöd (ett)	['nak̩stø:d]
cinto (m) de segurança	säkerhetsbälte (ett)	['sɛ:kərhets̩bɛlʲtə]
apertar o cinto	att sätta fast säkerhetsbältet	[at 'sæta fast 'sɛkərhets̩bɛlʲtət]
ajuste (m)	justering (en)	[ɧu'ste:rɪŋ]
airbag (m)	krockkudde (en)	['krɔk̩kudə]
ar (m) condicionado	luftkonditionerare (en)	['lʊft̩kɔndiɧʊ'nerarə]
rádio (m)	radio (en)	['radiʊ]
leitor (m) de CD	cd-spelare (en)	['sede ̩spelʲarə]
ligar (vt)	att slå på	[at 'slʲo: pɔ]
antena (f)	antenn (en)	[an'tɛn]
porta-luvas (m)	handskfack (ett)	['hansk̩fak]
cinzeiro (m)	askkopp (en)	['askop]

149. Carros. Motor

motor (m)	motor (en)	['mʊtʊr]
a diesel	diesel-	['disəlʲ-]
a gasolina	bensin-	[bɛn'sin-]
cilindrada (f)	motorvolym (en)	['mʊtʊr vɔ'lʲym]
potência (f)	styrka (en)	['styrka]
cavalo (m) de potência	hästkraft (en)	['hɛst̩kraft]
pistão (m)	kolv (en)	['kɔlʲv]
cilindro (m)	cylinder (en)	[sy'lindər]
válvula (f)	ventil (en)	[vɛn'tilʲ]
injetor (m)	injektor (en)	[in'jɛktʊr]
gerador (m)	generator (en)	[jene'ratʊr]
carburador (m)	förgasare (en)	[før'gasarə]
óleo (m) de motor	motorolja (en)	['mʊtʊr̩ɔlja]
radiador (m)	kylare (en)	['ɕylʲarə]
líquido (m) de arrefecimento	kylvätska (en)	['ɕylʲ̩vɛtska]
ventilador (m)	fläkt (en)	['flʲɛkt]
bateria (f)	batteri (ett)	[batɛ'ri:]
dispositivo (m) de arranque	starter, startmotor (en)	[sta:ʈə], ['sta:ʈ̩mʊtʊr]

ignição (f)	tändning (en)	['tɛndniŋ]
vela (f) de ignição	tändstift (ett)	['tɛnd͵stift]

terminal (m)	klämma (en)	['klʲɛma]
terminal (m) positivo	plusklämma (en)	['plʉs͵klʲɛma]
terminal (m) negativo	minusklämma (en)	['minus͵klʲɛma]
fusível (m)	säkring (en)	['sɛkriŋ]

filtro (m) de ar	luftfilter (ett)	['lʉft͵filʲtər]
filtro (m) de óleo	oljefilter (ett)	['ɔljə͵filʲtər]
filtro (m) de combustível	bränslefilter (ett)	['brɛnslʲe͵filʲtər]

150. Carros. Batidas. Reparação

acidente (m) de carro	bilolycka (en)	['bilʲ ʊ:'lʲyka]
acidente (m) rodoviário	trafikolycka (en)	[tra'fik ʊ:'lʲyka]
bater (~ num muro)	att köra in i ...	[at 'ɕø:ra in i ...]
sofrer um acidente	att haverera	[at have'rera]
dano (m)	skada (en)	['skada]
intato	oskadad	[ʊ:'skadad]

pane (f)	haveri (ett)	[have'ri:]
avariar (vi)	att bryta ihop	[at 'bryta i'hʊp]
cabo (m) de reboque	bogserlina (en)	['bʊksɛ:r͵lina]

furo (m)	punktering (en)	[puŋk'teriŋ]
estar furado	att vara punkterat	[at 'vara puŋk'terat]
encher (vt)	att pumpa upp	[at 'pumpa up]
pressão (f)	tryck (ett)	['tryk]
verificar (vt)	att checka	[at 'ɕɛka]

reparo (m)	reparation (en)	[repara'ʃʊn]
oficina (f) automotiva	bilverkstad (en)	['bilʲvɛrk͵stad]
peça (f) de reposição	reservdel (en)	[re'sɛrv͵delʲ]
peça (f)	del (en)	['delʲ]

parafuso (com porca)	bult (en)	['bulʲt]
parafuso (m)	skruv (en)	['skrʉ:v]
porca (f)	mutter (en)	['mutər]
arruela (f)	bricka (en)	['brika]
rolamento (m)	lager (ett)	['lʲagər]

tubo (m)	rör (ett)	['rø:r]
junta, gaxeta (f)	tätning (en)	['tɛtniŋ]
fio, cabo (m)	ledning (en)	['lʲedniŋ]

macaco (m)	domkraft (en)	['dʊm͵kraft]
chave (f) de boca	skruvnyckel (en)	['skrʉ:v͵nʏkəlʲ]
martelo (m)	hammare (en)	['hamarə]
bomba (f)	pump (en)	['pump]
chave (f) de fenda	skruvmejsel (en)	['skrʉ:v͵mɛjsəlʲ]

extintor (m)	brandsläckare (en)	['brand͵slʲɛkarə]
triângulo (m) de emergência	varningstriangel (en)	['va:rŋiŋs tri'aŋəlʲ]

morrer (motor)	**att stanna**	[at 'stana]
paragem, "morte" (f)	**tjuvstopp (ett)**	['ɕɵvstɔp]
estar quebrado	**att vara trasig**	[at 'vara ˌtrasig]
superaquecer-se (vr)	**att bli överhettad**	[at bli 'øvəˌhɛtad]
entupir-se (vr)	**att bli igensatt**	[at bli 'ijɛnsat]
congelar-se (vr)	**att frysa**	[at 'frysa]
rebentar (vi)	**att spricka, att brista**	[at 'sprika], [at 'brista]
pressão (f)	**tryck (ett)**	['trʏk]
nível (m)	**nivå (en)**	[ni'vo:]
frouxo (adj)	**slak**	['slʲak]
batida (f)	**buckla (en)**	['buklʲa]
ruído (m)	**knackande ljud (ett)**	['knakandəˌjɵ:d]
fissura (f)	**spricka (en)**	['sprika]
arranhão (m)	**repa, skråma (en)**	['repa], ['skroma]

151. Carros. Estrada

estrada (f)	**väg (en)**	['vɛ:g]
autoestrada (f)	**huvudväg (en)**	['hʉ:vʉdˌvɛ:g]
rodovia (f)	**motorväg (en)**	['mʊtʉrˌvɛ:g]
direção (f)	**riktning (en)**	['riktniŋ]
distância (f)	**avstånd (ett)**	['avˌstɔnd]
ponte (f)	**bro (en)**	['brʊ]
parque (m) de estacionamento	**parkeringsplats (en)**	[par'keriŋsˌplʲats]
praça (f)	**torg (ett)**	['tɔrj]
nó (m) rodoviário	**trafikplats, vägkorsning (en)**	[tra'fikˌplʲats], ['vɛ:gˌkɔ:ṣniŋ]
túnel (m)	**tunnel (en)**	['tunəlʲ]
posto (m) de gasolina	**bensinstation (en)**	[bɛn'sinˌsta'ʃɵn]
parque (m) de estacionamento	**parkeringsplats (en)**	[par'keriŋsˌplʲats]
bomba (f) de gasolina	**bensinpump (en)**	[bɛn'sinˌpump]
oficina (f) automotiva	**bilverkstad (en)**	['bilʲvɛrkˌstad]
abastecer (vt)	**att tanka**	[at 'taŋka]
combustível (m)	**bränsle (ett)**	['brɛnslʲe]
galão (m) de gasolina	**dunk (en)**	['du:ŋk]
asfalto (m)	**asfalt (en)**	['asfalʲt]
marcação (f) de estradas	**vägmarkering (en)**	['vɛ:gˌmar'keriŋ]
meio-fio (m)	**trottoarkant (en)**	[trɔtʉ'arˌkant]
guard-rail (m)	**vägräcke (ett)**	['vɛ:gˌrɛkə]
valeta (f)	**vägdike (ett)**	['vɛ:gˌdikə]
acostamento (m)	**vägkant (en)**	['vɛ:gˌkant]
poste (m) de luz	**lyktstolpe (en)**	['lʲykˌstɔlʲpə]
dirigir (vt)	**att köra**	[at 'ɕø:ra]
virar (~ para a direita)	**att svänga**	[at 'svɛŋa]
dar retorno	**att göra en u-sväng**	[at 'jø:ra en 'ʉ:ˌsvɛŋ]
ré (f)	**backning (en)**	['bakniŋ]
buzinar (vi)	**att tuta**	[at 'tɵ:ta]

buzina (f)	tuta (en)	['tʉ:ta]
atolar-se (vr)	att köra fast	[at 'ɕø:ra fast]
patinar (na lama)	att spinna	[at 'spina]
desligar (vt)	att stanna	[at 'stana]

velocidade (f)	hastighet (en)	['hastig,het]
exceder a velocidade	att överstiga hastighetsgränsen	[at 'ø:və,stiga 'hastighets,grɛnsən]
multar (vt)	att bötfälla	[at 'bøt,fɛlʲa]
semáforo (m)	trafikljus (ett)	[tra'fikjʉ:s]
carteira (f) de motorista	körkort (ett)	['ɕø:r,kɔ:t]

passagem (f) de nível	överkörsväg (en)	['ø:və,ɕø:ˌsvɛ:g]
cruzamento (m)	korsning (en)	['kɔ:ʂniŋ]
faixa (f)	övergångsställe (ett)	['ø:vərgɔŋsˌstɛlʲe]
curva (f)	kurva, krök (en)	['kurva], ['krø:k]
zona (f) de pedestres	gånggata (en)	['gɔŋˌgata]

PESSOAS. EVENTOS

Eventos

152. Férias. Evento

festa (f)	fest (en)	['fɛst]
feriado (m) nacional	nationaldag (en)	[natʃʊ'nalʲˌdag]
feriado (m)	helgdag (en)	['hɛljˌdag]
festejar (vt)	att fira	[at 'fira]
evento (festa, etc.)	begivenhet (en)	[be'jivənˌhet]
evento (banquete, etc.)	evenemang (ett)	[ɛvenə'maŋ]
banquete (m)	bankett (en)	[baŋ'ket]
recepção (f)	reception (en)	[resɛp'ʃʊn]
festim (m)	fest (en)	['fɛst]
aniversário (m)	årsdag (en)	['oːʂˌdag]
jubileu (m)	jubileum (ett)	[jʉbi'lʲeum]
celebrar (vt)	att fira	[at 'fira]
Ano (m) Novo	nyår (ett)	['nyˌoːr]
Feliz Ano Novo!	Gott Nytt År!	[gɔt nʏt 'oːr]
Papai Noel (m)	Jultomten	['julʲˌtɔmtən]
Natal (m)	jul (en)	['juːlʲ]
Feliz Natal!	God jul!	[ˌgʊd 'juːlʲ]
árvore (f) de Natal	julgran (en)	['julʲˌgran]
fogos (m pl) de artifício	fyrverkeri (ett)	[fyrvɛrke'riː]
casamento (m)	bröllop (ett)	['brœlʲɔp]
noivo (m)	brudgum (en)	['brʉːdˌguːm]
noiva (f)	brud (en)	['brʉːd]
convidar (vt)	att inbjuda, att invitera	[at in'bjʉːda], [at invi'tera]
convite (m)	inbjudan (en)	[in'bjʉːdan]
convidado (m)	gäst (en)	['jɛst]
visitar (vt)	att besöka	[at be'søːka]
receber os convidados	att hälsa på gästerna	[at 'hɛlʲsa pɔ 'jɛsteŋa]
presente (m)	gåva, present (en)	['goːva], [pre'sɛnt]
oferecer, dar (vt)	att ge	[at jeː]
receber presentes	att få presenter	[at fɔ: pre'sɛntər]
buquê (m) de flores	bukett (en)	[bʉ'kɛt]
felicitações (f pl)	lyckönskning (en)	['lʲykˌøŋskniŋ]
felicitar (vt)	att gratulera	[at gratʉ'lʲera]
cartão (m) de parabéns	gratulationskort (ett)	[gratʉlʲa'ʃʊnsˌkɔːt]

| enviar um cartão postal | att skicka vykort | [at 'ɧika 'vy,kɔ:t] |
| receber um cartão postal | att få vykort | [at fo: 'vy,kɔ:t] |

brinde (m)	skål (en)	['sko:lʲ]
oferecer (vt)	att bjuda	[at 'bjʉ:da]
champanhe (m)	champagne (en)	[ɧam'panʲ]

divertir-se (vr)	att ha roligt	[at ha 'rʊlit]
diversão (f)	uppsluppenhet (en)	['up,slupənhet]
alegria (f)	glädje (en)	['glʲɛdjə]

| dança (f) | dans (en) | ['dans] |
| dançar (vi) | att dansa | [at 'dansa] |

| valsa (f) | vals (en) | ['valʲs] |
| tango (m) | tango (en) | ['taŋɔ] |

153. Funerais. Enterro

cemitério (m)	kyrkogård (en)	['çyrkʊ,go:d]
sepultura (f), túmulo (m)	grav (en)	['grav]
cruz (f)	kors (ett)	['kɔ:ʂ]
lápide (f)	gravsten (en)	['grav,sten]
cerca (f)	stängsel (ett)	['stɛŋsəlʲ]
capela (f)	kapell (ett)	[ka'pɛlʲ]

morte (f)	död (en)	['dø:d]
morrer (vi)	att dö	[at 'dø:]
defunto (m)	den avlidne	[dɛn 'av,lidnə]
luto (m)	sorg (en)	['sɔrj]

enterrar, sepultar (vt)	att begrava	[at be'grava]
funerária (f)	begravningsbyrå (en)	[be'gravniŋs,byro:]
funeral (m)	begravning (en)	[be'gravniŋ]

coroa (f) de flores	krans (en)	['krans]
caixão (m)	likkista (en)	['lik,çista]
carro (m) funerário	likvagn (en)	['lik,vagn]
mortalha (f)	liksvepning (en)	['lik,svɛpniŋ]

procissão (f) funerária	begravningståg (ett)	[be'gravniŋs,to:g]
urna (f) funerária	gravurna (en)	['grav,u:ɳa]
crematório (m)	krematorium (ett)	[krema'tɔrium]

obituário (m), necrologia (f)	nekrolog (en)	[nɛkrʊ'lʲɔg]
chorar (vi)	att gråta	[at 'gro:ta]
soluçar (vi)	att snyfta	[at 'snʏfta]

154. Guerra. Soldados

| pelotão (m) | pluton (en) | [plʉ'tʊn] |
| companhia (f) | kompani (ett) | [kɔmpa'ni:] |

regimento (m)	regemente (ett)	[rege'mɛntə]
exército (m)	här, armé (en)	['hæ:r], [ar'me:]
divisão (f)	division (en)	[divi'ɧʊn]
esquadrão (m)	trupp (en)	['trup]
hoste (f)	här (en)	['hæ:r]
soldado (m)	soldat (en)	[sʊlʲ'dat]
oficial (m)	officer (en)	[ɔfi'se:r]
soldado (m) raso	menig (en)	['menig]
sargento (m)	sergeant (en)	[sɛr'ɧant]
tenente (m)	löjtnant (en)	['lʲœjt‚nant]
capitão (m)	kapten (en)	[kap'ten]
major (m)	major (en)	[ma'jʊ:r]
coronel (m)	överste (en)	['ø:veʂtə]
general (m)	general (en)	[jene'ralʲ]
marujo (m)	sjöman (en)	['ɧø:‚man]
capitão (m)	kapten (en)	[kap'ten]
contramestre (m)	båtsman (en)	['botsman]
artilheiro (m)	artillerist (en)	[a:ʈilʲe'rist]
soldado (m) paraquedista	fallskärmsjägare (en)	['falʲɧæ:rms ‚jɛ:garə]
piloto (m)	flygare (en)	['flʲygarə]
navegador (m)	styrman (en)	['styr‚man]
mecânico (m)	mekaniker (en)	[me'kanikər]
sapador-mineiro (m)	pionjär (en)	[piʊ'njæ:r]
paraquedista (m)	fallskärmshoppare (en)	['falʲɧæ:rms ‚hɔparə]
explorador (m)	spaningssoldat (en)	['spaniŋs sʊlʲ'dat]
atirador (m) de tocaia	prickskytt (en)	['prik‚ɧyt]
patrulha (f)	patrull (en)	[pat'rulʲ]
patrulhar (vt)	att patrullera	[at patru'lʲera]
sentinela (f)	vakt (en)	['vakt]
guerreiro (m)	krigare (en)	['krigarə]
patriota (m)	patriot (en)	[patri'ʊt]
herói (m)	hjälte (en)	['jɛlʲtə]
heroína (f)	hjältinna (en)	['jɛlʲ‚tina]
traidor (m)	förrädare (en)	[fœ:'rɛ:darə]
trair (vt)	att förråda	[at fœ:'ro:da]
desertor (m)	desertör (en)	[desɛ:'ʈø:r]
desertar (vt)	att desertera	[at desɛ:'ʈera]
mercenário (m)	legosoldat (en)	['lʲegʊ‚sʊlʲ'dat]
recruta (m)	rekryt (en)	[rɛk'ryt]
voluntário (m)	frivillig (en)	['fri‚vilig]
morto (m)	döda (en)	['dø:da]
ferido (m)	sårad (en)	['so:rad]
prisioneiro (m) de guerra	fånge (en)	['fɔŋə]

155. Guerra. Ações militares. Parte 1

guerra (f)	krig (ett)	['krig]
guerrear (vt)	att vara i krig	[at 'vara i ˌkrig]
guerra (f) civil	inbördeskrig (ett)	['inbø:dɛsˌkrig]
perfidamente	lömsk, förrädisk	['lʲømsk], [fœ:'rɛdisk]
declaração (f) de guerra	krigsförklaring (en)	['krigsˌførˈklʲariŋ]
declarar guerra	att förklara	[at førˈklʲara]
agressão (f)	aggression (en)	[agrɛ'fjʊn]
atacar (vt)	att angripa	[at 'anˌgripa]
invadir (vt)	att invadera	[at inva'dera]
invasor (m)	angripare (en)	['anˌgriparə]
conquistador (m)	erövrare (en)	[ɛ'rœvrarə]
defesa (f)	försvar (ett)	[fœ:'ʂvar]
defender (vt)	att försvara	[at fœ:'ʂvara]
defender-se (vr)	att försvara sig	[at fœ:'ʂvara sɛj]
inimigo (m)	fiende (en)	['fjɛndə]
adversário (m)	motståndare (en)	['mʊtˌstɔndarə]
inimigo (adj)	fientlig	['fjɛntlig]
estratégia (f)	strategi (en)	[strate'fji:]
tática (f)	taktik (en)	[tak'tik]
ordem (f)	order (en)	['ɔ:dər]
comando (m)	order, kommando (en)	['ɔ:dər], [kɔm'mandʊ]
ordenar (vt)	att beordra	[at be'o:dra]
missão (f)	uppdrag (ett)	['updrag]
secreto (adj)	hemlig	['hɛmlig]
batalha (f)	batalj (en)	[ba'talʲ]
batalha (f)	slag (ett)	['slʲag]
combate (m)	kamp (en)	['kamp]
ataque (m)	angrepp (ett)	['anˌgrɛp]
assalto (m)	stormning (en)	['stɔrmniŋ]
assaltar (vt)	att storma	[at 'stɔrma]
assédio, sítio (m)	belägring (en)	[be'lʲɛgriŋ]
ofensiva (f)	offensiv (en)	['ɔfɛnˌsi:v]
tomar à ofensiva	att angripa	[at 'anˌgripa]
retirada (f)	reträtt (en)	[rɛ'træt]
retirar-se (vr)	att retirera	[at reti'rera]
cerco (m)	omringning (en)	['ɔmˌriŋniŋ]
cercar (vt)	att omringa	[at 'ɔmˌriŋa]
bombardeio (m)	bombning (en)	['bɔmbniŋ]
lançar uma bomba	att släppa en bomb	[at 'slʲepa en bɔmb]
bombardear (vt)	att bombardera	[at bɔmba'dera]
explosão (f)	explosion (en)	[ɛksplʲo'fjʊn]

tiro (m)	skott (ett)	['skɔt]
dar um tiro	att skjuta	[at 'ɧʉːta]
tiroteio (m)	skjutande (ett)	['ɧʉːtandə]

apontar para ...	att sikta på ...	[at 'sikta pɔ ...]
apontar (vt)	att rikta	[at 'rikta]
acertar (vt)	att träffa	[at 'trɛfa]

afundar (~ um navio, etc.)	att sänka	[at 'sɛŋka]
brecha (f)	hål (ett)	['hoːlʲ]
afundar-se (vr)	att sjunka	[at 'ɧuŋka]

frente (m)	front (en)	['frɔnt]
evacuação (f)	evakuering (en)	[ɛvakʉ'eːriŋ]
evacuar (vt)	att evakuera	[at ɛvakʉ'eːra]

trincheira (f)	skyttegrav (en)	['ɧytəˌgrav]
arame (m) enfarpado	taggtråd (en)	['tagˌtroːd]
barreira (f) anti-tanque	avspärning (en)	['avˌspɛrniŋ]
torre (f) de vigia	vakttorn (ett)	['vaktˌtʉːn̩]

hospital (m) militar	militärsjukhus (ett)	[miliˈtæːrsˌhʉs]
ferir (vt)	att såra	[at 'soːra]
ferida (f)	sår (ett)	['soːr]
ferido (m)	sårad (en)	['soːrad]
ficar ferido	att bli sårad	[at bli 'soːrad]
grave (ferida ~)	allvarlig	[alʲ'vaːlʲig]

156. Armas

arma (f)	vapen (ett)	['vapən]
arma (f) de fogo	skjutvapen (ett)	['ɧʉːtˌvapən]
arma (f) branca	blank vapen (ett)	['blʲaŋk 'vapən]

arma (f) química	kemiskt vapen (ett)	['çemiskt 'vapən]
nuclear (adj)	kärn-	['çæːn̩-]
arma (f) nuclear	kärnvapen (ett)	['çæːn̩ˌvapən]

bomba (f)	bomb (en)	['bɔmb]
bomba (f) atômica	atombomb (en)	[a'tɔmˌbɔmb]

pistola (f)	pistol (en)	[pi'stʉlʲ]
rifle (m)	gevär (ett)	[je'væːr]
semi-automática (f)	maskinpistol (en)	[ma'ɧiːn pi'stʉlʲ]
metralhadora (f)	maskingevär (ett)	[ma'ɧiːn je'væːr]

boca (f)	mynning (en)	['mʏniŋ]
cano (m)	lopp (ett)	['lʲɔp]
calibre (m)	kaliber (en)	[ka'libər]

gatilho (m)	avtryckare (en)	['avˌtrʏkarə]
mira (f)	sikte (ett)	['siktə]
carregador (m)	magasin (ett)	[maga'sin]
coronha (f)	kolv (en)	['kɔlʲv]

granada (f) de mão	handgranat (en)	['hand gra,nat]
explosivo (m)	sprängämne (ett)	['sprɛŋ,ɛmnə]

bala (f)	kula (en)	['kʉːlʲa]
cartucho (m)	patron (en)	[pa'trʊn]
carga (f)	laddning (en)	['lʲadniŋ]
munições (f pl)	ammunition (en)	[amʉni'ɦʊn]

bombardeiro (m)	bombplan (ett)	['bɔmb,plʲan]
avião (m) de caça	jaktplan (ett)	['jakt,plʲan]
helicóptero (m)	helikopter (en)	[heli'kɔptər]

canhão (m) antiaéreo	luftvärnskanon (en)	['lʉftvæːŋs ka'nʊn]
tanque (m)	stridsvagn (en)	['strids,vagn]
canhão (de um tanque)	kanon (en)	[ka'nʊn]

artilharia (f)	artilleri (ett)	[aːʈilʲe'riː]
canhão (m)	kanon (en)	[ka'nʊn]
fazer a pontaria	att rikta in	[at 'rikta in]

projétil (m)	projektil (en)	[prʊɦek'tilʲ]
granada (f) de morteiro	granat (en)	[gra'nat]
morteiro (m)	granatkastare (en)	[gra'nat,kastarə]
estilhaço (m)	splitter (ett)	['splitər]

submarino (m)	ubåt (en)	[ʉːˈboːt]
torpedo (m)	torped (en)	[tɔr'ped]
míssil (m)	robot, missil (en)	['rɔbɔt], [mi'silʲ]

carregar (uma arma)	att ladda	[at 'lʲada]
disparar, atirar (vi)	att skjuta	[at 'ɦʉːta]
apontar para ...	att sikta på ...	[at 'sikta pɔ ...]
baioneta (f)	bajonett (en)	[bajʉ'nɛt]

espada (f)	värja (en)	['væːrja]
sabre (m)	sabel (en)	['sabəlʲ]
lança (f)	spjut (ett)	['spjʉːt]
arco (m)	båge (en)	['boːgə]
flecha (f)	pil (en)	['pilʲ]
mosquete (m)	musköt (en)	[mu'skøːt]
besta (f)	armborst (ett)	['arm,bɔːʂt]

157. Povos da antiguidade

primitivo (adj)	ur-	['ʉr-]
pré-histórico (adj)	förhistorisk	['førhi,stʊrisk]
antigo (adj)	forntida, antikens	['fʊːɳ,tida], [an'tikəns]

Idade (f) da Pedra	Stenåldern	['sten,ɔːlʲdɛːŋ]
Idade (f) do Bronze	bronsålder (en)	['brɔns,oːlʲdər]
Era (f) do Gelo	istid (en)	['is,tid]

tribo (f)	stam (en)	['stam]
canibal (m)	kannibal (en)	[kani'balʲ]

caçador (m)	jägare (en)	['jɛːgarə]
caçar (vi)	att jaga	[at 'jaga]
mamute (m)	mammut (en)	[ma'mut]

caverna (f)	grotta (en)	['grɔta]
fogo (m)	eld (en)	['ɛlʲd]
fogueira (f)	bål (ett)	['boːlʲ]
pintura (f) rupestre	hällristning (en)	['hɛlʲˌristniŋ]

ferramenta (f)	redskap (ett)	['rɛdˌskap]
lança (f)	spjut (ett)	['spjʉːt]
machado (m) de pedra	stenyxa (en)	['stenˌyksa]
guerrear (vt)	att vara i krig	[at 'vara i ˌkrig]
domesticar (vt)	att tämja	[at 'tɛmja]

ídolo (m)	idol (en)	[i'dɔlʲ]
adorar, venerar (vt)	att dyrka	[at 'dyrka]
superstição (f)	vidskepelse (en)	['vidˌʃɛpəlʲsə]
ritual (m)	ritual (en)	[ritu'alʲ]

evolução (f)	evolution (en)	[ɛvɔlʉ'ʄʊn]
desenvolvimento (m)	utveckling (en)	['ʉtˌvɛkliŋ]
extinção (f)	försvinnande (ett)	[fœːˈʂvinandə]
adaptar-se (vr)	att anpassa sig	[at 'anˌpasa sɛj]

arqueologia (f)	arkeologi (en)	[ˌarkeʉlʲoˈgiː]
arqueólogo (m)	arkeolog (en)	[ˌarkeʉˈlʲɔg]
arqueológico (adj)	arkeologisk	[ˌarkeʉˈlʲɔgisk]

escavação (sítio)	utgrävningsplats (en)	['ʉtˌgrɛvniŋs 'plʲats]
escavações (f pl)	utgrävningar (pl)	['ʉtˌgrɛvniŋar]
achado (m)	fynd (ett)	['fʏnd]
fragmento (m)	fragment (ett)	[frag'mɛnt]

158. Idade média

povo (m)	folk (ett)	['fɔlʲk]
povos (m pl)	folk (pl)	['fɔlʲk]
tribo (f)	stam (en)	['stam]
tribos (f pl)	stammar (pl)	['stamar]

bárbaros (pl)	barbarer (pl)	[bar'barər]
galeses (pl)	galler (pl)	['galʲer]
godos (pl)	goter (pl)	['gʊtər]
eslavos (pl)	slavar (pl)	['slʲavar]
viquingues (pl)	vikingar (pl)	['vikiŋar]

romanos (pl)	romare (pl)	['rʊmarə]
romano (adj)	romersk	['rʊmɛʂk]

bizantinos (pl)	bysantiner (pl)	[bysan'tinər]
Bizâncio	Bysans	['bysans]
bizantino (adj)	bysantinsk	[bysan'tinsk]
imperador (m)	kejsare (en)	['ɕejsarə]

líder (m)	hövding (en)	['hœvdiŋ]
poderoso (adj)	mäktig, kraftfull	['mɛktig], ['kraft͵ful͏ʲ]
rei (m)	kung (en)	['kuŋ]
governante (m)	härskare (en)	['hæːʂkarə]

cavaleiro (m)	riddare (en)	['ridarə]
senhor feudal (m)	feodalherre (en)	[feʊ'dal͏ʲ͵hærə]
feudal (adj)	feodal-	[feʊ'dal͏ʲ-]
vassalo (m)	vasall (en)	[va'sal͏ʲ]

duque (m)	hertig (en)	['hɛːʈig]
conde (m)	greve (en)	['grevə]
barão (m)	baron (en)	[ba'rʊn]
bispo (m)	biskop (en)	['biskɔp]

armadura (f)	rustning (en)	['rustniŋ]
escudo (m)	sköld (en)	['ɧœl͏ʲd]
espada (f)	svärd (ett)	['svæːd̺]
viseira (f)	visir (ett)	[vi'sir]
cota (f) de malha	ringbrynja (en)	['riŋ͵brʏnja]

| cruzada (f) | korståg (ett) | ['kɔːʂ͵toːg] |
| cruzado (m) | korsfarare (en) | ['kɔːʂ͵fararə] |

território (m)	territorium (ett)	[tɛri'tʊrium]
atacar (vt)	att angripa	[at 'an͵gripa]
conquistar (vt)	att erövra	[at ɛ'rœvra]
ocupar, invadir (vt)	att ockupera	[at ɔkɵp'era]

assédio, sítio (m)	belägring (en)	[be'l͏ʲɛgriŋ]
sitiado (adj)	belägrad	[be'l͏ʲɛgrad]
assediar, sitiar (vt)	att belägra	[at be'l͏ʲɛgra]

inquisição (f)	inkvisition (en)	[iŋkvisi'fɵn]
inquisidor (m)	inkvisitor (en)	[iŋkvi'sitʊr]
tortura (f)	tortyr (en)	[tɔ:'tyr]
cruel (adj)	brutal	[brʊ'tal͏ʲ]
herege (m)	kättare (en)	['çætarə]
heresia (f)	kätteri (ett)	[çæte'ri:]

navegação (f) marítima	sjöfart (en)	['ɧøː͵faːʈ]
pirata (m)	pirat, sjörövare (en)	[pi'rat], ['ɧøː͵rø:varə]
pirataria (f)	sjöröveri (ett)	['ɧøː͵rø:ve'ri:]
abordagem (f)	äntring (en)	['ɛntriŋ]

| presa (f), butim (m) | byte (ett) | ['bytə] |
| tesouros (m pl) | skatter (pl) | ['skatər] |

descobrimento (m)	upptäckt (en)	['up͵tɛkt]
descobrir (novas terras)	att upptäcka	[at 'up͵tɛka]
expedição (f)	expedition (en)	[ɛkspedi'fɵn]

mosqueteiro (m)	musketör (en)	[muskə'tøːr]
cardeal (m)	kardinal (en)	[kaːɖi'nal͏ʲ]
heráldica (f)	heraldik (en)	[heral͏ʲ'dik]
heráldico (adj)	heraldisk	[he'ral͏ʲdisk]

159. Líder. Chefe. Autoridades

rei (m)	kung (en)	['kuŋ]
rainha (f)	drottning (en)	['drɔtniŋ]
real (adj)	kunglig	['kuŋlig]
reino (m)	kungarike (ett)	['kuŋa͵rikə]

| príncipe (m) | prins (en) | ['prins] |
| princesa (f) | prinsessa (en) | [prin'sɛsa] |

presidente (m)	president (en)	[prɛsi'dɛnt]
vice-presidente (m)	vicepresident (en)	['visə͵prɛsi'dɛnt]
senador (m)	senator (en)	[se'natʉr]

monarca (m)	monark (en)	[mʉ'nark]
governante (m)	härskare (en)	['hæːʂkarə]
ditador (m)	diktator (en)	[dik'tatʉr]
tirano (m)	tyrann (en)	[ty'ran]
magnata (m)	magnat (en)	[mag'nat]

diretor (m)	direktör (en)	[dirɛk'tøːr]
chefe (m)	chef (en)	['ɧef]
gerente (m)	föreståndare (en)	[førə'stɔndarə]
patrão (m)	boss (en)	['bɔs]
dono (m)	ägare (en)	['ɛːgarə]

líder (m)	ledare (en)	['lʲedarə]
chefe (m)	ledare (en)	['lʲedarə]
autoridades (f pl)	myndigheter (pl)	['mʏndi͵hetər]
superiores (m pl)	överordnade (pl)	['øːvər͵ɔːdnade]

governador (m)	guvernör (en)	[gʉvɛ:'ŋøːr]
cônsul (m)	konsul (en)	['kɔnsulʲ]
diplomata (m)	diplomat (en)	[diplʲo'mat]
Presidente (m) da Câmara	borgmästare (en)	['bɔrj͵mɛstarə]
xerife (m)	sheriff (en)	[ʃe'rif]

imperador (m)	kejsare (en)	['ɕejsarə]
czar (m)	tsar (en)	['tsar]
faraó (m)	farao (en)	['faraʉ]
cã, khan (m)	kan (en)	['kan]

160. Violação da lei. Criminosos. Parte 1

bandido (m)	bandit (en)	[ban'dit]
crime (m)	brott (ett)	['brɔt]
criminoso (m)	förbrytare (en)	[før'brytarə]

ladrão (m)	tjuv (en)	['ɕʉ:v]
roubar (vt)	att stjäla	[at 'ɧɛ:lʲa]
roubo (atividade)	tjuveri (ett)	[ɕʉve'ri:]
furto (m)	stöld (en)	['stœlʲd]
raptar, sequestrar (vt)	att kidnappa	[at 'kid͵napa]

sequestro (m)	**kidnapping (en)**	['kid‚napiŋ]
sequestrador (m)	**kidnappare (en)**	['kid‚naparə]
resgate (m)	**lösesumma (en)**	['lˡø:sə‚suma]
pedir resgate	**att kräva lösesumma**	[at 'krɛ:va 'lˡø:sə‚suma]
roubar (vt)	**att råna**	[at 'ro:na]
assalto, roubo (m)	**rån (ett)**	['ro:n]
assaltante (m)	**rånare (en)**	['ro:narə]
extorquir (vt)	**att pressa ut**	[at 'prɛsa ʉt]
extorsionário (m)	**utpressare (en)**	['ʉt‚prɛsarə]
extorsão (f)	**utpressning (en)**	['ʉt‚prɛsniŋ]
matar, assassinar (vt)	**att mörda**	[at 'mø:ɖa]
homicídio (m)	**mord (ett)**	['mʊ:ɖ]
homicida, assassino (m)	**mördare (en)**	['mø:ɖarə]
tiro (m)	**skott (ett)**	['skɔt]
dar um tiro	**att skjuta**	[at 'ɧʉ:ta]
matar a tiro	**att skjuta ner**	[at 'ɧʉ:ta ner]
disparar, atirar (vi)	**att skjuta**	[at 'ɧʉ:ta]
tiroteio (m)	**skjutande (ett)**	['ɧʉ:tandə]
incidente (m)	**händelse (en)**	['hɛndəlˡsə]
briga (~ de rua)	**slagsmål (ett)**	['slˡaks‚mo:lˡ]
Socorro!	**Hjälp!**	['jɛlˡp]
vítima (f)	**offer (ett)**	['ɔfər]
danificar (vt)	**att skada**	[at 'skada]
dano (m)	**skada (en)**	['skada]
cadáver (m)	**lik (ett)**	['lik]
grave (adj)	**allvarligt**	[alˡ'va:lˡit]
atacar (vt)	**att anfalla**	[at 'anfalˡa]
bater (espancar)	**att slå**	[at 'slˡo:]
espancar (vt)	**att prygla**	[at 'prɣglˡa]
tirar, roubar (dinheiro)	**att beröva**	[at be'rø:va]
esfaquear (vt)	**att skära ihjäl**	[at 'ɧæ:ra i'jɛlˡ]
mutilar (vt)	**att lemlästa**	[at 'lem‚lɛsta]
ferir (vt)	**att såra**	[at 'so:ra]
chantagem (f)	**utpressning (en)**	['ʉt‚prɛsniŋ]
chantagear (vt)	**att utpressa**	[at 'ʉt‚prɛsa]
chantagista (m)	**utpressare (en)**	['ʉt‚prɛsarə]
extorsão (f)	**utpressning (en)**	['ʉt‚prɛsniŋ]
extorsionário (m)	**utpressare (en)**	['ʉt‚prɛsarə]
gângster (m)	**gangster (en)**	['gaŋstər]
máfia (f)	**maffia (en)**	['mafia]
punguista (m)	**ficktjuv (en)**	['fik‚ɕʉ:v]
assaltante, ladrão (m)	**inbrottstjuv (en)**	['inbrɔts‚ɕʉ:v]
contrabando (m)	**smuggling (en)**	['smugliŋ]
contrabandista (m)	**smugglare (en)**	['smuglˡarə]
falsificação (f)	**förfalskning (en)**	[før'falˡskniŋ]

| falsificar (vt) | att förfalska | [at før'falˡska] |
| falsificado (adj) | falsk | ['falˡsk] |

161. Violação da lei. Criminosos. Parte 2

estupro (m)	våldtäkt (en)	['vo:lˡˌtɛkt]
estuprar (vt)	att våldta	[at 'vo:lˡˌta]
estuprador (m)	våldtäktsman (en)	['vo:lˡtɛktsˌman]
maníaco (m)	maniker (en)	['manikər]

prostituta (f)	prostituerad (en)	[prɔstitɥ'ɛrad]
prostituição (f)	prostitution (en)	[prɔstitɥ'ɧʊn]
cafetão (m)	hallik (en)	['halik]

| drogado (m) | narkoman (en) | [narkʊ'man] |
| traficante (m) | droglangare (en) | ['drʊgˌlˡaŋarə] |

explodir (vt)	att spränga	[at 'sprɛŋa]
explosão (f)	explosion (en)	[ɛksplˡɔ'ɧʊn]
incendiar (vt)	att sätta eld	[at 'sæta ˌɛlˡd]
incendiário (m)	mordbrännare (en)	['mʊːdˌbrɛnarə]

terrorismo (m)	terrorism (en)	[tɛrʊ'rism]
terrorista (m)	terrorist (en)	[tɛrʊ'rist]
refém (m)	gisslan (en)	['jislˡan]

enganar (vt)	att bedra	[at be'dra]
engano (m)	bedrägeri (en)	[bedrɛːge'riː]
vigarista (m)	bedragare (en)	[be'dragarə]

subornar (vt)	att muta, att besticka	[at 'mɥːta], [at be'stika]
suborno (atividade)	muta (en)	['mɥːta]
suborno (dinheiro)	muta (en)	['mɥːta]

veneno (m)	gift (en)	['jift]
envenenar (vt)	att förgifta	[at før'jifta]
envenenar-se (vr)	att förgifta sig själv	[at før'jifta sɛj ɧɛlˡv]

| suicídio (m) | självmord (ett) | ['ɧɛlˡvˌmʊːd] |
| suicida (m) | självmördare (en) | ['ɧɛlˡvˌmøːdarə] |

ameaçar (vt)	att hota	[at 'hʊta]
ameaça (f)	hot (ett)	['hʊt]
atentar contra a vida de ...	att begå mordförsök	[at be'go 'mʊːdfœːˌʂøːk]
atentado (m)	mordförsök (ett)	['mʊːdfœːˌʂøːk]

| roubar (um carro) | att stjäla | [at 'ɧɛːlˡa] |
| sequestrar (um avião) | att kapa | [at 'kapa] |

| vingança (f) | hämnd (en) | ['hɛmnd] |
| vingar (vt) | att hämnas | [at 'hɛmnas] |

| torturar (vt) | att tortera | [at tɔ'ʈera] |
| tortura (f) | tortyr (en) | [tɔ'ʈyr] |

atormentar (vt)	att plåga	[at 'plʲoːga]
pirata (m)	pirat, sjörövare (en)	[pi'rat], ['ʂøːˌrøːvarə]
desordeiro (m)	buse (en)	['bʉːsə]
armado (adj)	beväpnad	[be'vɛpnad]
violência (f)	våld (ett)	['voːlʲd]
ilegal (adj)	illegal	['ilʲeˌɡalʲ]
espionagem (f)	spioneri (ett)	[spiʊne'riː]
espionar (vi)	att spionera	[at spiʊ'nera]

162. Polícia. Lei. Parte 1

justiça (sistema de ~)	rättvisa (en)	['rætˌvisa]
tribunal (m)	rättssal (en)	['rætˌsalʲ]
juiz (m)	domare (en)	['dʊmarə]
jurados (m pl)	jurymedlemmer (pl)	['jʉriˌmedle'mər]
tribunal (m) do júri	juryrättegång (en)	['jʉriˌræte'ɡoŋ]
julgar (vt)	att döma	[at 'døːma]
advogado (m)	advokat (en)	[advʊ'kat]
réu (m)	anklagad (en)	['aŋˌklʲagad]
banco (m) dos réus	anklagades bänk (en)	['aŋˌklʲagadəs ˌbɛŋk]
acusação (f)	anklagelse (en)	['aŋˌklʲagelʲsə]
acusado (m)	den anklagade	[dɛn 'aŋˌklʲagadə]
sentença (f)	dom (en)	['dɔm]
sentenciar (vt)	att döma	[at 'døːma]
culpado (m)	skyldig (en)	['ɧylʲdig]
punir (vt)	att straffa	[at 'strafa]
punição (f)	straff (ett)	['straf]
multa (f)	bot (en)	['bʊt]
prisão (f) perpétua	livstids fängelse (ett)	['livstids 'fɛŋəlʲsə]
pena (f) de morte	dödsstraff (ett)	['døːdˌstraf]
cadeira (f) elétrica	elektrisk stol (en)	[ɛ'lʲektrisk ˌstʊlʲ]
forca (f)	galge (en)	['galʲə]
executar (vt)	att avrätta	[at 'avˌræta]
execução (f)	avrättning (en)	['avˌrætniŋ]
prisão (f)	fängelse (ett)	['fɛŋəlʲsə]
cela (f) de prisão	cell (en)	['sɛlʲ]
escolta (f)	eskort (en)	[ɛs'kɔːt]
guarda (m) prisional	fångvaktare (en)	['foŋˌvaktarə]
preso, prisioneiro (m)	fånge (en)	['foŋə]
algemas (f pl)	handbojor (pl)	['handˌbojʊr]
algemar (vt)	att sätta handbojor	[at 'sæta 'handˌbojʊr]
fuga, evasão (f)	flukt (en)	['flʉkt]
fugir (vi)	att rymma	[at 'rʏma]

desaparecer (vi)	att försvinna	[at fœ:'ʂvina]
soltar, libertar (vt)	att frige	[at 'frije]
anistia (f)	amnesti (en)	[amnɛs'ti:]

polícia (instituição)	polis (en)	[pʊ'lis]
polícia (m)	polis (en)	[pʊ'lis]
delegacia (f) de polícia	polisstation (en)	[pʊ'lis‚sta'ɧʊn]
cassetete (m)	gummibatong (en)	['gumiba‚tʊŋ]
megafone (m)	megafon (en)	[mega'fɔn]

carro (m) de patrulha	patrullbil (en)	[pat'rulʲ‚bil]
sirene (f)	siren (en)	[si'ren]
ligar a sirene	att slå på sirenen	[at slʲo: pɔ si'renən]
toque (m) da sirene	siren tjut (ett)	[si'ren ‚ɕʉ:t]

cena (f) do crime	brottsplats (en)	['brɔts plʲats]
testemunha (f)	vittne (ett)	['vitnə]
liberdade (f)	frihet (en)	['fri‚het]
cúmplice (m)	medskyldig (en)	['mɛd‚ɧylʲdig]
escapar (vi)	att fly	[at flʲy]
traço (não deixar ~s)	spår (ett)	['spo:r]

163. Polícia. Lei. Parte 2

procura (f)	undersökning (en)	['undə‚sœkniŋ]
procurar (vt)	att söka efter ...	[at 'sø:ka ‚ɛftər ...]
suspeita (f)	misstanke (en)	['mis‚taŋkə]
suspeito (adj)	misstänksam	['mistɛŋksam]
parar (veículo, etc.)	att stanna	[at 'stana]
deter (fazer parar)	att anhålla	[at 'an‚ho:lʲa]

caso (~ criminal)	sak, rättegång (en)	[sak], ['rætə‚gɔŋ]
investigação (f)	undersökning (en)	['undə‚sœkniŋ]
detetive (m)	detektiv (en)	[detɛk'tiv]
investigador (m)	undersökare (en)	['undə‚sø:karə]
versão (f)	version (en)	[vɛr'ɧʊn]

motivo (m)	motiv (ett)	[mʊ'tiv]
interrogatório (m)	förhör (ett)	[før'hø:r]
interrogar (vt)	att förhöra	[at før'hø:ra]
questionar (vt)	att avhöra	[at 'av‚hø:ra]
verificação (f)	kontroll (en)	[kɔn'trolʲ]

batida (f) policial	razzia (en)	['ratsia]
busca (f)	rannsakan (en)	['ran‚sakan]
perseguição (f)	jakt (en)	['jakt]
perseguir (vt)	att förfölja	[at før'følja]
seguir, rastrear (vt)	att spåra	[at 'spo:ra]

prisão (f)	arrest (en)	[a'rɛst]
prender (vt)	att arrestera	[at arɛ'stera]
pegar, capturar (vt)	att fånga	[at 'fɔŋa]
captura (f)	gripande (en)	['gripandə]
documento (m)	dokument (ett)	[dɔku'mɛnt]

prova (f)	bevis (ett)	[be'vis]
provar (vt)	att bevisa	[at be'visa]
pegada (f)	fotspår (ett)	['fʊt̩spoːr]
impressões (f pl) digitais	fingeravtryck (pl)	['fiŋer̩avtrʏk]
prova (f)	bevis (ett)	[be'vis]

álibi (m)	alibi (ett)	['alibi]
inocente (adj)	oskyldig	[ʊ:'ɧylʲdig]
injustiça (f)	orättfärdighet (en)	['ʊrætˌfæːɖihet]
injusto (adj)	orättfärdig	['ʊrætˌfæːɖig]

criminal (adj)	kriminell	[krimi'nɛlʲ]
confiscar (vt)	att konfiskera	[at kɔnfi'skera]
droga (f)	drog, narkotika (en)	['drʊg], [nar'kotika]
arma (f)	vapen (ett)	['vapən]
desarmar (vt)	att avväpna	[at 'avˌvɛpna]
ordenar (vt)	att befalla	[at be'falʲa]
desaparecer (vi)	att försvinna	[at fœː'ʂvina]

lei (f)	lag (en)	['lʲag]
legal (adj)	laglig	['lʲaglig]
ilegal (adj)	olovlig	[ʊ:'lʲovlig]

| responsabilidade (f) | ansvar (ett) | ['anˌsvar] |
| responsável (adj) | ansvarig | ['anˌsvarig] |

NATUREZA

A Terra. Parte 1

164. Espaço sideral

espaço, cosmo (m)	rymden, kosmos (ett)	[rʋmden], ['kosmɔs]
espacial, cósmico (adj)	rymd-	['rʋmd-]
espaço (m) cósmico	yttre rymd (en)	['ytrə ‚rʋmd]
mundo (m)	värld (en)	['væ:ɖ]
universo (m)	universum (ett)	[uni'vɛ:ʂum]
galáxia (f)	galax (en)	[ga'lʲaks]
estrela (f)	stjärna (en)	['ɧæ:ŋa]
constelação (f)	stjärnbild (en)	['ɧæ:n‚bilʲd]
planeta (m)	planet (en)	[plʲa'net]
satélite (m)	satellit (en)	[satɛ'li:t]
meteorito (m)	meteorit (en)	[meteʋ'rit]
cometa (m)	komet (en)	[kʋ'met]
asteroide (m)	asteroid (en)	[asterʋ'id]
órbita (f)	bana (en)	['bana]
girar (vi)	att rotera	[at rʋ'tera]
atmosfera (f)	atmosfär (en)	[atmʋ'sfæ:r]
Sol (m)	Solen	['sʋlʲən]
Sistema (m) Solar	solsystem (ett)	['sʋlʲ ‚sʏ'stem]
eclipse (m) solar	solförmörkelse (en)	['sʋlʲfør'mœ:rkəlʲsə]
Terra (f)	Jorden	['jʋ:ɖən]
Lua (f)	Månen	['mo:nən]
Marte (m)	Mars	['ma:ʂ]
Vênus (f)	Venus	['ve:nus]
Júpiter (m)	Jupiter	['jupitər]
Saturno (m)	Saturnus	[sa'tu:ŋus]
Mercúrio (m)	Merkurius	[mɛr'kurius]
Urano (m)	Uranus	[ʉ'ranus]
Netuno (m)	Neptunus	[nep'tʉnus]
Plutão (m)	Pluto	['plʉtʋ]
Via Láctea (f)	Vintergatan	['vintə‚gatan]
Ursa Maior (f)	Stora bjornen	['stʋra 'bjʋ:nən]
Estrela Polar (f)	Polstjärnan	['pʋlʲ‚ɧæ:nan]
marciano (m)	marsian (en)	[ma:ʂi'an]
extraterrestre (m)	utomjording (en)	['ʉtɔm‚jʋ:ɖisk]

alienígena (m)	rymdväsen (ett)	['rʏmdˌνɛsən]
disco (m) voador	flygande tefat (ett)	['flʲʏgandə 'tefat]

espaçonave (f)	rymdskepp (ett)	['rʏmdˌɧɛp]
estação (f) orbital	rymdstation (en)	['rʏmd sta'ɧʊn]
lançamento (m)	start (en)	['staːʈ]

motor (m)	motor (en)	['mʊtʊr]
bocal (m)	dysa (en)	['dysa]
combustível (m)	bränsle (ett)	['brɛnslʲe]

cabine (f)	cockpit, flygdäck (en)	['kɔkpit], ['flʏgˌdɛk]
antena (f)	antenn (en)	[an'tɛn]
vigia (f)	fönster (ett)	['fœnstər]
bateria (f) solar	solbatteri (ett)	['sʊlʲˌbatɛ'riː]
traje (m) espacial	rymddräkt (en)	['rʏmdˌdrɛkt]

imponderabilidade (f)	tyngdlöshet (en)	['tʏŋdlʲøsˌhet]
oxigênio (m)	syre, oxygen (ett)	['syrə], ['ɔksygən]

acoplagem (f)	dockning (en)	['dɔkniŋ]
fazer uma acoplagem	att docka	[at 'dɔka]

observatório (m)	observatorium (ett)	[ɔbsɛrva'tʊrium]
telescópio (m)	teleskop (ett)	[telʲe'skɔp]
observar (vt)	att observera	[at ɔbsɛr'vera]
explorar (vt)	att utforska	[at 'ʉtˌfɔːʂka]

165. A Terra

Terra (f)	Jorden	['jʊːɖən]
globo terrestre (Terra)	jordklot (ett)	['jʊːɖˌklʲʊt]
planeta (m)	planet (en)	[plʲa'net]

atmosfera (f)	atmosfär (en)	[atmʊ'sfæːr]
geografia (f)	geografi (en)	[jeʊgra'fiː]
natureza (f)	natur (en)	[na'tʉːr]

globo (mapa esférico)	glob (en)	['glʲʊb]
mapa (m)	karta (en)	['kaːʈa]
atlas (m)	atlas (en)	['atlʲas]

Europa (f)	Europa	[eu'rʊpa]
Ásia (f)	Asien	['asiən]

África (f)	Afrika	['afrika]
Austrália (f)	Australien	[au'straliən]

América (f)	Amerika	[a'merika]
América (f) do Norte	Nordamerika	['nʊːɖ a'merika]
América (f) do Sul	Sydamerika	['syd a'merika]

Antártida (f)	Antarktis	[an'tarktis]
Ártico (m)	Arktis	['arktis]

166. Pontos cardeais

norte (m)	**norr**	['nɔr]
para norte	**norrut**	['nɔrʉt]
no norte	**i norr**	[i 'nɔr]
do norte (adj)	**nordlig**	['nuːdlig]
sul (m)	**söder (en)**	['søːdər]
para sul	**söderut**	['søːdərʉt]
no sul	**i söder**	[i 'søːdər]
do sul (adj)	**syd-, söder**	['syd-], ['søːdər]
oeste, ocidente (m)	**väster (en)**	['vɛstər]
para oeste	**västerut**	['vɛstərʉt]
no oeste	**i väst**	[i vɛst]
ocidental (adj)	**västra**	['vɛstra]
leste, oriente (m)	**öster (en)**	['œstər]
para leste	**österut**	['œstərʉt]
no leste	**i öst**	[i 'œst]
oriental (adj)	**östra**	['œstra]

167. Mar. Oceano

mar (m)	**hav (ett)**	['hav]
oceano (m)	**ocean (en)**	[ʊsə'an]
golfo (m)	**bukt (en)**	['bʉkt]
estreito (m)	**sund (ett)**	['sund]
terra (f) firme	**fastland (ett)**	['fastˌlʲand]
continente (m)	**fastland (ett), kontinent (en)**	['fastˌlʲand], [kɔnti'nɛnt]
ilha (f)	**ö (en)**	['øː]
península (f)	**halvö (en)**	['halʲvˌøː]
arquipélago (m)	**skärgård, arkipelag (en)**	['ʃæːrˌgoːd], [arkipe'lʲag]
baía (f)	**bukt (en)**	['bʉkt]
porto (m)	**hamn (en)**	['hamn]
lagoa (f)	**lagun (en)**	[lʲa'gʉːn]
cabo (m)	**udde (en)**	['udə]
atol (m)	**atoll (en)**	[a'tɔlʲ]
recife (m)	**rev (ett)**	['rev]
coral (m)	**korall (en)**	[kɔ'ralʲ]
recife (m) de coral	**korallrev (ett)**	[kɔ'ralʲˌrev]
profundo (adj)	**djup**	['jʉːp]
profundidade (f)	**djup (ett)**	['jʉːp]
abismo (m)	**avgrund (en)**	['avˌgrund]
fossa (f) oceânica	**djuphavsgrav (en)**	['jʉːphavsˌgrav]
corrente (f)	**ström (en)**	['strøːm]
banhar (vt)	**att omge**	[at 'ɔmje]
litoral (m)	**kust (en)**	['kust]

costa (f)	kust (en)	['kust]
maré (f) alta	flod (en)	['flʲʊd]
refluxo (m)	ebb (en)	['εb]
restinga (f)	sandbank (en)	['sandˌbaŋk]
fundo (m)	botten (en)	['bɔtən]
onda (f)	våg (en)	['voːg]
crista (f) da onda	vågkam (en)	['voːgˌkam]
espuma (f)	skum (ett)	['skum]
tempestade (f)	storm (en)	['stɔrm]
furacão (m)	orkan (en)	[ɔr'kan]
tsunami (m)	tsunami (en)	[tsu'nami]
calmaria (f)	stiltje (en)	['stilʲtjə]
calmo (adj)	stilla	['stilʲa]
polo (m)	pol (en)	['pʊlʲ]
polar (adj)	pol-, polar-	['pʊlʲ-], [pʊ'lʲar-]
latitude (f)	latitud (en)	[lʲati'tʉːd]
longitude (f)	longitud (en)	[lʲɔŋi'tʉːd]
paralela (f)	breddgrad (en)	['brεdˌgrad]
equador (m)	ekvator (en)	[ε'kvatʊr]
céu (m)	himmel (en)	['himəlʲ]
horizonte (m)	horisont (en)	[hʊri'sɔnt]
ar (m)	luft (en)	['lʉft]
farol (m)	fyr (en)	['fyr]
mergulhar (vi)	att dyka	[at 'dyka]
afundar-se (vr)	att sjunka	[at 'ɧuŋka]
tesouros (m pl)	skatter (pl)	['skatər]

168. Montanhas

montanha (f)	berg (ett)	['bεrj]
cordilheira (f)	bergskedja (en)	['bεrjˌçedja]
serra (f)	bergsrygg (en)	['bεrjsˌrɣg]
cume (m)	topp (en)	['tɔp]
pico (m)	tinne (en)	['tinə]
pé (m)	fot (en)	['fʊt]
declive (m)	sluttning (en)	['slʉːtniŋ]
vulcão (m)	vulkan (en)	[vulʲ'kan]
vulcão (m) ativo	verksam vulkan (en)	['vεrksam vulʲ'kan]
vulcão (m) extinto	slocknad vulkan (en)	['slʲɔknad vulʲ'kan]
erupção (f)	utbrott (ett)	['ʉtˌbrɔt]
cratera (f)	krater (en)	['kratər]
magma (m)	magma (en)	['magma]
lava (f)	lava (en)	['lʲava]
fundido (lava ~a)	glödgad	['glʲœdgad]
cânion, desfiladeiro (m)	kanjon (en)	['kanjɔn]

garganta (f)	klyfta (en)	['klʲyfta]
fenda (f)	skreva (en)	['skreva]
precipício (m)	avgrund (en)	['av‚grʉnd]

passo, colo (m)	pass (ett)	['pas]
planalto (m)	platå (en)	[plʲa'to:]
falésia (f)	klippa (en)	['klipa]
colina (f)	kulle, backe (en)	['kulʲə], ['bakə]

geleira (f)	glaciär, jökel (en)	[glʲas'jæ:r], ['jø:kəlʲ]
cachoeira (f)	vattenfall (ett)	['vatən‚falʲ]
gêiser (m)	gejser (en)	['gɛjsər]
lago (m)	sjö (en)	['ɧø:]

planície (f)	slätt (en)	['slʲæt]
paisagem (f)	landskap (ett)	['lʲaŋ‚skap]
eco (m)	eko (ett)	['ɛkʉ]

alpinista (m)	alpinist (en)	['alʲpi‚nist]
escalador (m)	bergsbestigare (en)	['bɛrjs‚be'stigarə]
conquistar (vt)	att erövra	[at ɛ'rœvra]
subida, escalada (f)	bestigning (en)	[be'stigniŋ]

169. Rios

rio (m)	älv, flod (en)	['ɛlʲv], ['flʲʉd]
fonte, nascente (f)	källa (en)	['ɕɛlʲa]
leito (m) de rio	flodbädd (en)	['flʲʉd‚bɛd]
bacia (f)	flodbassäng (en)	['flʲʉd‚ba'sɛŋ]
desaguar no ...	att mynna ut ...	[at 'mɣna ʉt ...]

| afluente (m) | biflod (en) | ['bi‚flʲʉd] |
| margem (do rio) | strand (en) | ['strand] |

corrente (f)	ström (en)	['strø:m]
rio abaixo	nedströms	['nɛd‚strœms]
rio acima	motströms	['mʉt‚strœms]

inundação (f)	översvämning (en)	['ø:və‚ꙅvɛmniŋ]
cheia (f)	flöde (ett)	['flʲø:də]
transbordar (vi)	att flöda över	[at 'flʲø:da ‚ø:vər]
inundar (vt)	att översvämma	[at 'ø:və‚ꙅvɛma]

| banco (m) de areia | grund (ett) | ['grʉnd] |
| corredeira (f) | forsar (pl) | [fo'ꙅar] |

barragem (f)	damm (en)	['dam]
canal (m)	kanal (en)	[ka'nalʲ]
reservatório (m) de água	reservoar (ett)	[resɛrvʉ'a:r]
eclusa (f)	sluss (en)	['slʉ:s]

corpo (m) de água	vattensamling (en)	['vatən‚samliŋ]
pântano (m)	myr, mosse (en)	['myr], ['mʉsə]
lamaçal (m)	gungfly (ett)	['guŋ‚fly]

redemoinho (m)	strömvirvel (en)	['strø:m₁virvəlʲ]
riacho (m)	bäck (en)	['bɛk]
potável (adj)	dricks-	['driks-]
doce (água)	söt-, färsk-	['sø:t-], ['fæ:ʂk-]

gelo (m)	is (en)	['is]
congelar-se (vr)	att frysa till	[at 'frysa tilʲ]

170. Floresta

floresta (f), bosque (m)	skog (en)	['skʊg]
florestal (adj)	skogs-	['skʊgs-]

mata (f) fechada	tät skog (en)	['tɛt ₁skʊg]
arvoredo (m)	lund (en)	['lʉnd]
clareira (f)	glänta (en)	['glʲɛnta]

matagal (m)	snår (ett)	['sno:r]
mato (m), caatinga (f)	buskterräng (en)	['busk tɛ'rɛŋ]

pequena trilha (f)	stig (en)	['stig]
ravina (f)	ravin (en)	[ra'vin]

árvore (f)	träd (ett)	['trɛ:d]
folha (f)	löv (ett)	['lʲø:v]
folhagem (f)	löv, lövverk (ett)	['lʲø:v], ['lʲø:værk]

queda (f) das folhas	lövfällning (en)	['lʲø:v₁fɛlʲniŋ]
cair (vi)	att falla	[at 'falʲa]
topo (m)	trädtopp (en)	['trɛ:₁tɔp]

ramo (m)	gren, kvist (en)	['gren], ['kvist]
galho (m)	gren (en)	['gren]
botão (m)	knopp (en)	['knɔp]
agulha (f)	nål (en)	['no:lʲ]
pinha (f)	kotte (en)	['kɔtə]

buraco (m) de árvore	trädhål (ett)	['trɛ:d₁ho:lʲ]
ninho (m)	bo (ett)	['bʊ]
toca (f)	lya, håla (en)	['lʲya], ['ho:lʲa]

tronco (m)	stam (en)	['stam]
raiz (f)	rot (en)	['rʊt]
casca (f) de árvore	bark (en)	['bark]
musgo (m)	mossa (en)	['mɔsa]

arrancar pela raiz	att rycka upp med rötterna	[at 'rʏka up me 'rœttɛ:ɳa]
cortar (vt)	att fälla	[at 'fɛlʲa]
desflorestar (vt)	att hugga ner	[at 'huga ner]
toco, cepo (m)	stubbe (en)	['stubə]

fogueira (f)	bål (ett)	['bo:lʲ]
incêndio (m) florestal	skogsbrand (en)	['skʊgs₁brand]
apagar (vt)	att släcka	[at 'slʲɛka]

guarda-parque (m)	skogsvakt (en)	['skʊgs‚vakt]
proteção (f)	värn, skydd (ett)	['væ:n], [ʃyd]
proteger (a natureza)	att skydda	[at 'ʃyda]
caçador (m) furtivo	tjuvskytt (en)	['ɕʉ:v‚ʃyt]
armadilha (f)	sax (en)	['saks]

colher (cogumelos, bagas)	att plocka	[at 'plɔka]
perder-se (vr)	att gå vilse	[at 'go: 'vilˡsə]

171. Recursos naturais

recursos (m pl) naturais	naturresurser (pl)	[na'tʉ:r re'sʉrşər]
minerais (m pl)	mineraler (pl)	[mine'ralˡər]
depósitos (m pl)	fyndigheter (pl)	['fʏndi‚hetər]
jazida (f)	fält (ett)	['fɛlˡt]

extrair (vt)	att utvinna	[at 'ʉt‚vina]
extração (f)	utvinning (en)	['ʉt‚viniŋ]
minério (m)	malm (en)	['malˡm]
mina (f)	gruva (en)	['grʉva]
poço (m) de mina	gruvschakt (ett)	['grʉ:v‚ʃakt]
mineiro (m)	gruvarbetare (en)	['grʉ:v‚ar'betarə]

gás (m)	gas (en)	['gas]
gasoduto (m)	gasledning (en)	['gas‚lˡedniŋ]

petróleo (m)	olja (en)	['ɔlja]
oleoduto (m)	oljeledning (en)	['ɔljə‚lˡedniŋ]
poço (m) de petróleo	oljekälla (en)	['ɔljə‚çæla]
torre (f) petrolífera	borrtorn (ett)	['bɔr‚tʊ:n]
petroleiro (m)	tankfartyg (ett)	['taŋk‚fa:'tyg]

areia (f)	sand (en)	['sand]
calcário (m)	kalksten (en)	[kalˡk‚sten]
cascalho (m)	grus (ett)	['grʉ:s]
turfa (f)	torv (en)	['tɔrv]
argila (f)	lera (en)	['lˡera]
carvão (m)	kol (ett)	['kɔlˡ]

ferro (m)	järn (ett)	['jæ:n]
ouro (m)	guld (ett)	['gulˡd]
prata (f)	silver (ett)	['silˡvər]
níquel (m)	nickel (en)	['nikəlˡ]
cobre (m)	koppar (en)	['kopar]

zinco (m)	zink (en)	['siŋk]
manganês (m)	mangan (en)	[man'gan]
mercúrio (m)	kvicksilver (ett)	['kvik‚silˡvər]
chumbo (m)	bly (ett)	['blˡy]

mineral (m)	mineral (ett)	[minə'ralˡ]
cristal (m)	kristall (en)	[kri'stalˡ]
mármore (m)	marmor (en)	['marmʊr]
urânio (m)	uran (ett)	[ʉ'ran]

A Terra. Parte 2

172. Tempo

tempo (m)	väder (ett)	['vɛ:dər]
previsão (f) do tempo	väderprognos (en)	['vɛ:dər,prɔg'nɔ:s]
temperatura (f)	temperatur (en)	[tɛmpəra'tʉ:r]
termômetro (m)	termometer (en)	[tɛrmʉ'metər]
barômetro (m)	barometer (en)	[barʉ'metər]
úmido (adj)	fuktig	['fu:ktig]
umidade (f)	fuktighet (en)	['fu:ktig,het]
calor (m)	hetta (en)	['hɛta]
tórrido (adj)	het	['het]
está muito calor	det är hett	[dɛ æ:r 'hɛt]
está calor	det är varmt	[dɛ æ:r varmt]
quente (morno)	varm	['varm]
está frio	det är kallt	[dɛ æ:r 'kalʲt]
frio (adj)	kall	['kalʲ]
sol (m)	sol (en)	['sʊlʲ]
brilhar (vi)	att skina	[at 'ɧina]
de sol, ensolarado	solig	['sʊlig]
nascer (vi)	att gå upp	[at 'go: 'up]
pôr-se (vr)	att gå ner	[at 'go: ,ner]
nuvem (f)	moln (ett), sky (en)	['mɔlʲn], ['ɧy]
nublado (adj)	molnig	['mɔlʲnig]
nuvem (f) preta	regnmoln (ett)	['rɛgn,mɔlʲn]
escuro, cinzento (adj)	mörk, mulen	['mœ:rk], ['mʉ:lʲen]
chuva (f)	regn (ett)	['rɛgn]
está a chover	det regnar	[dɛ 'rɛgnar]
chuvoso (adj)	regnväders-	['rɛgn,vɛdəʂ-]
chuviscar (vi)	att duggregna	[at 'dug,rɛgna]
chuva (f) torrencial	hällande regn (ett)	['hɛlʲandə 'rɛgn]
aguaceiro (m)	spöregn (ett)	['spø:,rɛgn]
forte (chuva, etc.)	kraftigt, häftigt	['kraftigt], ['hɛftigt]
poça (f)	pöl, vattenpuss (en)	['pø:lʲ], ['vatən,pus]
molhar-se (vr)	att bli våt	[at bli 'vo:t]
nevoeiro (m)	dimma (en)	['dima]
de nevoeiro	dimmig	['dimig]
neve (f)	snö (en)	['snø:]
está nevando	det snöar	[dɛ 'snø:ar]

173. Tempo extremo. Catástrofes naturais

trovoada (f)	åskväder (ett)	['ɔsk‚vɛdər]
relâmpago (m)	blixt (en)	['blikst]
relampejar (vi)	att blixtra	[at 'blikstra]
trovão (m)	åska (en)	['ɔska]
trovejar (vi)	att åska	[at 'ɔska]
está trovejando	det åskar	[dɛ 'ɔskar]
granizo (m)	hagel (ett)	['hagəlʲ]
está caindo granizo	det haglar	[dɛ 'haglʲar]
inundar (vt)	att översvämma	[at 'ø:və‚svɛma]
inundação (f)	översvämning (en)	['ø:və‚svɛmniŋ]
terremoto (m)	jordskalv (ett)	['juːd‚skalv]
abalo, tremor (m)	skalv (ett)	['skalʲv]
epicentro (m)	epicentrum (ett)	[ɛpi'sɛntrum]
erupção (f)	utbrott (ett)	['ʉt‚brɔt]
lava (f)	lava (en)	['lʲava]
tornado (m)	tromb (en)	['trɔmb]
tornado (m)	tornado (en)	[tʊ'ŋadʊ]
tufão (m)	tyfon (en)	[ty'fɔn]
furacão (m)	orkan (en)	[ɔr'kan]
tempestade (f)	storm (en)	['stɔrm]
tsunami (m)	tsunami (en)	[tsu'nami]
ciclone (m)	cyklon (en)	[tsʏ'klʲɔn]
mau tempo (m)	oväder (ett)	[ʊ:'vɛ:dər]
incêndio (m)	brand (en)	['brand]
catástrofe (f)	katastrof (en)	[kata'strɔf]
meteorito (m)	meteorit (en)	[meteʊ'rit]
avalanche (f)	lavin (en)	[lʲa'vin]
deslizamento (m) de neve	snöskred, snöras (ett)	['snø:‚skred], ['snø:‚ras]
nevasca (f)	snöstorm (en)	['snø:‚stɔrm]
tempestade (f) de neve	snöstorm (en)	['snø:‚stɔrm]

Fauna

174. Mamíferos. Predadores

predador (m)	rovdjur (ett)	['rʊvjɵːr]
tigre (m)	tiger (en)	['tigər]
leão (m)	lejon (ett)	['lʲejɔn]
lobo (m)	ulv (en)	['ulʲv]
raposa (f)	räv (en)	['rɛːv]

jaguar (m)	jaguar (en)	[jaguar]
leopardo (m)	leopard (en)	[lʲeʊ'paːd]
chita (f)	gepard (en)	[je'paːd]

pantera (f)	panter (en)	['pantər]
puma (m)	puma (en)	['pɵma]
leopardo-das-neves (m)	snöleopard (en)	['snø: lʲeʊ'paːd]
lince (m)	lodjur (ett), lo (en)	['lʲʊjɵːr], ['lʲʊ]

coiote (m)	koyot, prärievarg (en)	[kɔ'jʊt], ['præːrievarj]
chacal (m)	sjakal (en)	[ʃa'kalʲ]
hiena (f)	hyena (en)	[hy'ena]

175. Animais selvagens

animal (m)	djur (ett)	['jɵːr]
besta (f)	best (en), djur (ett)	['bɛst], ['jɵːr]

esquilo (m)	ekorre (en)	['ɛkɔrə]
ouriço (m)	igelkott (en)	['igəlʲ kɔt]
lebre (f)	hare (en)	['harə]
coelho (m)	kanin (en)	[ka'nin]

texugo (m)	grävling (en)	['grɛvliŋ]
guaxinim (m)	tvättbjörn (en)	['tvæt bjøːn]
hamster (m)	hamster (en)	['hamstər]
marmota (f)	murmeldjur (ett)	['murməlʲjɵːr]

toupeira (f)	mullvad (en)	['mulʲ vad]
rato (m)	mus (en)	['mɵːs]
ratazana (f)	råtta (en)	['rɔta]
morcego (m)	fladdermus (en)	['flʲadər mɵːs]

arminho (m)	hermelin (en)	[hɛrme'lin]
zibelina (f)	sobel (en)	['sɔbəlʲ]
marta (f)	mård (en)	['mɔːd]
doninha (f)	vessla (en)	['vɛslʲa]
visom (m)	mink (en)	['miŋk]

castor (m)	bäver (en)	['bɛ:vər]
lontra (f)	utter (en)	['ʉ:tər]
cavalo (m)	häst (en)	['hɛst]
alce (m)	älg (en)	['ɛlj]
veado (m)	hjort (en)	['jʊ:t]
camelo (m)	kamel (en)	[ka'melʲ]
bisão (m)	bison (en)	['bisɔn]
auroque (m)	uroxe (en)	['ʉˌroksə]
búfalo (m)	buffel (en)	['bufəlʲ]
zebra (f)	sebra (en)	['sebra]
antílope (m)	antilop (en)	[anti'lʲʊp]
corça (f)	rådjur (ett)	['rɔ:jʉ:r]
gamo (m)	dovhjort (en)	['dɔvjʊ:t]
camurça (f)	gems (en)	['jɛms]
javali (m)	vildsvin (ett)	['vilʲdˌsvin]
baleia (f)	val (en)	['valʲ]
foca (f)	säl (en)	['sɛ:lʲ]
morsa (f)	valross (en)	['valʲˌrɔs]
urso-marinho (m)	pälssäl (en)	['pɛlʲsˌsɛlʲ]
golfinho (m)	delfin (en)	[dɛlʲ'fin]
urso (m)	björn (en)	['bjø:ɳ]
urso (m) polar	isbjörn (en)	['isˌbjø:ɳ]
panda (m)	panda (en)	['panda]
macaco (m)	apa (en)	['apa]
chimpanzé (m)	schimpans (en)	[ɧim'pans]
orangotango (m)	orangutang (en)	[ʊ'raŋgʊˌtaŋ]
gorila (m)	gorilla (en)	[gɔ'rilʲa]
macaco (m)	makak (en)	[ma'kak]
gibão (m)	gibbon (en)	[gi'bʊn]
elefante (m)	elefant (en)	[ɛlʲe'fant]
rinoceronte (m)	noshörning (en)	['nʉsˌhø:ɳiɳ]
girafa (f)	giraff (en)	[ɧi'raf]
hipopótamo (m)	flodhäst (en)	['flʲʊdˌhɛst]
canguru (m)	känguru (en)	['ɕɛngurʊ]
coala (m)	koala (en)	[kʊ'alʲa]
mangusto (m)	mangust, mungo (en)	['mangust], ['muŋgʊ]
chinchila (f)	chinchilla (en)	[ɧin'ɧilʲa]
cangambá (f)	skunk (en)	['skuŋk]
porco-espinho (m)	piggsvin (ett)	['pigˌsvin]

176. Animais domésticos

gata (f)	katt (en)	['kat]
gato (m) macho	hankatt (en)	['hanˌkat]
cão (m)	hund (en)	['hund]

cavalo (m)	häst (en)	['hɛst]
garanhão (m)	hingst (en)	['hiŋst]
égua (f)	sto (ett)	['stʊ:]
vaca (f)	ko (en)	['kɔ:]
touro (m)	tjur (en)	['ɕʉ:r]
boi (m)	oxe (en)	['ʊksə]
ovelha (f)	får (ett)	['fo:r]
carneiro (m)	bagge (en)	['bagə]
cabra (f)	get (en)	['jet]
bode (m)	getabock (en)	['jeta,bɔk]
burro (m)	åsna (en)	['ɔsna]
mula (f)	mula (en)	['mʉlʲa]
porco (m)	svin (ett)	['svin]
leitão (m)	griskulting (en)	['gris,kulʲtiŋ]
coelho (m)	kanin (en)	[ka'nin]
galinha (f)	höna (en)	['hø:na]
galo (m)	tupp (en)	['tup]
pata (f), pato (m)	anka (en)	['aŋka]
pato (m)	andrik, andrake (en)	['andrik], ['andrakə]
ganso (m)	gås (en)	['go:s]
peru (m)	kalkontupp (en)	[kalʲ'kʊn,tup]
perua (f)	kalkonhöna (en)	[kalʲ'kʊn,hø:na]
animais (m pl) domésticos	husdjur (pl)	['hʉsjʉ:r]
domesticado (adj)	tam	['tam]
domesticar (vt)	att tämja	[at 'tɛmja]
criar (vt)	att avla, att föda upp	[at 'avlʲa], [at 'fø:da up]
fazenda (f)	farm, lantgård (en)	[farm], ['lʲant,go:d]
aves (f pl) domésticas	fjäderfä (ett)	['fjɛ:dər,fɛ:]
gado (m)	boskap (en)	['bʊskap]
rebanho (m), manada (f)	hjord (en)	['jʊ:d]
estábulo (m)	stall (ett)	['stalʲ]
chiqueiro (m)	svinstia (en)	['svin,stia]
estábulo (m)	ladugård (en), kostall (ett)	['lʲadʉ,go:d], ['kostalʲ]
coelheira (f)	kaninbur (en)	[ka'nin,bʉ:r]
galinheiro (m)	hönshus (ett)	['hø:ns,hʉs]

177. Cães. Raças de cães

cão (m)	hund (en)	['hund]
cão pastor (m)	vallhund (en)	['valʲ,hund]
pastor-alemão (m)	tysk schäferhund (en)	['tʏsk 'ʃefər,hund]
poodle (m)	pudel (en)	['pʉ:dəlʲ]
linguicinha (m)	tax (en)	['taks]
buldogue (m)	bulldogg (en)	['bulʲ,dɔg]

boxer (m)	boxare (en)	['bʊksarə]
mastim (m)	mastiff (en)	[mas'tif]
rottweiler (m)	rottweiler (en)	['rɔt‚vejlʲer]
dóberman (m)	dobermann (en)	['dɔbɛrman]

basset (m)	basset (en)	['basɛt]
pastor inglês (m)	bobtail (en)	['bʊbtɛjlʲ]
dálmata (m)	dalmatiner (en)	[dalʲma'tinər]
cocker spaniel (m)	cocker spaniel (en)	['kɔker ‚spaniəlʲ]

| terra-nova (m) | newfoundland (en) | [nju'faʊnd‚lʲend] |
| são-bernardo (m) | sankt bernhardshund (en) | ['saŋkt 'bɛ:ŋa:dʂ‚hund] |

husky (m) siberiano	husky (en)	['haski]
Chow-chow (m)	chow chow (en)	['ʧaʊ ʧaʊ]
spitz alemão (m)	spets (en)	['spets]
pug (m)	mops (en)	['mɔps]

178. Sons produzidos pelos animais

latido (m)	skall (ett)	['skalʲ]
latir (vi)	att skälla	[at 'ɧɛlʲa]
miar (vi)	att jama	[at 'jama]
ronronar (vi)	att spinna	[at 'spina]

mugir (vaca)	att råma	[at 'ro:ma]
bramir (touro)	att ryta	[at 'ryta]
rosnar (vi)	att morra	[at 'mo:ra]

uivo (m)	yl (ett)	['ylʲ]
uivar (vi)	att yla	[at 'ylʲa]
ganir (vi)	att gnälla	[at 'gnɛlʲa]

balir (vi)	att bräka	[at 'brɛ:ka]
grunhir (vi)	att grymta	[at 'grʏmta]
guinchar (vi)	att skrika	[at 'skrika]

coaxar (sapo)	att kväka	[at 'kvɛ:ka]
zumbir (inseto)	att surra	[at 'sura]
ziziar (vi)	att gnissla	[at 'gnislʲa]

179. Pássaros

pássaro (m), ave (f)	fågel (en)	['fo:gəlʲ]
pombo (m)	duva (en)	['dʉ:va]
pardal (m)	sparv (en)	['sparv]
chapim-real (m)	talgoxe (en)	['taljʊksə]
pega-rabuda (f)	skata (en)	['skata]

corvo (m)	korp (en)	['kɔrp]
gralha-cinzenta (f)	kråka (en)	['kro:ka]
gralha-de-nuca-cinzenta (f)	kaja (en)	['kaja]

gralha-calva (f)	råka (en)	['ro:ka]
pato (m)	anka (en)	['aŋka]
ganso (m)	gås (en)	['go:s]
faisão (m)	fasan (en)	[fa'san]

águia (f)	örn (en)	['ø:ŋ]
açor (m)	hök (en)	['hø:k]
falcão (m)	falk (en)	['falʲk]

| abutre (m) | gam (en) | ['gam] |
| condor (m) | kondor (en) | ['kɔn‚dor] |

cisne (m)	svan (en)	['svan]
grou (m)	trana (en)	['trana]
cegonha (f)	stork (en)	['stɔrk]

papagaio (m)	papegoja (en)	[pape'gɔja]
beija-flor (m)	kolibri (en)	['kɔlibri]
pavão (m)	påfågel (en)	['po:‚fo:gəlʲ]

| avestruz (m) | struts (en) | ['struts] |
| garça (f) | häger (en) | ['hɛ:gər] |

| flamingo (m) | flamingo (en) | [flʲa'mingɔ] |
| pelicano (m) | pelikan (en) | [peli'kan] |

| rouxinol (m) | näktergal (en) | ['nɛktə‚galʲ] |
| andorinha (f) | svala (en) | ['svalʲa] |

tordo-zornal (m)	trast (en)	['trast]
tordo-músico (m)	sångtrast (en)	['sɔŋ‚trast]
melro-preto (m)	koltrast (en)	['kɔlʲ‚trast]

andorinhão (m)	tornseglare, tornsvala (en)	['tʊ:ŋ‚seglarə], ['tʊ:ŋ‚svalʲa]
cotovia (f)	lärka (en)	['lʲæ:rka]
codorna (f)	vaktel (en)	['vaktəlʲ]

pica-pau (m)	hackspett (en)	['hak‚spet]
cuco (m)	gök (en)	['jø:k]
coruja (f)	uggla (en)	['uglʲa]
bufo-real (m)	berguv (en)	['bɛrj‚ʉ:v]
tetraz-grande (m)	tjäder (en)	['ɕɛ:dər]

| tetraz-lira (m) | orre (en) | ['ɔrə] |
| perdiz-cinzenta (f) | rapphöna (en) | ['rap‚hø:na] |

estorninho (m)	stare (en)	['starə]
canário (m)	kanariefågel (en)	[ka'nariə‚fo:gəlʲ]
galinha-do-mato (f)	järpe (en)	['jæ:rpə]

| tentilhão (m) | bofink (en) | ['bʊ‚fiŋk] |
| dom-fafe (m) | domherre (en) | ['dʊmhɛrə] |

gaivota (f)	mås (en)	['mo:s]
albatroz (m)	albatross (en)	['alʲba‚trɔs]
pinguim (m)	pingvin (en)	[piŋ'vin]

180. Pássaros. Canto e sons

cantar (vi)	att sjunga	[at 'ɧuːŋa]
gritar, chamar (vi)	att skrika	[at 'skrika]
cantar (o galo)	att gala	[at 'galˠa]
cocorocó (m)	kuckeliku	[kʉkeli'kʉː]
cacarejar (vi)	att kackla	[at 'kaklˠa]
crocitar (vi)	att kraxa	[at 'kraksa]
grasnar (vi)	att snattra	[at 'snatra]
piar (vi)	att pipa	[at 'pipa]
chilrear, gorjear (vi)	att kvittra	[at 'kvitra]

181. Peixes. Animais marinhos

brema (f)	brax (en)	['braks]
carpa (f)	karp (en)	['karp]
perca (f)	ábborre (en)	['abɔrə]
siluro (m)	mal (en)	['malˠ]
lúcio (m)	gädda (en)	['jɛda]
salmão (m)	lax (en)	['lˠaks]
esturjão (m)	stör (en)	['støːr]
arenque (m)	sill (en)	['silˠ]
salmão (m) do Atlântico	atlanterhavslax (en)	[at'lantərhav‚lˠaks]
cavala, sarda (f)	makrill (en)	['makrilˠ]
solha (f), linguado (m)	rödspätta (en)	['røːd‚spæta]
lúcio perca (m)	gös (en)	['jøːs]
bacalhau (m)	torsk (en)	['tɔːʂk]
atum (m)	tonfisk (en)	['tʊn‚fisk]
truta (f)	öring (en)	['øːriŋ]
enguia (f)	ål (en)	['oːlˠ]
raia (f) elétrica	elektrisk rocka (en)	[ɛ'lˠektrisk‚rɔka]
moreia (f)	muräna (en)	[mʉ'rɛna]
piranha (f)	piraya (en)	[pi'raja]
tubarão (m)	haj (en)	['haj]
golfinho (m)	delfin (en)	[dɛlˠ'fin]
baleia (f)	val (en)	['valˠ]
caranguejo (m)	krabba (en)	['kraba]
água-viva (f)	manet, medusa (en)	[ma'net], [me'dʉsa]
polvo (m)	bläckfisk (en)	['blˠɛk‚fisk]
estrela-do-mar (f)	sjöstjärna (en)	['ɧøː‚ɧæːŋa]
ouriço-do-mar (m)	sjöpiggsvin (ett)	['ɧøː‚pigsvin]
cavalo-marinho (m)	sjöhäst (en)	['ɧøː‚hɛst]
ostra (f)	ostron (ett)	['ʊstrʊn]
camarão (m)	räka (en)	['rɛːka]

| lagosta (f) | hummer (en) | ['humər] |
| lagosta (f) | languster (en) | [lʲaŋ'gustər] |

182. Anfíbios. Répteis

| cobra (f) | orm (en) | ['ʊrm] |
| venenoso (adj) | giftig | ['jiftig] |

víbora (f)	huggorm (en)	['hɵg‚ʊrm]
naja (f)	kobra (en)	['kɔbra]
píton (m)	pytonorm (en)	[py'tɔn‚ʊrm]
jiboia (f)	boaorm (en)	['bʊa‚ʊrm]

cobra-de-água (f)	snok (en)	['snʊk]
cascavel (f)	skallerorm (en)	['skalʲer‚ʊrm]
anaconda (f)	anaconda (en)	[ana'kɔnda]

lagarto (m)	ödla (en)	['ødlʲa]
iguana (f)	iguana (en)	[igu'ana]
varano (m)	varan (en)	[va'ran]
salamandra (f)	salamander (en)	[salʲa'mandər]
camaleão (m)	kameleont (en)	[kamelʲe'ɔnt]
escorpião (m)	skorpion (en)	[skɔrpi'ʊn]

tartaruga (f)	sköldpadda (en)	['ɧœlʲd‚pada]
rã (f)	groda (en)	['grʊda]
sapo (m)	padda (en)	['pada]
crocodilo (m)	krokodil (en)	[krɔkɔ'dilʲ]

183. Insetos

inseto (m)	insekt (en)	['insɛkt]
borboleta (f)	fjäril (en)	['fʲæ:rilʲ]
formiga (f)	myra (en)	['myra]
mosca (f)	fluga (en)	['flɵ:ga]
mosquito (m)	mygga (en)	['mʏga]
escaravelho (m)	skalbagge (en)	['skalʲ‚bagə]

vespa (f)	geting (en)	['jɛtiŋ]
abelha (f)	bi (ett)	['bi]
mamangaba (f)	humla (en)	['humlʲa]
moscardo (m)	styngfluga (en)	['stʏŋ‚flɵ:ga]

| aranha (f) | spindel (en) | ['spindəlʲ] |
| teia (f) de aranha | spindelnät (ett) | ['spindəl‚nɛ:t] |

libélula (f)	trollslända (en)	['trɔlʲ‚slʲɛnda]
gafanhoto (m)	gräshoppa (en)	['grɛs‚hɔpa]
traça (f)	nattfjäril (en)	['nat‚fʲæ:rilʲ]

| barata (f) | kackerlacka (en) | ['kakɛ:‚lʲaka] |
| carrapato (m) | fästing (en) | ['fɛstiŋ] |

| pulga (f) | loppa (en) | ['lɔpa] |
| borrachudo (m) | knott (ett) | ['knot] |

gafanhoto (m)	vandringsgräshoppa (en)	['vandriŋˌgrɛs'hɔparə]
caracol (m)	snigel (en)	['snigəlʲ]
grilo (m)	syrsa (en)	['syʂa]
pirilampo, vaga-lume (m)	lysmask (en)	['lʲysˌmask]
joaninha (f)	nyckelpiga (en)	['nʏkəlʲˌpiga]
besouro (m)	ollonborre (en)	['ɔlʲɔnˌbɔrə]

sanguessuga (f)	igel (en)	['iːgəlʲ]
lagarta (f)	fjärilslarv (en)	['fjæːrilʲsˌlʲarv]
minhoca (f)	daggmask (en)	['dagˌmask]
larva (f)	larv (en)	['lʲarv]

184. Animais. Partes do corpo

bico (m)	näbb (ett)	['nɛb]
asas (f pl)	vingar (pl)	['viŋar]
pata (f)	fot (en)	['fʊt]
plumagem (f)	fjäderdräkt (en)	['fjɛːdəˌdrɛkt]
pena, pluma (f)	fjäder (en)	['fjɛːdər]
crista (f)	tofs (en)	['tɔfs]

brânquias, guelras (f pl)	gälar (pl)	['jɛːˌlʲar]
ovas (f pl)	rom (en), ägg (pl)	['rɔm], ['ɛg]
larva (f)	larv (en)	['lʲarv]
barbatana (f)	fena (en)	['fena]
escama (f)	fjäll (ett)	['fʲælʲ]

presa (f)	hörntand (en)	['høːɳˌtand]
pata (f)	tass (en)	['tas]
focinho (m)	mule (en)	['mʉlʲe]
boca (f)	gap (ett)	['gap]
cauda (f), rabo (m)	svans (en)	['svans]
bigodes (m pl)	morrhår (ett)	['mɔrˌhɔːr]

| casco (m) | klöv, hov (en) | ['kløːv], ['hɔːv] |
| corno (m) | horn (ett) | ['hʊːɳ] |

carapaça (f)	ryggsköld (en)	['rʏgˌɧœlʲd]
concha (f)	skal (ett)	['skalʲ]
casca (f) de ovo	äggskal (ett)	['ɛgˌskalʲ]

| pelo (m) | päls (en) | ['pɛlʲs] |
| pele (f), couro (m) | skinn (ett) | ['ɧin] |

185. Animais. Habitats

hábitat (m)	habitat	[habi'tat]
migração (f)	migration (en)	[migra'ɧʊn]
montanha (f)	berg (ett)	['bɛrj]

recife (m)	rev (ett)	['rev]
falésia (f)	klippa (en)	['klipa]
floresta (f)	skog (en)	['skʊg]
selva (f)	djungel (en)	['juŋəlʲ]
savana (f)	savann (en)	[sa'van]
tundra (f)	tundra (en)	['tundra]
estepe (f)	stäpp (en)	['stɛp]
deserto (m)	öken (en)	['øːkən]
oásis (m)	oas (en)	[ɔ'as]
mar (m)	hav (ett)	['hav]
lago (m)	sjö (en)	['ɦøː]
oceano (m)	ocean (en)	[ʊsə'an]
pântano (m)	träsk (ett), myr (en)	['trɛsk], ['myr]
de água doce	sötvattens-	['søːt,vatəns-]
lagoa (f)	damm (en)	['dam]
rio (m)	älv, flod (en)	['ɛlʲv], ['flʲʊd]
toca (f) do urso	ide (ett)	['ide]
ninho (m)	bo (ett)	['bʊ]
buraco (m) de árvore	trädhål (ett)	['trɛːd,hoːlʲ]
toca (f)	lya, håla (en)	['lʲya], ['hoːlʲa]
formigueiro (m)	myrstack (en)	['my,ʂtak]

Flora

186. Árvores

árvore (f)	träd (ett)	['trɛ:d]
decídua (adj)	löv-	['lʲø:v-]
conífera (adj)	barr-	['bar-]
perene (adj)	eviggrönt	['ɛvi‚grœnt]

macieira (f)	äppelträd (ett)	['ɛpelʲ‚trɛd]
pereira (f)	päronträd (ett)	['pæ:ron‚trɛd]
cerejeira (f)	fågelbärsträd (ett)	['fo:gəlʲbæ:ş‚trɛd]
ginjeira (f)	körsbärsträd (ett)	['çø:şbæ:ş‚trɛd]
ameixeira (f)	plommonträd (ett)	['plʲumɔn‚trɛd]

bétula (f)	björk (en)	['bjœrk]
carvalho (m)	ek (en)	['ɛk]
tília (f)	lind (en)	['lind]
choupo-tremedor (m)	asp (en)	['asp]
bordo (m)	lönn (en)	['lʲøn]
espruce (m)	gran (en)	['gran]
pinheiro (m)	tall (en)	['talʲ]
alerce, lariço (m)	lärk (en)	['lʲæ:rk]
abeto (m)	silvergran (en)	['silʲvər‚gran]
cedro (m)	ceder (en)	['sedər]

choupo, álamo (m)	poppel (en)	['pɔpəlʲ]
tramazeira (f)	rönn (en)	['rœn]
salgueiro (m)	pil (en)	['pilʲ]
amieiro (m)	al (en)	['alʲ]
faia (f)	bok (en)	['buk]
ulmeiro, olmo (m)	alm (en)	['alʲm]
freixo (m)	ask (en)	['ask]
castanheiro (m)	kastanjeträd (ett)	[ka'stanjə‚trɛd]

magnólia (f)	magnolia (en)	[maŋ'nulia]
palmeira (f)	palm (en)	['palʲm]
cipreste (m)	cypress (en)	[sʏ'prɛs]

mangue (m)	mangroveträd (ett)	[maŋ'rɔvə‚trɛd]
embondeiro, baobá (m)	apbrödsträd (ett)	['apbrøds‚trɛd]
eucalipto (m)	eukalyptus (en)	[euka'lʲyptʉs]
sequoia (f)	sequoia (en)	[sek'vɔja]

187. Arbustos

arbusto (m)	buske (en)	['buskə]
arbusto (m), moita (f)	buske (en)	['buskə]

videira (f)	vinranka (en)	['vin‚raŋka]
vinhedo (m)	vingård (en)	['vin‚goːɖ]

framboeseira (f)	hallonsnår (ett)	['halʲɔn‚snoːr]
groselheira-negra (f)	svarta vinbär (ett)	['svaːʈa 'vinbæːr]
groselheira-vermelha (f)	röd vinbärsbuske (en)	['røːd 'vinbæːʂ‚buskə]
groselheira (f) espinhosa	krusbärsbuske (en)	['kruːsbæːʂ‚buskə]

acácia (f)	akacia (en)	[a'kasia]
bérberis (f)	berberis (en)	['bɛrberis]
jasmim (m)	jasmin (en)	[has'min]

junípero (m)	en (en)	['en]
roseira (f)	rosenbuske (en)	['rusən‚buskə]
roseira (f) brava	stenros, hundros (en)	['stenrus], ['hundrus]

188. Cogumelos

cogumelo (m)	svamp (en)	['svamp]
cogumelo (m) comestível	matsvamp (en)	['mat‚svamp]
cogumelo (m) venenoso	giftig svamp (en)	['jiftig ‚svamp]
chapéu (m)	hatt (en)	['hat]
pé, caule (m)	fot (en)	['fut]

boleto, porcino (m)	stensopp (en)	['sten‚sɔp]
boleto (m) alaranjado	aspsopp (en)	['asp‚sɔp]
boleto (m) de bétula	björksopp (en)	['bjœrk‚sɔp]
cantarelo (m)	kantarell (en)	[kanta'rɛlʲ]
rússula (f)	kremla (en)	['krɛmlʲa]

morchella (f)	murkla (en)	['muːrklʲa]
agário-das-moscas (m)	flugsvamp (en)	['fluːg‚svamp]
cicuta (f) verde	lömsk flugsvamp (en)	['lʲømsk 'fluːg‚svamp]

189. Frutos. Bagas

fruta (f)	frukt (en)	['frukt]
frutas (f pl)	frukter (pl)	['fruktər]
maçã (f)	äpple (ett)	['ɛplʲe]
pera (f)	päron (ett)	['pæːrɔn]
ameixa (f)	plommon (ett)	['plʲumɔn]

morango (m)	jordgubbe (en)	['juːɖ‚gube]
ginja (f)	körsbär (ett)	['ɕøːʂ‚bæːr]
cereja (f)	fågelbär (ett)	['foːgəlʲ‚bæːr]
uva (f)	druva (en)	['druːva]

framboesa (f)	hallon (ett)	['halʲɔn]
groselha (f) negra	svarta vinbär (ett)	['svaːʈa 'vinbæːr]
groselha (f) vermelha	röda vinbär (ett)	['røːda 'vinbæːr]
groselha (f) espinhosa	krusbär (ett)	['kruːs‚bæːr]
oxicoco (m)	tranbär (ett)	['tran‚bæːr]

laranja (f)	apelsin (en)	[apɛlʲ'sin]
tangerina (f)	mandarin (en)	[manda'rin]
abacaxi (m)	ananas (en)	['ananas]
banana (f)	banan (en)	['banan]
tâmara (f)	dadel (en)	['dadəlʲ]

limão (m)	citron (en)	[si'trʊn]
damasco (m)	aprikos (en)	[apri'kʊs]
pêssego (m)	persika (en)	['pɛʂika]
quiuí (m)	kiwi (en)	['kivi]
toranja (f)	grapefrukt (en)	['grɛjp,frʉkt]

baga (f)	bär (ett)	['bæːr]
bagas (f pl)	bär (pl)	['bæːr]
arando (m) vermelho	lingon (ett)	['liŋɔn]
morango-silvestre (m)	skogssmultron (ett)	['skʊgs,smulʲtrɔːn]
mirtilo (m)	blåbär (ett)	['blʲoːˌbæːr]

190. Flores. Plantas

| flor (f) | blomma (en) | ['blʲuma] |
| buquê (m) de flores | bukett (en) | [bʉ'kɛt] |

rosa (f)	ros (en)	['rʊs]
tulipa (f)	tulpan (en)	[tulʲ'pan]
cravo (m)	nejlika (en)	['nɛjlika]
gladíolo (m)	gladiolus (en)	[glʲadi'ɔlʉːs]

centáurea (f)	blåklint (en)	['blʲoːˌklint]
campainha (f)	blåklocka (en)	['blʲoːˌklʲɔka]
dente-de-leão (m)	maskros (en)	['maskrʊs]
camomila (f)	kamomill (en)	[kamɔ'milʲ]

aloé (m)	aloe (en)	['alʲʉe]
cacto (m)	kaktus (en)	['kaktus]
fícus (m)	fikus (en)	['fikus]

lírio (m)	lilja (en)	['lilja]
gerânio (m)	geranium (en)	[je'ranium]
jacinto (m)	hyacint (en)	[hya'sint]

mimosa (f)	mimosa (en)	[mi'mɔːsa]
narciso (m)	narciss (en)	[nar'sis]
capuchinha (f)	blomsterkrasse (en)	['blʲomstərˌkrasə]

orquídea (f)	orkidé (en)	[ɔrki'deː]
peônia (f)	pion (en)	[pi'ʊn]
violeta (f)	viol (en)	[vi'ʊlʲ]

amor-perfeito (m)	styvmorsviol (en)	['styvmʊrs vi'ʊlʲ]
não-me-esqueças (m)	förgätmigej (en)	[føˌrʲæt mi 'gej]
margarida (f)	tusensköna (en)	['tʉːsənˌɧøːna]
papoula (f)	vallmo (en)	['valʲmʊ]
cânhamo (m)	hampa (en)	['hampa]

hortelã, menta (f)	**mynta (en)**	['mʏnta]
lírio-do-vale (m)	**liljekonvalje (en)**	['lilje kʊn 'valjə]
campânula-branca (f)	**snödropp (en)**	['snø:‚drop]

urtiga (f)	**nässla (en)**	['nɛslʲa]
azedinha (f)	**syra (en)**	['syra]
nenúfar (m)	**näckros (en)**	['nɛkrʊs]
samambaia (f)	**ormbunke (en)**	['ʊrm‚buŋkə]
líquen (m)	**lav (en)**	['lʲav]

estufa (f)	**drivhus (ett)**	['driv‚hʉs]
gramado (m)	**gräsplan, gräsmatta (en)**	['grɛs‚plan], ['grɛs‚mata]
canteiro (m) de flores	**blomsterrabatt (en)**	['blʲomstər‚rabat]

planta (f)	**växt (en)**	['vɛkst]
grama (f)	**gräs (ett)**	['grɛ:s]
folha (f) de grama	**grässtrå (ett)**	['grɛ:s‚stro:]

folha (f)	**löv (ett)**	['lʲø:v]
pétala (f)	**kronblad (ett)**	['krɔn‚blʲad]
talo (m)	**stjälk (en)**	['ʃɛlʲk]
tubérculo (m)	**rotknöl (en)**	['rʊt‚knø:lʲ]

broto, rebento (m)	**ung planta (en)**	['uŋ 'planta]
espinho (m)	**törne (ett)**	['tø:ŋə]

florescer (vi)	**att blomma**	[at 'blʲʊma]
murchar (vi)	**att vissna**	[at 'visna]
cheiro (m)	**lukt (en)**	['lʉkt]
cortar (flores)	**att skära av**	[at 'ʃæ:ra av]
colher (uma flor)	**att plocka**	[at 'plʲɔka]

191. Cereais, grãos

grão (m)	**korn, spannmål (ett)**	['kʊ:ŋ], ['span‚mo:lʲ]
cereais (plantas)	**spannmål (ett)**	['span‚mo:lʲ]
espiga (f)	**ax (ett)**	['aks]

trigo (m)	**vete (ett)**	['vetə]
centeio (m)	**råg (en)**	['ro:g]
aveia (f)	**havre (en)**	['havrə]

painço (m)	**hirs (en)**	['hyʂ]
cevada (f)	**korn (ett)**	['kʊ:ŋ]

milho (m)	**majs (en)**	['majs]
arroz (m)	**ris (ett)**	['ris]
trigo-sarraceno (m)	**bovete (ett)**	['bʊ‚vetə]

ervilha (f)	**ärt (en)**	['æ:t]
feijão (m) roxo	**böna (en)**	['bøna]
soja (f)	**soja (en)**	['sɔja]
lentilha (f)	**lins (en)**	['lins]
feijão (m)	**bönor (pl)**	['bønʊr]

GEOGRAFIA REGIONAL

Países. Nacionalidades

192. Política. Governo. Parte 1

política (f)	**politik (en)**	[pʊli'tik]
político (adj)	**politisk**	[pʊ'litisk]
político (m)	**politiker (en)**	[pʊ'litikər]
estado (m)	**stat (en)**	['stat]
cidadão (m)	**medborgare (en)**	['mɛd‚bɔrjarə]
cidadania (f)	**medborgarskap (ett)**	[mɛd'bɔrja‚skap]
brasão (m) de armas	**riksvapen (ett)**	['riks‚vapən]
hino (m) nacional	**nationalhymn (en)**	[natʃʊ'nalʲ‚hʏmn]
governo (m)	**regering (en)**	[re'jeriŋ]
Chefe (m) de Estado	**statschef (en)**	['stats‚ʃef]
parlamento (m)	**parlament (ett)**	[parla'mɛnt]
partido (m)	**parti (ett)**	[pa:'ʈi:]
capitalismo (m)	**kapitalism (en)**	[kapita'lism]
capitalista (adj)	**kapitalistisk**	[kapita'listisk]
socialismo (m)	**socialism (en)**	[sɔsia'lism]
socialista (adj)	**socialistisk**	[sɔsia'listisk]
comunismo (m)	**kommunism (en)**	[kɔmu'nism]
comunista (adj)	**kommunistisk**	[kɔmu'nistisk]
comunista (m)	**kommunist (en)**	[kɔmu'nist]
democracia (f)	**demokrati (en)**	[demʊkra'ti:]
democrata (m)	**demokrat (en)**	[demʊ'krat]
democrático (adj)	**demokratisk**	[demʊ'kratisk]
Partido (m) Democrático	**Demokratiska partiet**	[demɔ'kratiska pa:'ʈi:et]
liberal (m)	**liberal (en)**	[libe'ralʲ]
liberal (adj)	**liberal-**	[libe'ralʲ-]
conservador (m)	**konservativ (en)**	[kɔn'sɛrva‚tiv]
conservador (adj)	**konservativ**	[kɔn'sɛrva‚tiv]
república (f)	**republik (en)**	[repu'blik]
republicano (m)	**republikan (en)**	[republi'kan]
Partido (m) Republicano	**republikanskt parti (ett)**	[republi'kansk pa:'ʈi:]
eleições (f pl)	**val (ett)**	['valʲ]
eleger (vt)	**att välja**	[at 'vɛlja]

eleitor (m)	väljare (en)	['vɛljarə]
campanha (f) eleitoral	valkampanj (en)	['valᴵkam‚panᴵ]
votação (f)	omröstning (en)	['ɔm‚rœstniŋ]
votar (vi)	att rösta	[at 'rœsta]
sufrágio (m)	rösträtt (en)	['rœst‚ræt]
candidato (m)	kandidat (en)	[kandi'dat]
candidatar-se (vi)	att kandidera	[at kandi'dera]
campanha (f)	kampanj (en)	[kam'panᴵ]
da oposição	oppositions-	[ɔpɔsi'ɧʊns-]
oposição (f)	opposition (en)	[ɔpɔsi'ɧʊn]
visita (f)	besök (ett)	[be'sø:k]
visita (f) oficial	officiellt besök (ett)	[ɔfi'sjɛlᴵt be'sø:k]
internacional (adj)	internationell	['intɛ:ɳatɧʊ‚nɛlᴵ]
negociações (f pl)	förhandlingar (pl)	[før'handliŋar]
negociar (vi)	att förhandla	[at før'handlᴵa]

<table>
<tr><td colspan="3">193. Política. Governo. Parte 2</td></tr>
</table>

sociedade (f)	samhälle (ett)	['sam‚hɛlᴵe]
constituição (f)	konstitution (en)	[kɔnstitu'ɧʊn]
poder (ir para o ~)	makt (en)	['makt]
corrupção (f)	korruption (en)	[kɔrup'ɧʊn]
lei (f)	lag (en)	['lᴵag]
legal (adj)	laglig	['lᴵaglig]
justeza (f)	rättvisa (en)	['ræt‚visa]
justo (adj)	rättvis, rättfärdig	['rætvis], ['ræt‚fæ:dɪg]
comitê (m)	kommitté (en)	[kɔmi'te:]
projeto-lei (m)	lagförslag (ett)	['lag‚fœ:'şlag]
orçamento (m)	budget (en)	['budjet]
política (f)	policy (en)	['pɔlisi]
reforma (f)	reform (en)	[re'fɔrm]
radical (adj)	radikal	[radi'kalᴵ]
força (f)	kraft (en)	['kraft]
poderoso (adj)	mäktig, kraftfull	['mɛktig], ['kraft‚fulᴵ]
partidário (m)	anhängare (en)	['an‚hɛ:ŋarə]
influência (f)	inflytande (ett)	['in‚flᴵytandə]
regime (m)	regim (en)	[re'ɧim]
conflito (m)	konflikt (en)	[kɔn'flikt]
conspiração (f)	sammansvärning (en)	['samans‚væ:ɳiŋ]
provocação (f)	provokation (en)	[prɔvʊka'ɧʊn]
derrubar (vt)	att störta	[at 'stø:ʈa]
derrube (m), queda (f)	störtande (ett)	['stø:ʈandə]
revolução (f)	revolution (en)	[revʊlʉ'ɧʊn]

| golpe (m) de Estado | statskupp (en) | ['stats‚kup] |
| golpe (m) militar | militärkupp (en) | [mili'tæ:r‚kup] |

crise (f)	kris (en)	['kris]
recessão (f) econômica	ekonomisk nedgång (en)	[ɛku'nɔmisk 'ned‚gɔŋ]
manifestante (m)	demonstrant (en)	[demɔn'strant]
manifestação (f)	demonstration (en)	[demɔnstra'ɧʊn]
lei (f) marcial	krigstillstånd (ett)	['krigs‚til'stɔnd]
base (f) militar	militärbas (en)	[mili'tæ:r‚bas]

| estabilidade (f) | stabilitet (en) | [stabili'tet] |
| estável (adj) | stabil | [sta'bilʲ] |

| exploração (f) | utsugning (en) | ['ʉt‚sʉgniŋ] |
| explorar (vt) | att utnyttja | [at 'ʉt‚nʏtja] |

racismo (m)	rasism (en)	[ra'sism]
racista (m)	rasist (en)	[ra'sist]
fascismo (m)	fascism (en)	[fa'ɕism]
fascista (m)	fascist (en)	[fa'ɕist]

194. Países. Diversos

estrangeiro (m)	utlänning (en)	['ʉt‚lʲɛniŋ]
estrangeiro (adj)	utländsk	['ʉt‚lʲɛŋsk]
no estrangeiro	utomlands	['ʉtɔm‚lʲands]

emigrante (m)	emigrant (en)	[ɛmi'grant]
emigração (f)	emigration (en)	[ɛmigra'ɧʊn]
emigrar (vi)	att emigrera	[at ɛmi'grera]

Ocidente (m)	Västen	['vɛstən]
Oriente (m)	Östen	['œstən]
Extremo Oriente (m)	Fjärran Östern	['fʲæ:ran 'œstɛ:n]

civilização (f)	civilisation (en)	[sivilisa'ɧʊn]
humanidade (f)	mänsklighet (en)	['mɛnsklig‚het]
mundo (m)	värld (en)	['væ:ɖ]
paz (f)	fred (en)	['fred]
mundial (adj)	världs-	['væ:ɖs-]

pátria (f)	hemland (ett)	['hɛm‚lʲand]
povo (população)	folk (ett)	['fɔlʲk]
população (f)	befolkning (en)	[be'fɔlʲkniŋ]
gente (f)	folk (ett)	['fɔlʲk]
nação (f)	nation (en)	[nat'ɧʊn]
geração (f)	generation (en)	[jenera'ɧʊn]

território (m)	territorium (ett)	[tɛri'tʊrium]
região (f)	region (en)	[regi'ʊn]
estado (m)	delstat (en)	['dɛlʲ‚stat]

| tradição (f) | tradition (en) | [tradi'ɧʊn] |
| costume (m) | sedvänja (en) | ['sed‚vɛnja] |

ecologia (f)	ekologi (en)	[ɛkulʲɔ'giː]
índio (m)	indian (en)	[indi'an]
cigano (m)	zigenare (en)	[si'jenarə]
cigana (f)	zigenska (en)	[si'jenska]
cigano (adj)	zigensk	[si'jensk]

império (m)	kejsardöme, rike (ett)	['ɕɛjsardømə], ['rikə]
colônia (f)	koloni (en)	[kulʲɔ'niː]
escravidão (f)	slaveri (ett)	[slʲave'riː]
invasão (f)	invasion (en)	[inva'ɧʊn]
fome (f)	hungersnöd (en)	['huŋɛʂˌnøːd]

195. Grupos religiosos mais importantes. Confissões

religião (f)	religion (en)	[reli'jʊn]
religioso (adj)	religiös	[reli'ɧøːs]

crença (f)	tro (en)	['trʊ]
crer (vt)	att tro	[at 'trʊ]
crente (m)	troende (en)	['trʊəndə]

ateísmo (m)	ateism (en)	[ate'ism]
ateu (m)	ateist (en)	[ate'ist]

cristianismo (m)	kristendom (en)	['kristənˌdʊm]
cristão (m)	kristen (en)	['kristən]
cristão (adj)	kristen	['kristən]

catolicismo (m)	katolicism (en)	[katʊli'sism]
católico (m)	katolik (en)	[katʊ'lik]
católico (adj)	katolsk	[ka'tʊlʲsk]

protestantismo (m)	protestantism (en)	[prʊtɛstan'tism]
Igreja (f) Protestante	den protestantiska kyrkan	[dɛn prʊtɛ'stantiska 'ɕyrkan]
protestante (m)	protestant (en)	[prʊtɛ'stant]

ortodoxia (f)	ortodoxi (en)	[ɔːtɔdɔ'ksiː]
Igreja (f) Ortodoxa	den ortodoxa kyrkan	[dɛn ɔːtɔ'dɔːksa 'ɕyrkan]
ortodoxo (m)	ortodox (en)	[ɔːtɔ'dɔːks]

presbiterianismo (m)	presbyterianism (en)	[prɛsbyteria'nism]
Igreja (f) Presbiteriana	den presbyterianska kyrkan	[dɛn prɛsbyteri'anska 'ɕyrkan]
presbiteriano (m)	presbyter (en)	[prɛ'sbytər]

luteranismo (m)	lutherdom (en)	['lʉtərdʊm]
luterano (m)	lutheran (en)	[lʉte'ran]

Igreja (f) Batista	baptism (en)	[bap'tism]
batista (m)	baptist (en)	[bap'tist]

Igreja (f) Anglicana	den anglikanska kyrkan	[dɛn aŋli'kanska 'ɕyrkan]
anglicano (m)	anglikan (en)	['aŋliˌkan]
mormonismo (m)	mormonism (en)	[mɔrmʊ'nism]

mórmon (m)	mormon (en)	[mɔr'mʊn]
Judaísmo (m)	judendom (en)	['jʉdən‚dʊm]
judeu (m)	jude (en)	['jʉdə]

| budismo (m) | Buddism (en) | [bu'dism] |
| budista (m) | buddist (en) | [bu'dist] |

| hinduísmo (m) | hinduism (en) | [hindʉ'i:sm] |
| hindu (m) | hindu (en) | [hin'dʉ:] |

Islã (m)	islam (en)	[is'lʲam]
muçulmano (m)	muselman (en)	[mʉsɛlʲ'man]
muçulmano (adj)	muselmansk	[mʉsɛlʲ'mansk]

| xiismo (m) | shiism (en) | [ʃi'ism] |
| xiita (m) | shiit (en) | [ʃi'it] |

| sunismo (m) | sunnism (en) | [su'ni:sm] |
| sunita (m) | sunnit (en) | [su'nit] |

196. Religiões. Padres

| padre (m) | präst (en) | ['prɛst] |
| Papa (m) | Påven | ['po:vən] |

monge (m)	munk (en)	['muŋk]
freira (f)	nunna (en)	['nuna]
pastor (m)	pastor (en)	['pastʊr]

abade (m)	abbé (en)	[a'be:]
vigário (m)	kyrkoherde (en)	['ɕyrkʊ‚hɛ:də]
bispo (m)	biskop (en)	['biskɔp]
cardeal (m)	kardinal (en)	[ka:ɖi'nalʲ]

pregador (m)	predikant (en)	[predi'kant]
sermão (m)	predikan (en)	[pre'dikan]
paroquianos (pl)	sockenbor (pl)	['sɔkən‚bʊr]

| crente (m) | troende (en) | ['trʊəndə] |
| ateu (m) | ateist (en) | [ate'ist] |

197. Fé. Cristianismo. Islão

| Adão | Adam | ['adam] |
| Eva | Eva | ['ɛva] |

Deus (m)	Gud	['gʉ:d]
Senhor (m)	Herren	['hɛrən]
Todo Poderoso (m)	Den Allsmäktige	[dɛn 'alʲsmɛktigə]

| pecado (m) | synd (en) | ['sʏnd] |
| pecar (vi) | att synda | [at 'sʏnda] |

pecador (m)	syndare (en)	['sʏndarə]
pecadora (f)	synderska (en)	['sʏndɛʂka]
inferno (m)	helvete (ett)	['hɛlʲvetə]
paraíso (m)	paradis (ett)	['para‚dis]
Jesus	Jesus	['jesus]
Jesus Cristo	Jesus Kristus	['jesus ‚kristus]
Espírito (m) Santo	Den Helige Ande	[dɛn 'helige ‚andə]
Salvador (m)	Frälsaren	['frɛlʲsarən]
Virgem Maria (f)	Jungfru Maria	['juɲfrʉ ma'ria]
Diabo (m)	Djävul (en)	['jɛ:vulʲ]
diabólico (adj)	djävulsk	['jɛ:vulʲsk]
Satanás (m)	Satan	['satan]
satânico (adj)	satanisk	[sa'tanisk]
anjo (m)	ängel (en)	['ɛŋəlʲ]
anjo (m) da guarda	skyddsängel (en)	['ɧʏds‚ɛŋəlʲ]
angelical	änglalik	['ɛŋlʲalik]
apóstolo (m)	apostel (en)	[a'pɔstəlʲ]
arcanjo (m)	ärkeängel (en)	['æ:rkə‚ɛŋəlʲ]
anticristo (m)	Antikrist (en)	['anti‚krist]
Igreja (f)	Kyrkan	['ɕyrkan]
Bíblia (f)	bibel (en)	['bibəlʲ]
bíblico (adj)	biblisk	['biblisk]
Velho Testamento (m)	Gamla Testamentet	['gamlʲa tɛsta'mɛntət]
Novo Testamento (m)	Nya Testamentet	['nya tɛsta'mɛntət]
Evangelho (m)	evangelium (ett)	[ɛva'ŋe:lium]
Sagradas Escrituras (f pl)	Den Heliga Skrift	[dɛn 'heliga ‚skrift]
Céu (sete céus)	Himmelen, Guds rike	['himelʲən], ['guds 'rikə]
mandamento (m)	bud (ett)	['bʉ:d]
profeta (m)	profet (en)	[prʉ'fet]
profecia (f)	profetia (en)	[prʉfe'tsia]
Alá (m)	Allah	['alʲa]
Maomé (m)	Muhammed	[mʉ'hamed]
Alcorão (m)	Koranen	[kʉ'ranən]
mesquita (f)	moské (en)	[mʉs'ke:]
mulá (m)	mullah (en)	[mu'lʲa:]
oração (f)	bön (en)	['bø:n]
rezar, orar (vi)	att be	[at 'be:]
peregrinação (f)	pilgrimsresa (en)	['pilʲrim‚resa]
peregrino (m)	pilgrim (en)	['pilʲrim]
Meca (f)	Mecka	['meka]
igreja (f)	kyrka (en)	['ɕyrka]
templo (m)	tempel (ett)	['tɛmpəlʲ]
catedral (f)	katedral (en)	[katɛ'dralʲ]

gótico (adj)	gotisk	['gʊtisk]
sinagoga (f)	synagoga (en)	['syna‚gɔga]
mesquita (f)	moské (en)	[mʊs'keː]

capela (f)	kapell (ett)	[ka'pɛlʲ]
abadia (f)	abbedi (ett)	['abədiː]
convento (m)	kloster (ett)	['klʲɔstər]
monastério (m)	kloster (ett)	['klʲɔstər]

sino (m)	klocka (en)	['klʲɔka]
campanário (m)	klocktorn (ett)	['klʲɔk‚tuːn]
repicar (vi)	att ringa	[at 'riŋa]

cruz (f)	kors (ett)	['kɔːʂ]
cúpula (f)	kupol (en)	[kɵ'pɔːlʲ]
ícone (m)	ikon (en)	[i'kon]

alma (f)	själ (en)	['ɧɛːlʲ]
destino (m)	öde (ett)	['øːdə]
mal (m)	ondska (en)	['ʊn‚ska]
bem (m)	godhet (en)	['gʊd‚het]

vampiro (m)	vampyr (en)	[vam'pyr]
bruxa (f)	häxa (en)	['hɛːksa]
demônio (m)	demon (en)	[de'mɔn]
espírito (m)	ande (en)	['andə]

| redenção (f) | förlossning (en) | [fœː'[ɔsniŋ] |
| redimir (vt) | att sona | [at 'sʊna] |

missa (f)	gudstjänst (en)	['guːd‚ɕɛnst]
celebrar a missa	att hålla gudstjänst	[at 'hoːlʲa 'guːd‚ɕɛnst]
confissão (f)	bikt, bekännelse (en)	[bikt], [be'ɕɛːnəlʲsə]
confessar-se (vr)	att skrifta	[at 'skrifta]

santo (m)	helgon (ett)	['hɛlʲgɔn]
sagrado (adj)	helig	['hɛlig]
água (f) benta	vigvatten (ett)	['vig‚vatən]

ritual (m)	ritual (en)	[ritu'alʲ]
ritual (adj)	rituell	[ritu'ɛlʲ]
sacrifício (m)	blot (ett)	['blʲʊt]

superstição (f)	vidskepelse (en)	['vid‚ɧɛpəlʲsə]
supersticioso (adj)	vidskeplig	['vid‚ɧɛplig]
vida (f) após a morte	livet efter detta	['livet ‚ɛftə 'deta]
vida (f) eterna	det eviga livet	[dɛ 'eviga ‚livet]

TEMAS DIVERSOS

198. Várias palavras úteis

ajuda (f)	hjälp (en)	['jɛlʲp]
barreira (f)	hinder (ett)	['hindər]
base (f)	bas (en)	['bɑs]
categoria (f)	kategori (en)	[kategɔ'ri:]
causa (f)	orsak (en)	['ʊːʂak]

coincidência (f)	sammanfall (ett)	['sam̩anfalʲ]
coisa (f)	sak (en), ting (ett)	['sak], ['tiŋ]
começo, início (m)	början (en)	['bœrjan]
cômodo (ex. poltrona ~a)	bekväm	[bɛk'vɛːm]
comparação (f)	jämförelse (en)	['jɛm̩førəlʲsə]

compensação (f)	kompensation (en)	[kɔmpɛnsa'ɧʊn]
crescimento (m)	växt (en)	['vɛkst]
desenvolvimento (m)	utveckling (en)	['ʉt̩vɛkliŋ]
diferença (f)	skillnad (en)	['ɧilʲnad]
efeito (m)	effekt (en)	[ɛ'fɛkt]

elemento (m)	element (ett)	[ɛlʲe'mɛnt]
equilíbrio (m)	balans (en)	[ba'lʲans]
erro (m)	fel (ett)	['felʲ]
esforço (m)	ansträngning (en)	['an̩strɛŋniŋ]
estilo (m)	stil (en)	['stilʲ]

exemplo (m)	exempel (ett)	[ɛk'sɛmpəlʲ]
fato (m)	faktum (ett)	['faktum]
fim (m)	slut (ett)	['slʉːt]
forma (f)	form (en)	['fɔrm]

frequente (adj)	frekvent	[frɛ'kvɛnt]
fundo (ex. ~ verde)	bakgrund (en)	['bak̩grʉnd]
gênero (tipo)	slag (ett), sort (en)	['slʲag], ['sɔːt]
grau (m)	grad (en)	['grad]
ideal (m)	ideal (ett)	[ide'alʲ]

labirinto (m)	labyrint (en)	[lʲaby'rint]
modo (m)	sätt (ett)	['sæt]
momento (m)	moment (ett)	[mʊ'mɛnt]
objeto (m)	objekt, ting (ett)	[ɔb'jɛkt], ['tiŋ]
obstáculo (m)	hinder (ett)	['hindər]

original (m)	original (ett)	[ɔrigi'nalʲ]
padrão (adj)	standard-	['standaːɖ-]
padrão (m)	standard (en)	['standaːɖ]
paragem (pausa)	uppehåll (ett), vila (en)	['ʊpə'hoːlʲ], ['vilʲa]
parte (f)	del (en)	['delʲ]

partícula (f)	**partikel (en)**	[paːˈʈiːkəlʲ]
pausa (f)	**paus (en)**	[ˈpaus]
posição (f)	**position (en)**	[pʊsiˈɧʊn]
princípio (m)	**princip (en)**	[prinˈsip]
problema (m)	**problem (ett)**	[prɔˈblʲem]
processo (m)	**process (en)**	[prʊˈsɛs]
progresso (m)	**framsteg (ett)**	[ˈframˌsteg]
propriedade (qualidade)	**egenskap (en)**	[ˈɛgɛnˌskap]
reação (f)	**reaktion (en)**	[reakˈɧʊn]
risco (m)	**risk (en)**	[ˈrisk]
ritmo (m)	**tempo (ett)**	[ˈtɛmpʊ]
segredo (m)	**hemlighet (en)**	[ˈhɛmligˌhet]
série (f)	**serie (en)**	[ˈseriə]
sistema (m)	**system (ett)**	[sʏˈstem]
situação (f)	**situation (en)**	[sitʉaˈɧʊn]
solução (f)	**lösning (en)**	[ˈlʲœsniŋ]
tabela (f)	**tabell (en)**	[taˈbɛlʲ]
termo (ex. ~ técnico)	**term (en)**	[ˈtɛrm]
tipo (m)	**typ (en)**	[ˈtyp]
urgente (adj)	**brådskande**	[ˈbrɔˌskandə]
urgentemente	**brådskande**	[ˈbrɔˌskandə]
utilidade (f)	**nytta (en)**	[ˈnʏta]
variante (f)	**variant (en)**	[variˈant]
variedade (f)	**val (ett)**	[ˈvalʲ]
verdade (f)	**sanning (en)**	[ˈsaniŋ]
vez (f)	**tur (en)**	[ˈtʉːr]
zona (f)	**zon (en)**	[ˈsʊn]

www.ingramcontent.com/pod-product-compliance
Lightning Source LLC
Chambersburg PA
CBHW071341090426
42738CB00012B/2968